江西省社会科学"十三五"（2020年）基金项目：青少年身体素养的测量与评价，编号：20TY19。

青少年体质健康与促进研究

余奂　著

吉林人民出版社

图书在版编目 (CIP) 数据

青少年体质健康与促进研究 / 余奂著 . -- 长春：
吉林人民出版社 , 2023.11
ISBN 978-7-206-20667-2

Ⅰ . ①青… Ⅱ . ①余… Ⅲ . ①青少年 – 体质 – 健康教
育 – 研究 – 中国 Ⅳ . ① G479

中国国家版本馆 CIP 数据核字（2023）第 225570 号

青少年体质健康与促进研究

QINGSHAONIAN TIZHI JIANKANG YU CUJIN YANJIU

著　　者：余　奂
责任编辑：田子佳　　　　　　　　封面设计：武思岐
吉林人民出版社出版发行（长春市人民大街 7548 号）　邮政编码：130022
印　　刷：河北万卷印刷有限公司
开　　本：710mm×1000mm　　　　1/16
印　　张：18.25　　　　　　　　字　　数：240 千字
标准书号：ISBN 978-7-206-20667-2
版　　次：2023 年 11 月第 1 版　　印　　次：2024 年 1 月第 1 次印刷
定　　价：98.00 元

前言

　　随着健康中国的提出，人民的生活水平和健康观念都得到了长足的发展。青少年时期是一个关键的成长阶段，青少年的体质健康不仅关系到他们的健康成长，更影响着国家的未来。本书正是为了深入研究这一关键话题，从不同维度全面剖析青少年体质健康及其促进的方式。

　　第一章综述，阐述了健康中国的提出背景，并结合青少年体质健康促进探讨其与健康中国之间的关系，为读者构建了一个全景式的认识框架。同时，也深入探索了青少年体质健康促进的理论基础，为后续章节奠定了坚实的理论基石。

　　第二章《国家学生体质健康标准》与青少年体质健康测评，详细解读了《国家学生体质健康标准》，并进一步对青少年的身体素质、形态和机能进行了全面测评的介绍，使得读者可以全面了解青少年体质健康的评价体系。

　　第三章基于政策治理的青少年体质健康促进，从健康政策的实践转化出发，探讨了我国青少年体质健康促进的政策历程和其制定与执行的策略，为读者展示了政府在这一领域的努力和成果。

　　第四章促进青少年休质健康运动处方的制定，从运动处方的相关概念出发，逐步展开对运动处方的内容、分类及实施的详细解读，为青少年的健康成长提供了科学合理的运动建议。

　　第五章青少年体育锻炼与体质健康促进，阐述了体育锻炼在促进青少年体质健康中的核心价值，同时还深入探讨了如何科学处理青少年体育锻炼中可能出现的伤病，并结合实践为读者展示了健康的体育锻炼方法。

第六章我国青少年体质健康促进的实现策略，深入探讨了如何通过学校健康教育、体育课程改革以及项目进校园等方式，为青少年创造一个有利于体质健康成长的环境。

第七章青少年体质健康促进中的媒介责任，突出了媒体在青少年体质健康促进中的关键角色，详细介绍了媒介责任的履行机制、模式及策略，为青少年体质健康促进提供了新的思考角度。

本书希望能够为关心青少年健康成长的每一位读者提供有价值的参考与启示，共同助力我国青少年体质健康事业的繁荣与发展。由于作者水平有限，书中可能存有疏漏之处，望广大读者批评指正。

目录

第一章　综述

第一节　"健康中国"的提出

"健康中国"是习近平在 2017 年党的十九大报告中提出的一个重要发展战略,标志着国家对人民健康给予了前所未有的重视。这一战略的提出不仅对中国的繁荣昌盛具有深远的影响,更是中华民族伟大复兴历程中的关键一环。

一、"健康中国"提出的历史背景及发展历程

在全球范围内,人们的健康问题正日益凸显,尤其是在发展中国家。随着社会经济的快速发展,人们的生活方式也在发生明显的变化,这些变化不仅对人们的生活质量造成影响,而且直接关系到一个国家的综合国力和民族的未来。因此,一个国家健康战略的提出,是顺应了全球健康问题发展的趋势,也是对国家未来发展的深思熟虑。

(一)"健康中国"提出的历史背景

在 21 世纪初期,随着全球化的不断深入和我国经济的持续增长,人

民的生活水平得到了显著提高。与此同时，我国也迎来了一系列前所未有的挑战。在经济与社会迅速发展的背景下，人们的健康状况和生活方式逐渐成为国家和社会关注的重点。正是在这样的历史背景下，"健康中国"战略应运而生，旨在回应新时代下人民群众对高品质生活的期待，并为中华民族伟大复兴的中国梦提供坚实的健康保障。

人民的健康直接关系到国家的繁荣与强盛，因此长期以来，党和国家把人民健康放在了优先发展的战略位置。这从制定的一系列健康政策和法规中便可见一斑。例如，"健康中国2030"规划纲要明确了到2030年人民健康水平显著提高的目标。全民健身运动的推广与发展，更是展示了党和国家对人民群众健康的高度重视。从城市到乡村，从幼儿到老年人，体育运动和健身活动日渐普及。广场舞、长跑、自行车骑行、瑜伽、太极等形式多样的健身活动，早已成为人们日常生活的重要组成部分。这些活动不仅提升了人们的身体素质，更强化了人们健康意识，养成了健康生活的行为习惯。政府角色在全民健康促进中显得尤为关键。透过深入推行健康教育，大众对于健康的知识和意识得以不断提升。政府还通过投入更多的公共资源，改善医疗卫生服务体系，加大基础医疗保健设施建设，确保每一个人都能享有基本的医疗保健服务。此外，政府也积极发挥社会各方面的联动作用。例如，通过与企业、社会组织等多元主体的合作，推动健康产业的创新与发展。不仅如此，政府还通过加强食品和药品监管，保障人民群众从最基本的饮食安全开始，从源头上守护人民健康。

自1995年起，我国在党和政府的有力领导下，全社会广泛开展全民健身运动，这一重要政策决策彰显了国家对于民众身心健康的深切关切。在此背景下，大量的人力、物力和财力被投入到全民健身工作中，旨在通过普及体育运动，推动人民的生理健康和心理健康双向改善。多年的积极推进和努力，已经显著改变了国民的体育健身观念。全民健身逐渐从一种政府引导的活动转变为民众自发、自愿参与的日常生活方式。体育设施和健身路径持续完善，使得更多人有机会和条件参与到健身运动中，从而有效改善和提升了广大人民群众的身心健康水平。随着全民健身工作的广泛开展，这一概念的内涵也日益丰富。在社会大众日益多样化的需求推动下，全民健身运动不再仅仅局限于传统的体育锻炼，而是拓展到了户外探险、健康养生、休闲娱乐等更多层面。这种丰富和多样性不仅有益于满足不同人群的需求，更是一种社会进步和文明提升的体现。

进入新时期，随着中国社会经济水平的不断提升，人民在基本生活需求得到满足后，对生活质量有了更高的追求。在这种趋势下，"人民幸福"成为新时期党和国家关注的民生重点。人民的健康状况，无疑是衡量"人民幸福"的重要标准之一。因此，确保人民群众的体质和心理健康，已然成为实现人民幸福，提升民生水平的一个核心内容。实施"健康中国"战略，旨在全面提升人民健康水平，延长人民平均预期寿命，改善民众健康素质，进而为经济社会持续健康发展创造有利条件。这一战略不仅仅关注身体健康，还涵盖心理健康、环境健康和社会健康等多个层面。在具体实施过程中，它强调了预防优于治疗的理念，倡导了全社会参与的新型健康治理模式，并将健康融入所有政策中去。

"健康中国"战略的提出，紧密关联我国特色社会主义新时代的发展定位。它秉持人民中心发展思想，把人民健康放在优先发展的战略位置。与此同时，这一战略也是我国对全球健康治理的积极回应和贡献，彰显了我国作为负责任大国的全球视野和国际担当。回顾近年来"健康中国"战略的实施，可以明显感受到人民健康观念的转变、健康服务体系的完善和健康产业的蓬勃发展。比如，基层医疗卫生服务体系不断完善，使得更多人民群众能够享受到便捷、优质的医疗服务；健康教育和健康促进活动日益丰富，助力人们形成健康生活方式；环境保护和公共卫生安全得到了前所未有的重视，为全社会营造了更加宜居和安全的健康环境。此外，"健康中国"战略还通过推动相关法律法规和政策的制定和完善，为"健康中国"的建设提供了坚实的制度保障。例如，深化医药卫生体制改革，推动健康保险制度的创新和完善，提升公共卫生服务能力和水平等。

"健康中国"战略是在深刻洞察国际和国内健康发展趋势，准确把握人民群众对美好生活新期待的基础上，顺应历史潮流而提出的。它不仅深刻反映了党和国家对人民健康的高度重视，也体现了我国在全球健康治理中承担的责任和担当。实践证明，"健康中国"战略是推动国家长远稳定发展、确保全体人民共享健康幸福生活的重要途径。

（二）"健康中国"提出的发展历程

在现代社会快速发展的背景下，人民群众对健康的期盼与日俱增，这使得"健康中国"战略的提出成为历史发展的必然选择，同时也是我国健康事业持续发展的迫切需求。

2008 年标志着我国健康事业迈入一个新的历史阶段。在这一年，我国的卫生部启动了""健康中国"2020"战略研究。这一研究对我国健康事业的发展进行了深入而全面的分析，为"健康中国"建设明确了各个问题和发展重点。在 2012 年的中国卫生论坛上，具有里程碑意义的《"健康中国 2020"战略研究报告》被卫生部部长陈竺正式发布。这一重要时刻标志着中国卫生事业发展进入了一个新的阶段。此次论坛汇聚了国内外卫生健康领域的专家学者，是卫生健康事业发展政策与实践的重要交流平台。该战略研究报告的发布不仅仅是一个研究成果的公开呈现，更是对"健康中国"的宏大愿景进行了系统性、全面性的解读和规划。在报告中，详细地分析了中国卫生事业发展所面临的机遇与挑战，明确了指导思想、发展目标、战略重点、行动计划以及相应的政策措施。这一报告不仅具有理论指导意义，更为政府部门和相关机构提供了具体、可行的发展策略和方向。具体到六个分报告，它们涵盖了公共卫生政策、药物政策、公共卫生体系、科技支撑、医学模式与医药体系完善以及中医学研究等多个重要方面。这些报告以严密的逻辑、充分的数据和深刻的分析，为实现"健康中国"提供了科学、具体和实践可行的解决方案和建议。值得注意的是，《"健康中国 2020"战略研究报告》将人均预期寿命的提升纳入了国民经济和社会发展的主要目标体系中，这是一个重大而深远的决策，它意味着人民健康已被正式提升到了国家战略层面。这一战略研究报告的发布，不仅为卫生事业发展指明了方向，更为提高国民健康水平、推动中国卫生健康事业的持续、健康和高质量发展提供了明确的操作路径①。

2015 年 10 月，中共中央的重要会议——党的十八届五中全会上，"健康中国"建设被正式提升为国家战略。此次会议明确了深化医药卫生体制改革的重要性，强调对药品价格进行合理调控，并提出了医疗、医保和医药联动的模式。这一模式旨在实现一个综合、协调和高效的医疗服务体系，减轻民众的医疗负担，提高医疗服务的效率和质量。此外，会议还明确了建立覆盖城乡的基本医疗卫生制度和现代医院管理制度的重要性。这一制度设定旨在通过整合和优化卫生资源，确保全体民众，无论是城市还是农村，都能享有基本而又高质量的医疗服务。食品安全同样被置于重要的战略地位。会议提出实施食品安全战略，这意味着要对整个食品生产和供应链进行全面的监管和管理，确保民众的饮食健康与安全。

在 2016 年 8 月的全国卫生与健康大会上，习近平强调了健康的基础和核心地位，形象地将健康比作"1"，而其他如事业、家庭、名誉、财富则如同"1"后面的"0"②。这一比喻深刻地指出了健康对于个人和社会的基础性和重要性。习近平总书记明确指出，应将人民健康置于优先发展的战略地位，这标志着中国将健康提升到了国家战略的高度。随后，在 2016 年 10 月，中共中央、国务院正式印发了《"健康中国 2030"规划

---

① 卫生部长发布《"健康中国 2020"战略研究报告》[EB/OL].（2012-08-17）[2023-08-17].https://www.gov.cn/gzdt/2012-08-17/content_2205978.htm.

② 一个健康指标，百般政府责任 [EB/OL].（2021-03-25）[2023-08-17].https://baijiahao.baidu.com/s?id=1695179981560177488&wfr=spider&for=pc.

纲要》，该纲要详细地描绘了未来中国健康事业的长远发展蓝图，并将其分为三个明确的阶段。

在第一阶段，即至 2020 年，目标是构建覆盖城乡居民的中国特色基本医疗卫生制度。这一阶段关注健康素养水平的持续提升，致力于实现健康服务体系的完善与高效。此外，期望人民能普遍享有基本医疗卫生服务和基本体育健身服务。这一阶段还注重健康产业体系的形成，使其内涵丰富、结构合理，并力争将主要健康指标提升至中高收入国家的前列。

到第二阶段，即至 2030 年，规划纲要聚焦于完善促进全民健康的制度体系，旨在实现健康领域发展的更大协调性。这一阶段强调健康生活方式的普及，不断提高健康服务质量和健康保障水平。此外，健康产业应持续繁荣发展，与此同时，努力基本实现健康公平，使主要健康指标进入高收入国家行列。

到第三阶段，即至 2050 年，规划的最终目标是建立一个与社会主义现代化国家相适应的健康国家。这一阶段的目标蕴含了人民健康水平的全面提升，以及健康事业与国家整体发展水平的高度融合。

《"健康中国 2030"规划纲要》体现了中国政府对人民健康的高度重视，它设定了明确、系统、可持续的目标，规划了从基本医疗保障体系建设到健康产业发展，再到健康生活方式推广等全方位、多层次的健康发展路径。

在 2017 年 10 月的党的十九大报告中，明确提出了实施"健康中国"战略。该报告深刻地阐述了人民健康对于民族昌盛和国家富强的重要意义，进而将健康确立为国家发展的战略重点。报告首先强调了人民健康的基础性地位。为满足人民群众对美好生活的需要，报告提倡为人民群众提供全方位全周期的健康服务。这代表着健康服务不仅仅局限于疾病的治疗阶段，而是覆盖从健康促进与保健、疾病的预防与控制，到康复与健康管理的全过程。在体制层面，报告指出深化医药卫生体制改革的重要性。这意味着要全面建立具有中国特色的基本医疗卫生制度、医疗保障制度，以及优质高效的医疗卫生服务体系。具体到医疗机构管理，报告提到了健全现代医院管理制度的必要性，这将有助于提升医疗服务的质量和效率。报告还专门强调了药品改革的方向。全面取消"以药养医"将有助于规范医疗行为，而健全的药品供应保障制度则是确保药品安全、有效的重要手段。在预防健康领域，报告倡导"预防为主"的策略，强调深入开展爱国卫生运动，倡导健康文明生活方式，强调预防和控制重大疾病的重要性。这一点强调了健康工作的重心应向基层和群众倾斜，突出了大众健康教育和健康促进的作用。饮食安全作为人民健康的重要保障，报告明确提出实施食品安全战略，目的是确保人民群众"吃得放心"。

十九大报告对"健康中国"战略提出了全面而系统的框架和路径，旨在整合健康资源、健康产业，构建人人共建共享的"健康中国"，确立了将人民健康放在优先发展的战略地位的明确方向。这一战略的提出，不仅是对中国特色社会主义新时代社会主要矛盾转化的响应，更是中国迈向全面健康社会的重要行动纲领。

在 2019 年 7 月，国务院印发了《关于实施"健康中国"行动的意见》（国发〔2019〕13 号）。该文件明确了中国健康事业发展的具体目标和期望成果，在细化"健康中国 2030"战略规划的同时，具体阐述了政府在公共卫生政策、健康服务提供、重大疾病防控等方面的职责和任务。它将健康置于了一个更加宏观和系统的视角，强调了政府、社会和个体在促进健康方面的共同责任，以及健康与经济社会发展的紧密关联，为构建人人共建共享的"健康中国"提供了具体而深远的路径和措施。表 1-1 为未来社会健康工作开展的 15 个重大专项行动。

表1-1　未来社会健康工作开展的15个重大专项行动

序号	任务行动内容	任务方向
1	健康知识普及行动	全方位干预健康影响因素
2	合理膳食行动	
3	全民健身行动	
4	控烟行动	全方位干预健康影响因素
5	心理健康促进行动	
6	健康环境促进行动	
7	妇幼健康促进行动	维护全生命周期健康
8	中小学健康促进行动	
9	职业健康保护行动	
10	老年健康促进行动	
11	心脑血管疾病防治行动	防控重大疾病
12	癌症防治行动	
13	慢性呼吸系统疾病防治行动	
14	糖尿病防治行动	
15	传染病及地方病防控行动	

　　2020年10月，党的十九届五中全会通过的《中共中央关于制定国民经济和社会发展第十四个五年规划和二〇三五年远景目标的建议》再次将健康置于战略的核心位置，明确提出全面推进"健康中国"建设。这标志着"健康中国"战略已经上升为国家发展的宏观战略，而非仅限于卫生健康领域的特定策略。当前，"健康中国"建设的总体目标着眼于促进人民群众全面提升健康素养和健康水平，追求的是让全民的健康状况和健康水平达到中高收入国家水平。为了实现这一目标，全民健身被视为一个重要的手段和组成部分，这一方面源于"生命在于运动"的科学理念。

二、"健康中国"的相关概述

"健康中国"是一项具有深远影响和意义的全民健康战略，它旨在通过全面加强人民健康管理和服务，促进中国国民体质健康的长远发展。

（一）"健康中国"与"健康中国"的内涵

1."健康中国"战略愿景与国家定位

"健康中国"战略是中华人民共和国政府为响应全球健康挑战，提升国民健康水平而设立的一项长远发展战略。此战略将健康提升至国家战略层级，标志着中国政府对人民健康事业的高度重视和长远承诺。这一战略不仅着眼于疾病的治疗和预防，而且涵盖了人们的生活方式、社会保障、环境保护等多个方面，形成全周期、全方位、全人群的健康服务和保障体系。因此，"健康中国"是一个综合性极强，涉及社会经济全局的战略。

2.内涵解析

（1）健康作为社会发展基础。"健康中国"战略明确了健康是社会和经济持续发展的基本保障。这一理念反映了健康的中心地位，并强调健康是全面建设社会主义现代化国家的重要支柱。此内涵突破了健康仅作为医疗卫生领域的概念，将其提升到了宏观的社会发展层面。

（2）中国特色卫生与健康发展道路。该战略注重将中国传统文化和健康理念融入现代健康服务体系，倡导形成具有中国特色的健康保障体系。这意味着在全球卫生健康领域的实践中，中国将形成独特、高效的健康治理模式。

（3）健康融入所有政策。此内涵强调将健康的全局性和跨部门性理念融入社会经济政策的每一个层面，倡导各级政府将健康指标纳入社会经济发展总体规划。

（4）预防为主，增进全民健康。该战略强调从源头上减轻疾病负担，倡导科学干预和生活方式的改变，从而提高全民健康水平。这一点揭示了"健康中国"战略重视从预防层面解决健康问题，而非仅依赖于医疗手段。

（5）环境健康与安全保障。"健康中国"战略明确提出解决环境问题和构建完善的公共安全体系，倡导绿色、可持续发展，强调环境、社会和健康之间的紧密联系。

（6）医药卫生体制改革与中医药振兴。战略提出深化医药卫生体制改革，推进服务效能；同时强调中医药的保护和传承，使之更好地服务于人民健康。

（7）健康研究与国际合作。战略强调健康科学研究的重要性，并主张在全球范围内进行健康合作，共同应对全球健康挑战。

"健康中国"战略具有前瞻性和全局性，它将人民的身体和心理健康视为我国现代化建设的重要基石，并强调通过系统、全面的改革和创新来实现这一目标。该战略不仅涵盖了疾病的预防和治疗，还包括了促进健康生活方式、改善环境健康、深化医药卫生体制改革等多个维度。它将健康提升到了一个全新的战略高度，旨在通过政府、社会和个体的共同努力，确保全体人民享有全方位、全周期的健康服务，从而推动中国社会的持续、健康和谐发展。这一战略的实施不仅有助于提高我国人民的生活质量和健康水平，而且将深远地影响到我国的社会结构、经济发展和国际地位。

（二）"健康中国"的地位及战略意义

1. "健康中国"的地位

"健康中国"战略在中国社会经济发展背景下提出，是国家对健康产业、健康服务以及整体国民健康状况重视的体现，它属于中国重要的可持续发展战略。这一战略深度体现了中华人民共和国政府视健康为基本公共产品和全民共享的基本权益，强调健康是全面建设社会主义现代化国家、实现全面小康和全面发展人的重要保障。

"健康中国"战略在中国社会发展的总体战略体系中具有重要地位。它不仅是医药卫生体制改革的重要组成部分，更是全面建设社会主义现代化国家、推进可持续发展和保障国家长治久安的重要战略。

2."健康中国"的战略意义

（1）增强国民体质，提升社会生产力。"健康中国"战略的实施旨在全面提升国民健康水平，通过预防医学和健康管理，减少全民疾病负担，从而有效增强国民体质。一个健康的劳动力队伍是社会生产力发展的基石，它将显著提高劳动生产率，推动经济持续健康发展。

（2）优化社会结构，减缓人口老龄化压力。通过改进生活方式、加强慢性病管理与预防，该战略有助于推迟人口老龄化进程，缓解因人口老龄化带来的医疗和养老压力，构建更为和谐稳定的社会结构。

（3）促进健康产业的发展和创新。"健康中国"战略对于推动健康产业的蓬勃发展具有重要作用。它有助于促进医药、健康管理、康复养老、健康保险等产业的创新与发展，形成一系列产业链和增值空间。

（4）深化医药卫生体制改革，完善社会保障体系。该战略不仅是健康事业的重要组成部分，还是医药卫生体制深化改革的重要载体。它倡导建立更加公正、有效的卫生健康服务体系，将有助于完善社会保障体系，增强人民的安全感和幸福感。

（5）引领全球健康治理，提升国际地位和影响力。"健康中国"战略还意味着中国将积极参与全球健康治理，通过与其他国家和国际组织的合作，共同应对全球健康挑战，从而提升中国在国际健康领域的地位和影响力。

第二节　青少年体质健康促进与健康中国

青少年体质健康促进是"健康中国"战略的重要组成部分。在"健康中国"战略框架下，青少年体质健康的促进被赋予了高度重视和优先地位。

一、青少年身心发展特点及体质健康影响因素

青少年的身心发展特点决定了这一时期的健康管理具有特殊的重要性。从预防和促进健康的角度，需综合考虑影响青少年体质健康的多个因素，实施全方位、多层次的健康促进和保护措施。这不仅有利于青少年的个体健康，更是影响国家未来健康与发展的关键环节。

（一）青少年身心发展特点

1.青少年生理发展特点

青少年时期是人生发展的重要阶段，此时的生理发展迅速而显著，标志着从儿童过渡到成年人的关键时期。在这一阶段，个体的生理结构和功能发生显著变化，为整个生命周期的健康和幸福打下基础。

在青少年时期，生长激素和性激素的分泌增加，推动了身体的迅速生长和发育。身体的长骨尤为明显地加长，导致身高迅速增加。与此同时，肌肉质地也在加速发展，令青少年的体形逐渐变得更加匀称和成熟。骨骼的成长和变化不仅是青少年时期生理发展的显著标志，还与运动能力和协调能力的提升紧密相连，这使得青少年更加灵活、敏捷，并具有更高的学习新技能和适应新环境的能力。此外，青少年时期也是内分泌系统迅猛发展的关键时刻。性激素如睾酮和雌激素的分泌增加，推动了第二性征的出现和发育，如男性的嗓音变粗、女性乳房发育等，这些变化标志着青少年正步入生育年龄。同时，这一阶段的内分泌系统变化还深刻影响到青少年的情绪和行为，例如更频繁地出现情绪波动和冲动行为。青少年时期，心肺功能、神经系统和消化系统等逐渐成熟，达到与成年人相近的水平。心肺功能的增强，意味着血液循环更加健康、运动能力进一步提高。神经系统的成熟，特别是大脑前额叶的发展，关乎青少年的决策能力和自我控制能力。这一时期，青少年的大脑网络连接方

式逐渐从孩童模式转向成人模式，复杂的认知和社会功能得到进一步的发展和完善。消化系统的成熟也是这一时期的显著生理特征之一，体现在消化酶和消化液分泌的增加、肠道蠕动的规律性增强等。这使得青少年能更有效地消化和吸收营养，支持其快速的生长和体能需求。

青少年期的生理发展是一个综合性和多层面的过程，既包括身体结构的变化，也包括生理功能的改变和成熟。这一时期的健康状况和生活方式，如营养、运动和睡眠，对青少年未来的健康状况具有长远的影响。因此，理解和关注青少年时期的生理发展，对于促进这一人群的整体健康具有重要的意义。

2. 青少年心理发展特点

青少年时期的心理发展涉及认知、情感和社会性等多个层面，这一时期的心理变化与生理变化紧密相连，共同构建了青少年个体独特的成长轨迹。

在认知发展方面，此阶段青少年的思维能力由具体转向抽象，这是一种重要的认知转变。他们开始能进行逻辑推理和批判性思维，意味着他们的思维不再仅限于直观和具象的事物，而是能够理解并操作更复杂的概念和理论。同时，青少年开始具备自我反思的能力，这使得他们开始对自我有更深刻的认识和理解，形成更稳定的自我概念和自我认同。他们开始更加关注自己的内心世界，更加关心自己如何在社会和人际关系中定位，这是他们人格和自我身份逐渐稳定和确立的标志。在情感发展方面，青少年期情感较为复杂和不稳定，他们可能会经历剧烈的情绪波动。这与他们激素水平的变化以及大脑前额叶（与情绪调控相关）的发展有关。这种波动性表现在他们的日常生活中可能更加明显，例如在与人交往、处理问题和面对压力时表现出的情绪反应更加激烈和直接。青少年追求自主与独立，可能会出现与父母产生冲突和对权威的反抗行为，表现出明显的反叛心理，这实际上是他们自我确认和自主权力寻求的一种方式。在青少年时期，个体开始主动地对外界信息进行选择和处理，这一时期的经历和教育将深刻影响他们的价值观和世界观的形成。他们开始关心社会问题和正义，具有较强的理想主义情感，会有较高的社会责任感和使命感。这意味着青少年在这一时期不仅是自我建构的过程，同时也是他们积极参与社会和文化的过程。他们开始从一个被动的角色转变为一个具有主动性和创造性的社会成员。此外，青少年时期也是人际关系发展的关键阶段。随着同伴关系和异性关系的发展，青少年开始从家庭转向社会，学习如何与不同的人建立和维护关系，这对于他们未来的社会适应和心理健康具有重要意义。

（二）影响青少年体质健康的因素

影响青少年体质健康的因素是多维度和交互作用的，涉及生物学、心理健康状态和生活方式等层面。

1. 生物学因素

影响青少年体质健康的生物学因素是一组庞杂而微妙的内在因素，它们在青少年的生长和发展过程中扮演着关键角色。青少年时期的生长与发育是一过程极为显著的自然现象。这一时期，人体生长激素与性激素的分泌显著增加，导致骨骼迅速生长，肌肉组织发展，身高和体重明显增加。激素水平的变化，特别是性激素的突然增加，不仅引导了生殖器官的发育，还与皮肤的变化（如青春痘的出现）和情绪波动直接相关。此外，遗传因素在青少年的体质健康中占有显著地位。遗传因素不仅决定个体的基本生理特点，例如身高、体型和皮肤色素等，更与个体倾向于某些疾病的概率息息相关。家族史中常见的一些疾病，如心血管疾病、糖尿病和某些类型的癌症，可能在遗传层面上为青少年未来的健康预设了一定的风险。

青少年的免疫系统在这个阶段也正在逐步发展和成熟。此时的免疫系统既不同于儿童时期过于敏感和易受感染的状态，也不同于成年后相对稳定和强壮的免疫功能。这个特殊的发展阶段意味着青少年可能面临一系列独特的健康挑战，比如更易受到某些病毒和细菌的感染。同时，青少年时期的新陈代谢速度相对较快，这对保证充足的营养成为一个重要的健康课题。这一时期的营养需求既具有一般性，也具有针对性，因为不仅要满足日常的能量消耗，更要保证生长发育的需要。对于营养的需求并不仅限于能量的摄取，更包括了对于蛋白质、脂肪、矿物质和维生素等多种营养物质的综合需求。生物因素中还应当关注慢性炎症的角色。现代研究日益认识到慢性炎症与许多慢性病的发展有关，而青少年时期的生活方式，如饮食、运动和睡眠等，都可能间接影响到慢性炎症的状态。

2. 心理健康状态

在青少年时期，心理健康状态是一个极为重要的维度，它与青少年的体质健康紧密相连，形成了一个互为作用、互为影响的复杂系统。

青少年时期，个体心理从儿童过渡到成年的阶段，这一时期，青少年的心理压力来源广泛，包括学业压力、同伴关系、身体形象意识以及对未来规划的焦虑等。这些压力可以导致慢性应激反应，进一步影响到免疫系统的功能，使青少年更易受到各种疾病的侵袭，包括常见的感冒和更严重的慢性疾病。心理状态与睡眠质量之间存在着密切的关联。情绪波动、焦虑和压力等心理因素可能导致青少年的睡眠质量下降。良好的睡眠是身体健康的基石，它关系到新陈代谢、免疫功能和认知能力的维护。青少年时期的睡眠问题可能预示着将来更严重的健康问题，如肥胖、糖尿病和心血管疾病。

青少年时期心理健康状态还与他们的饮食行为和体重管理紧密相关。例如，心理压力可能导致暴饮暴食或食欲丧失，从而影响到青少年的营养状态和体重。这不仅可能增加患上慢性疾病的风险，还可能进一步加重他们的心理负担，形成恶性循环。此外，青少年的心理健康状态与他们的行为选择关系密切。例如，一些心理健康问题，如抑郁和焦虑，可能让青少年更易从事一些有害行为，如吸烟、酗酒和滥用药物。这些行为不仅对他们当前的身体健康造成威胁，更可能形成长期的不良生活习惯，对其未来的整体健康产生深远的影响。重要的是，青少年的心理健康也影响到他们的社会适应能力和人际关系。健康的人际关系和社会支持网络是一种"社会资本"，它可以缓解压力，提供情感支持，从而对青少年的整体健康产生积极的保护作用。

3.生活方式和行为习惯

青少年的生活方式和行为习惯构成了影响其体质健康的重要因素，这一时期的行为和习惯选择往往具有迅速塑造和长期影响体质健康的力量。在饮食习惯方面，青少年是一个营养需求特别高的群体，因为他们处在生长发育的关键时期。营养不均衡，比如过多地摄入高糖、高脂肪食物，却忽视蔬菜、水果和全谷类食物的摄入，会导致能量和营养素的不平衡，这对骨骼、神经系统和内分泌系统的健康成长造成阻碍。此外，不规律的饮食模式如暴饮暴食或长时间饥饿，也可能导致消化系统疾病和新陈代谢紊乱。

运动习惯是青少年体质健康的另一大支柱。规律、适量的运动不仅有助于塑造健康的体形，提高心肺功能，更能有效地调节神经系统，缓解青少年时期常见的焦虑和压力。与此相反，久坐少动、缺乏锻炼则可能引发一系列健康问题，如肥胖、骨质疏松及心血管系统疾病。作息规律亦不可忽视。青少年时期是身体和大脑功能发展的重要时期，规律的作息有助于保证充足和高质量的睡眠，进而支持身体各系统的正常运作和健康发展。常见的熬夜和作息不规律的生活方式，将严重影响青少年的生长激素分泌和大脑的健康发展，从而影响记忆、注意力和学习能力。青少年期是形成持久生活方式和行为习惯的关键阶段。例如，此时养成的阅读、思考和学习习惯将对个体的终身学习和职业发展产生深远影响；而养成的健康的饮食和锻炼习惯，则对个体的长期健康和生活质量具有决定性意义。值得关注的是，当代青少年更易暴露于屏幕时间过长的情况，这既可能影响他们的视力健康，也可能降低他们进行户外活动和社交互动的时间，进一步影响到他们的身体健康和社会适应能力。

生活方式和行为习惯的形成并不是孤立的。它们受到家庭、学校、社会文化和经济环境等多重因素的影响。因此，为了促进青少年的健康成长，需要各方—包括家庭、学校和社会共同努力，为青少年创造有益于健康生活方式和行为习惯形成的环境。

二、青少年体质健康促进与健康中国的关系分析

青少年体质健康促进与健康中国战略的关系表现在青少年健康作为国家健康战略的基石，与国家公共卫生政策的紧密联系，以及与国家可持续发展战略的整合，共同推进了中国健康事业和社会可持续发展的宏伟蓝图。

（一）青少年体质健康作为国家健康战略的基石

在健康中国战略中，青少年体质健康的重要性被明确地提升到了前所未有的高度。作为国家健康战略的基石，青少年体质健康的促进不仅关乎未来一代人的健康，更是直接关系到国家的未来和社会的长远安宁。青少年是国家和民族未来的希望，他们的健康状况如何，往往预示着一个国家未来的发展趋势。

青少年时期是生命历程中关键的发展阶段，这一时期的体质健康状况往往会影响到一个人的一生。良好的体质健康为青少年提供了坚实的基础，使他们能够充分发挥自身的潜能，健康地成长为具有社会责任感和创新能力的公民。这样的青少年将更有可能成为未来社会的中坚力量，他们不仅能够为自己的幸福生活奠定基础，还能够为国家的繁荣和社会的进步贡献自己的力量。在健康中国战略的框架下，青少年体质健康被纳入了一个更宏大的视角，即生命周期健康观念。这一观念强调从出生甚至更早，就开始关注和维护个体的健康，而不是等到疾病出现时再采取治疗措施。这一点对于青少年体质健康的促进具有指导意义。实施科学的健康教育，推广合理的饮食和锻炼习惯，以预防为主的健康管理策

略，已经被视为提升青少年体质健康水平的有效路径。同时，健康中国战略还明确了健康的公平性。青少年体质健康的促进不仅是提高整体国民健康水平的手段，更是实现健康公平，减少社会不平等的重要途径。健康的青少年是构建和谐社会的基石，他们的成长环境和健康状况是衡量一个社会进步与否的重要标志。因此，在推进青少年体质健康的过程中，确保每一个青少年，无论他们出生在何地、身处何种家庭，都能够享有健康成长的权利，是健康中国战略重要的目标之一。

此外，青少年体质健康与国家的经济发展和社会稳定也存在着密切的联系。健康的青少年能够更好地投身于学习和工作，为国家的经济建设做出更大的贡献。相反，健康问题则可能使青少年的学习和未来的职业生涯受到影响，进而影响到社会的整体竞争力和活力。因此，青少年体质健康的促进是健康中国战略中不可或缺的一环。它既是青少年个体发展的需要，也是社会和国家持续、健康发展的需要。未来，随着健康中国战略的深入实施，青少年体质健康将得到更为全面和系统的关注和支持，从而为实现整个社会的健康与可持续发展奠定坚实的基础。

（二）青少年体质健康与国家公共卫生政策的紧密联系

在国家公共卫生政策的框架下，青少年体质健康被赋予了特殊的重要性。这一点既是从人口健康全生命周期的角度出发，也是为了保证国家未来持续健康发展的战略需求。青少年是社会的未来，他们的健康状况将决定国家的人力资源质量和社会的可持续发展能力。因此，青少年体质健康的提升，不仅是实现健康中国战略的重要内容，同时也是国家公共卫生政策中至关重要的一环。

通过推动学校健康教育，国家公共卫生政策鼓励和指导学校将健康教育纳入教学大纲，让青少年在校园内就能接触到科学的健康知识和理念。这样的教育旨在树立青少年的健康意识，使他们能够自觉地形成良好的生活习惯和行为模式。这不仅有助于提高青少年个体的健康水平，更是一种对未来社会健康文化的积极投资。优化医疗服务体系，则是从更为宏观和系统的层面出发，确保所有青少年都能享有平等、高质量的医疗保健服务。这包括但不限于提供充足和专业的儿科医疗资源，加强对青少年特殊健康需求（如生长发育、心理健康等）的关注和服务，以及通过制度设计保证医疗服务的可及性和可负担性。加强青少年心理健康服务，意味着在关注青少年体质健康的同时，也注重他们的心理和情感健康。青少年时期是心理和身体同时快速发展的阶段，因此，提供专业和及时的心理健康服务，有助于预防和减轻各种可能出现的心理健康问题，这是保证青少年全面健康发展的重要组成部分。开展大规模的体育锻炼和健康生活方式宣传，是国家通过公共卫生政策，积极引导社会公众，特别是青少年群体，形成健康、积极的生活方式。通过各种形式的宣传和教育，使青少年认识到体育锻炼的重要性，培养他们积极参与体育锻炼的习惯，从而有效地提高他们的体质健康水平。

这些措施不仅关乎青少年个体的健康，它们与国家公共卫生政策的整体目标——提升全民健康水平和改善人民生活质量，紧密相连。在一个更宏大的层面上，青少年体质健康的提升将为中国未来的社会经济发展注入强大的人力资源活力。一个健康、有活力的新一代，将是国家可持续发展最为可靠的支持。同时，这些政策措施也体现了公共卫生政策的预防优先原则。强调通过预防的手段，减少疾病的发生，提前介入，有效控制和减轻青少年的健康风险，从而达到维护和提升青少年体质健康的目标。因此，在国家公共卫生政策的指引下，青少年体质健康的促进变得更加系统和科学。它不仅关乎每一个青少年的个体健康，更是中国迈向健康、繁荣和强大的重要步骤。

（三）青少年体质健康与国家可持续发展战略的整合

青少年体质健康与国家可持续发展战略的整合，显现为一个深远和宏大的命题。它涵盖的不仅仅是青少年个体的健康问题，更涉及未来社会整体健康和发展的大局。在这一战略视野下，青少年体质健康被视为连接国家未来的重要纽带，是建设更加繁荣、强大和可持续发展社会的重要基础。

健康的青少年意味着未来有更多的健康劳动力和创新精英参与到国家的建设中。一个健康的青少年群体，将是未来国家社会经济蓬勃发展的强大推动力。他们是未来的科研工作者、技术骨干、企业家和各行各业的领军人物，是国家综合国力不断提升的源泉。因此，投入到青少年体质健康的培养和保障，实质上是一项长远的、具有战略意义的国家投资。这种投资要求超越了单纯关注青少年身体健康的范畴，而是要在更广泛的社会经济发展战略中进行整合和规划。这意味着，青少年体质健康的促进需要与教育、就业、社会保障等政策紧密的整合，共同构建一个促进人的全面发展和社会全面进步的良好环境。例如，与教育政策的整合，可以确保青少年在接受良好教育的同时，养成健康的生活习惯，形成健全的人格和心理素质，为未来的职业和生活做好充分准备。与就业政策的整合，则可以通过各种方式，比如鼓励和支持青少年参与到社会实践和志愿服务中，培养他们的团队协作和社会责任感，从而更好地为未来的工作和生活做好准备。与社会保障政策的整合，可以通过建立完善的青少年健康保障体系，确保所有青少年，不论他们来自何种家庭背景，都能获得必要的健康服务和关爱。这是一个包括医疗保健、心理咨询、营养指导等在内的综合保障体系，它旨在消除因家庭经济条件不同而可能出现的健康不平等现象。

此外，青少年体质健康的促进也与环境保护和可持续发展政策紧密相连。一个健康的生活环境，是青少年健康成长的重要保障。这包括提供干净的水和空气、安全和舒适的居住和学习环境，以及丰富和多样化的文化和体育活动空间。这样的环境不仅有助于青少年的身心健康，也是培养他们热爱自然、关注环境和参与可持续发展的重要途径。青少年体质健康与国家可持续发展战略的整合，强调的不仅是青少年个体健康的重要性，更是站在国家和社会发展的高度，深刻理解和充分实践健康对于整个社会持续、稳定和和谐发展的基础地位和重要意义。这样的整合和实践，是实现"健康中国"战略，推动国家持续和繁荣发展的重要途径。

第三节 青少年体质健康促进的理论

青少年体质健康促进不仅关乎青少年本身的健康和福祉，也是国家和社会持续发展的重要基石。一个健康的青少年群体，将为国家未来的繁荣和进步提供坚实的人力资源基础。因此，青少年体质健康促进是一项长期、系统而又重要的社会任务。

一、青少年体质健康促进的相关论述

青少年体质健康促进是一项针对青少年群体，旨在提升其生理、心理和社会健康水平的综合性活动。这一过程重视个体、家庭与社会各层面的协同参与，目标是通过科学的教育和引导，帮助青少年树立正确的健康观念，养成良好的生活习惯，有效提高体质和生活质量。

（一）体质与健康

1. 体质的认识

体质可被定义为一个人体内在的、相对稳定的生物学特性，它涉及个体的形态、生理和心理特征。这一特性是由遗传和环境因素共同决定的，并在个体的生命周期中得以显现和稳定。在生长、发育和衰老的过程中，体质表现为人体与自然及社会环境相适应的个性特征[①]。

体质反映了人体生命运动与身体运动的有机统一，揭示了两者之间

---

① 陈晶，程海波.全国中医药行业高等教育"十四五"规划教材 中医学基础[M].北京：中国中医药出版社，2021：80.

的对立和协调关系。生命运动可以理解为人体内部各种生理活动的总和，它维持着人体生命的基本状态；而身体运动则是人体与外部环境互动的表现，它反映了人体对外界刺激的响应与适应能力。在这一框架中，达到体质的优化，即意味着需要在生命运动与身体运动之间找到一个动态的平衡点。这一平衡并非一成不变的，而是要根据个体的实际条件和外部环境的变化，灵活调整与适应。实现这一平衡，便涉及解决生命运动与身体运动间的矛盾，这需要科学、系统地进行身体与心理层面的调节与处理。人们在体质层面上的差异性是显而易见的，这些差异性并不仅仅是生理结构的不同，还包括对外部环境适应能力的不同、抗病能力的不同以及生理和心理功能的不同。这些差异性是由遗传和环境因素共同决定的，体现了人体自身的多样性和复杂性。衡量一个人的体质强弱，并不是一个单一维度的评估，而是一个多维度、多层次的综合评价。这包括但不限于形态特征（如身高、体重、体型等），功能状态（如心肺功能、代谢水平、免疫能力等），以及适应能力（对环境、气候的适应能力和抗病能力等）。这些维度相互关联，共同构成了个体的体质特征，并通过这些特征，可以更准确地了解和评估一个人的健康状态。因此，体质的科学理解与评估，需要深入到每个人具体的生理与心理状态，从整体和动态的角度，精准地把握生命运动与身体运动之间的关系和平衡，这是实现个体健康最优化和提升人群健康水平的重要途径。

2. 健康概述

20 世纪 80 年代，世界卫生组织将健康定义为一种身体、精神和社会适应的良好状态，标志着对健康不再仅仅局限于生理层面的理解，而是提升到了一个更加宽泛和深远的层次。这一定义突破了健康仅为"非疾病状态"的传统观念，进一步强调了精神和社会适应在健康中的重要地位。随后，在 1998 年，世界卫生组织进一步细化了健康的标准，将其拓展为包括身体健康、心理健康、道德健康和社会适应四个维度。这一标准不仅丰富了健康的内涵，还将道德健康纳入了考虑范畴，充分体现了人类对健康这一概念理解的深化和拓展。从生理层面解析，健康不仅仅是指人体的各个器官、组织和细胞处于无疾病状态，更是意味着各项生理功能均处于最佳工作状态，体力旺盛，充满活力，如同一台精准运转的机器。在心理层面上，健康不仅涉及个体的情绪稳定和心理平衡，更包括了人格的完整和明确的人生目标。它是一个人心智健康、自我控制能力优秀、具有明确的生活理想和追求的表现。从社会层面来看，健康的含义扩展为了个体优秀的人际关系和社会适应能力。这意味着一个健康的人不仅能够有效地与他人沟通、协作，还能够灵活适应复杂多变的社会环境，表现出高度的社会责任和参与意识。总而言之，健康已经逐渐从一个单纯的医学概念，转变为一个涵盖生理、心理、道德和社会多个层面的综合性概念。它强调的是一个人整体的、全方位的健康状态，追求的是人的全面发展和高质量的生活实现。

随着现代生活方式的变迁与潜在健康风险因素的增加，例如吸烟、过度饮酒、职业压力增大、职业倦怠、过量饮食、营养过剩、缺乏体力活动等，人们对健康概念的理解已愈发深入和全面。在此背景下，学者李红娟提出了"整体健康"这一概念①。整体健康是指通过持续、有意识的努力维护健康生活方式，从而达到最佳健康状态，它涵盖了身体、情感、心智、社会、环境、职业和精神七个不同的维度，如图1-1。这一整体健康理念将传统的生理、心理和社会三个层面进一步细分为七个具体的健康维度，呈现出一个更具体与完整的健康模型。这七个维度并不是孤立存在的，它们构成一个封闭的回路，象征着这些维度之间相互联系、相互促进，共同构建人们的整体健康状态。具体来看，身体健康主要指人体生理机能的良好状态和体力充沛，是健康的基础；情感健康涉及个体情绪状态的稳定与平衡，是心理健康的重要组成部分；心智健康则是指人的思维清晰、判断准确、学习和记忆能力良好；社会健康强调与人有效的社会互动和良好的人际关系；环境健康关注人与自然环境的和谐

---

① 李红娟. 体力活动与健康促进 [M]. 北京：北京体育大学出版社，2012：5-6.

共处，强调环境对健康的重要影响；职业健康则是指在职业生涯中维持生理和心理健康的状态，避免职业疾病的发生；而精神健康则涉及个体心灵的宁静和精神生活的丰富。

这一整体健康的视角揭示了一个至关重要的事实，即健康是一个多层面、多维度的综合状态。每一个维度都对整体健康起到关键的作用，缺乏任何一个维度的健康，都将对个体的整体健康状况产生影响。因此，促进整体健康的策略需要是多元化和综合性的，旨在通过维护和改善这七个维度的状态，从而达到提高整体健康水平的目的。

图 1-1　整体健康的 7 个维度

影响个体健康状态的因素是多元且复杂的。根据谭思洁等人的分类，这些因素主要可被归纳为三大类：自然环境、社会环境和生活方式[①]。这三大类因素相互交织，共同塑造一个人的健康状态。自然环境是一个基本且核心的健康影响因素。它包括气候条件、地理位置、空气和水质等。例如，一个干净、优质的自然环境能为人们提供清新的空气和干净的水，这是维护基本健康的重要条件。社会环境，包括社会结构、文化、经济条件和医疗卫生服务等，也在很大程度上影响人们的健康状况。例如，一个稳定、和谐的社会环境，能提供更完善的医疗卫生服务和教育资源，从而有助于人们更有效地维护和提升健康。生活方式是影响健康的另一

---

① 谭思洁，王健，郭玉兰.青少年运动健康促进导论 [M].北京：知识产权出版社，2012：7-9.

个重要因素。它包括饮食习惯、体力活动、休息和睡眠、精神压力等。随着现代化进程的加速，人们的生活方式发生了明显的变化。尤其值得关注的是，现代生活方式往往使人们的体力活动大幅减少，而饮食却趋于丰富和多样。这种不平衡的生活方式，往往导致人们的能量摄入远远超过消耗，从而引发一系列的健康问题。

尽管医学进步和公共卫生的改善使人类成功地控制了许多传染性疾病，但在全球范围内，慢性非传染性疾病，如心血管疾病、糖尿病和肥胖症等，已逐渐成为主要的健康威胁。这些被称为"现代文明病"的疾病，与不良的生活方式，特别是不合理的饮食结构、缺乏规律的体力活动、长期的精神压力和不良的生活习惯等，有着密切的关系。

（二）体质健康与青少年体质健康促进

1. 体质健康

体质健康是一个综合性的概念，包括生理、生化、心理和社会各个层面。它不仅是指身体各系统、器官功能状态的正常与否，而是一种全面、稳定的生理和心理状态，这种状态是在遗传基础上，通过长时间积累的合理膳食、规律作息、适量运动等健康生活方式形成的。

体质健康强调人的整体状况，包括但不限于身体的发育、营养、体能和器官功能。一个具有良好体质健康的人，身体不仅不存在明显的疾病，而且拥有良好的抗逆能力、适应能力和恢复能力。这样的体质可以有效地抵抗各种疾病和损伤，维持身体的平稳状态，使个体能够在各种不同的环境中生存和发展。体质健康还与个体的心理状态密切相关。一个健康的体质可以为良好的心理状态提供基础。反之，心理健康同样对体质健康具有重要意义。例如，过度的压力和紧张可以引起一系列的生理反应，如心率增快、血压升高等，长时间的心理压力可能导致免疫系统功能下降，增加患病的风险。因此，心理健康被视为体质健康的重要组成部分。

此外，体质健康也与社会环境有着紧密的联系。社会环境的因素，如居住条件、工作环境、社交网络等，可以间接但深远地影响到个体的体质健康。例如，良好的居住和工作环境可以减少有害物质对人体的伤害，有助于维护人体的健康；而丰富的社交活动和人际关系则可以有效减轻压力，提高人的生活满意度。在促进体质健康方面，预防和管理慢性疾病是一个重要领域。通过改善生活方式，如合理膳食、适量运动、戒烟限酒、保持良好的作息，可以显著降低慢性疾病的发病率和死亡率，从而维护和提升体质健康。体质健康还强调个体在生活中的自我管理能力，包括自我健康监测、自我健康评估、自我健康维护和提升等。这些能力可以帮助人们更好地了解自己的健康状况，根据自身的特点和需要，选择最合适的健康生活方式，从而维护和提升自己的体质健康。

2. 健康促进

健康促进，作为一种公共卫生实践和策略，关注人群的整体健康状况，并致力于改善各个层面的决定性因素，以实现更高水平的健康。自 20 世纪 80 年代初提出以来，这个概念已经成为全球健康政策和实践的重要组成部分。

在定义层面，健康促进被理解为一个动态过程，旨在使个体和社群提升自我健康的能力。1986 年的渥太华宪章为健康促进提供了一种广泛接受的定义：即为人们增加控制自己健康和改善健康的过程。在行动层面，健康促进实践涵盖一系列策略和干预，包括健康教育、社区发展、政策倡导、环境改变和组织健康服务的优化。这些实践注重通过个体、社区和政策层面的行动，促进人们的生活和工作条件的改善，以支持其健康和福祉。

一个核心要素是赋权和参与。健康促进倡导赋予个体和社群更大的能力和资源，使他们能够参与健康决策的过程，采取积极行动，以改善自己和社群的健康。这涉及知识和技能的增加，社会支持的提供，以及创造有利于健康的社会、经济和环境条件。另一个重要的方面是跨部门行动。健康是由多种因素共同决定的，这些因素包括生物医学、行为生活方式、社会和经济条件以及环境因素。因此，实现更高水平的健康需要卫生部门与教育、住房、交通、劳工、环境和其他许多部门的共同努力。此外，健康促进强调预防为主，以减少疾病和伤害的发生。它包括对健康不良行为的改变，例如吸烟、不健康饮食和缺乏锻炼，以及对有益于健康的环境和社会政策的倡导。在全球范围内，健康促进的理念和实践已经被许多国家和地区的政府、非政府组织和其他利益相关者所采用。世界卫生组织是健康促进在国际层面上的重要倡导者和实践者。

3. 体质健康促进

体质健康促进是一个多层次、多维度的综合性过程，旨在通过整合不同层面的资源和力量，持续地改善和提高人们的体质健康状况。这一过程涵盖了从宏观的政策指导和环境优化，到微观的个体健康行为和生活方式改变，以及家庭、社区和社会各个层面的综合干预和管理。

体质健康促进首先强调预防为主，注重从源头上减少不健康的体质产生和发展。这需要在政策层面构建健康促进的宏观环境，通过政府的引导和支持，优化社会和生活环境，提供有利于健康的公共服务和资源，鼓励和引导人们采取健康有益的生活和行为方式。在个体层面，体质健康促进的核心是引导和支持个体建立和维持健康的生活方式，通过科学合理的饮食、规律的作息、适量的运动和良好的精神状态，来预防疾病的发生和改善体质。这不仅需要个体自身的积极参与和努力，还需要医疗卫生机构和其他社会组织提供有效的指导和服务。此外，体质健康促进也强调社会和家庭的作用。家庭是人们健康习惯形成的最初场所，家庭成员的健康行为和生活方式对其他成员，特别是儿童和青少年的健康产生重要影响。因此，增强家庭健康教育，提高家长的健康知识和技能，是体质健康促进的重要途径。社会各组织和机构，如学校、企事业单位和社区，也是体质健康促进的重要场所。通过这些社会组织，可以开展健康教育和宣传，普及健康知识，提高人们的健康素养，形成有益健康的社会风尚。体质健康促进还要求跨部门和跨领域的合作与协调。卫生健康部门需要与教育、社会保障、环境保护、城乡规划等多个部门紧密合作，形成工作合力，确保各种政策和措施能够有效地落到实处，形成良好的健康促进环境。

4.青少年体质健康促进

青少年体质可以概括为与健康相关的体质和与运动相关的体质两大类[①]。这两种体质类型，尽管具有明显的不同特点，但它们共同构成了青少年体质健康的整体框架，并在实际的生活和运动实践中互相交织和影响。

与健康相关的体质，是指青少年在日常生活中所表现的生理和身体状况，它关乎个体的健康状况和生活质量。根据这一定义，与健康相关的体质主要包括心血管呼吸系统的耐力、肌肉力量和耐力、柔韧性以及身体成分这四个方面。心血管呼吸系统的耐力是衡量青少年心肺功能和全身耐力状况的重要指标；肌肉力量和耐力则与青少年的身体发育和生活能力密切相关；柔韧性则涉及青少年的关节和肌肉的灵活性和伸展能力；而身体成分则是指青少年的体重、体脂和肌肉等与健康状况紧密相关的身体指标。与运动相关的体质重点强调速度、耐力、灵敏、协调和柔韧等身体素质，这些素质主要反映个体在特定运动项目中的表现能力。相比之下，与健康相关的体质更侧重于反映个体整体的健康状况。从这个角度理解，与运动相关的体质与健康的相关性可能显得较低，但实质上，两者之间存在密切的互动关系。

体育锻炼是与运动相关体质与与健康相关体质的共同促进因素。对于与运动相关的体质来说，专项和系统的体育锻炼能显著提高个体的速度、耐力、灵敏、协调和柔韧，进一步提升个体在特定运动项目中的表现。尽管体育锻炼对于运动相关体质的提升作用较为明显，但这并不意味着其对于健康相关体质的促进作用可以忽略。实际上，适量而持续的体育锻炼已被证明能有效改善心血管健康、增强肌肉和骨骼系统的健康，

---

① 冯霞.青少年体质健康教育[J].中国青年政治学院学报，2006（4）：1-5.

减少慢性病的风险[①]。更重要的是，与健康相关体质的锻炼也能为与运动相关体质的改善和提高提供有力的支持。例如，通过增强心肺功能和提高肌肉力量，可以有效地提升个体的耐力和速度表现。在现阶段的教育政策中，如《国家学生体质健康标准》所规定，对学生进行体质健康监测中的体质主要是指与运动相关的体质。这一方针与目标，显然是为了更具针对性地提升学生的运动能力和身体素质，以满足不断提高的体育教育和运动竞技要求。

青少年体质健康促进不仅是一个纯生物医学的过程，更是一个复杂的社会心理过程。在这个过程中，青少年的身心特点被赋予特殊的关注，而促进青少年体质健康的方式是多元和综合性的[②]。

青少年时期是个体生理和心理都处于快速发展阶段，同时也是形成长期健康行为和生活方式的关键期。因此，青少年体质健康促进活动的设计和实施必须充分考虑到这个年龄阶段人群的特殊需要和特点。例如，青少年在生理上迅速生长发育，对营养和运动的需求也相应增加；在心理上，他们的自我意识逐渐觉醒，社交关系日益复杂，对健康信息和健康教育的接受和理解方式也与儿童和成人有所不同。在青少年体质健康促进的实践中，环境创设显得至关重要。这意味着需要营造一个有助于青少年健康成长的环境，这样的环境不仅包括物质条件（如体育设施和营养食品的供应），还包括社会文化环境（如健康的家庭氛围、积极的校园文化和友善的社区环境）。在这样的环境中，青少年的健康行为和生活方式能得到积极的引导和支持。例如，通过提供丰富和多样的体育锻炼机会，可以激发青少年参与体育锻炼的兴趣和动力，从而有助于提高他们的身体活动水平；通过健康教育和信息传播，可以帮助他们建立正确

[①] WARBURTON D E R, NICOL C W, BREDIN S S D.Health benefits of physical activity:The evidence[J].CMAJ, 2006（6）：801-809.

[②] 霍兴彦，林元华.基于我国青少年体质健康促进的组织服务体系构建研究[J].河北体育学院学报，2012（4）：32-36.

的营养观念和饮食行为。

此外，青少年体质健康促进是一个涉及多个利益相关者共同参与的过程。家庭、学校、社区和社会各部门都需要通过有效的合作和协调，形成一个综合性的支持体系。这一体系不仅要关注青少年的生物学需求（如健康饮食和规律锻炼），还要关注他们的心理社会需求（如情感支持和社交技能的培养）。

二、现代健康观与青少年体质特征

现代健康观与青少年体质特征紧密相连，强调在保证青少年生理健康的基础上，更多地关注他们的心理、社交和精神健康，推动青少年健康成长和全人发展。

（一）现代健康观

现代健康观已经从单一的生物医学模式转变为更为全面和深入的生物 – 心理 – 社会医学模式。这种转变不仅仅是对健康定义的深化和拓展，更是对健康实践的理念和方式的重大变革。现代健康观强调健康是一个完整的生理、心理和社会的完美状态，而非仅仅是疾病或虚弱的缺失。

在现代健康观下，健康被视为一个持续的过程，而不是一个固定的状态。这个过程涵盖了个体的整个生命周期，并且受到遗传、环境、生活方式和医疗保健等多种因素的共同影响。因此，健康的维护和促进需要一个综合性和持续性的策略。现代健康观进一步明确了健康的社会决定性。这意味着健康不仅仅是个体生活方式的选择结果，更是社会结构和资源分配的产物。社会经济地位、教育水平、居住环境和社会支持等社会因素，对个体和群体的健康状态具有深远的影响。因此，促进健康不仅需要改变个体的行为和生活方式，更需要改善社会环境和减少健康不平等。

此外，现代健康观还突出了健康的自主性和人文关怀。在这一观念下，个体被视为健康的主体和参与者，而非被动的接受者。健康的决策和行动需要个体的主动参与和责任承担，医疗保健服务则需要尊重个体的需求和权益，提供人性化和个性化的关怀。现代健康观还强调了预防优于治疗的原则。这意味着在健康的维护和促进中，预防措施的重要性超过了治疗措施。因此，公共健康的策略和资源分配，需要更多地倾向于疾病的预防和健康的促进，而非疾病的治疗和修复。现代健康观的实践，需要一个多部门和多学科的合作。健康不再是医疗保健系统的专属领域，而是教育、住房、劳动和社会保障等多个部门共同关注和共同行动的对象。同时，健康的研究和实践也需要综合运用医学、心理学、社会学和经济学等多种学科的理论和方法。

（二）青少年体质特征

1. 生长突增

青少年时期，个体的身高、体重等生长指标迅速上升，这一时期通常被称为生长发育的"突增期"。在这一阶段，青少年的骨骼发育和肌肉增长尤为迅速，需要充足的营养和适当的锻炼来支持健康的生长。

2. 体形和体态

随着生长的进展，青少年的体型和体态也会发生显著变化。体形逐渐趋向成人形态，身体线条开始明显，肌肉逐渐紧实而富有力量。体态是指青少年站立和行走时的身体姿势，这一时期需要重视体态的培养，避免因不良习惯导致的体态问题。

3. 体脂和瘦体重

青少年时期，随着身体的成长和发育，体脂的分布和瘦体重（即去除体脂后的体重）的比例会有显著的变化。男生的肌肉量通常会显著增加，女生则体脂相对增加。这是正常的生理现象，与性激素的分泌改变有关。

4. 身体素质

青少年时期是身体素质发展的关键阶段。这一时期的锻炼可以有效提高青少年的力量、速度、耐力、灵敏和协调性等。适量而规律的体育锻炼，可以促进青少年身体素质的全面和谐发展，为今后的生活和工作打下坚实的基础。这个阶段是青少年身体和心理健康发展的重要时期，家长、学校和社会应给予更多的关注和指导，如合理的饮食、适量的锻炼、足够的休息和良好的心理辅导，以确保青少年能够健康成长。

三、青少年体质健康促进的目标与要素

青少年体质健康促进的目标与要素集中于推动青少年群体实现身心健康、全面发展的终极追求，以及实现这一目标所需关注和整合的关键因素。

（一）青少年体质健康促进的目标

青少年体质健康促进可视为一项系统而综合的战略，其核心目的在于全面改善青少年的体质状况，进而促进其身心健康的协调发展。在这一战略下，不仅需满足青少年的健康需求，更重要的是调动青少年自身参与健康促进活动的兴趣与积极性，激发其内在动力，并将这种动力转化为实践行动。

总体目标是提高青少年的体质健康水平，确保他们在身体形态、生理功能、运动能力以及对自然环境和社会环境的适应能力方面都能维持在良好的状态。这一目标不仅包括促进具有健康体魄、积极人格和生活信心的青少年继续保持优良状态，而且着重于帮助身体状况较差，例如肥胖或体质较弱的青少年，改善其健康状况。

青少年体质健康促进的实施涉及多个层面的工作。首先，需建立健全与青少年体质健康促进相关的政策和法规体系。这需要国家和地方政府出台相关政策，为青少年体质健康促进活动提供法律支持和保障。其次，需要构建青少年体质健康促进的实施模型与计划。这涉及如何设计、组织和实施具体的健康促进活动，以及如何根据实施效果进行持续优化。

此外，数据和信息管理也是关键。需建立青少年体质健康数据库，收集和分析有关青少年体质健康的大量数据，以便科学评估青少年的健康状况，并据此进行有针对性的健康促进活动。同样重要的是建立青少年体质评价标准和监测体系，这将有助于准确地评估青少年体质健康促进活动的效果，为今后的工作提供依据。服务平台的建设也是关键环节。应鼓励和支持各级政府、学校、社区和非政府组织等，搭建青少年体质健康促进服务平台，提供专业、科学、系统的健康促进服务。

（二）青少年体质健康促进的要素

1. 主体与客体

在青少年体质健康促进的过程中，主体构成一个层次丰富、功能明确的网络。宏观层面的主体，如教育部、卫生部、体育局及社会保障和人力资源等行政部门，主要负责政策制定与实施。中观层面的主体，包括学校、社会团体、社区组织、医疗卫生单位及体质监测服务机构等，作为政策执行与服务提供的关键环节。微观层面的主体，如体育教师、父母、医护人员和体质监测服务工作人员等，直接与青少年接触，为他们的体质健康提供指导与关爱。

传统视角下，青少年被视为体质健康促进活动的被动接受者，即客体。然而，现代健康促进理念强调，青少年亦应是这一过程的积极参与者和推动者。从这个角度看，青少年自身既是体质健康促进活动的主体，也是其实施的关键。他们通过主动参与健康促进活动，提高对健康知识的认知，改善生活方式，展现了明显的能动性。在这个层面上，教育部、体育局等行政部门、学校、社会组织及家长等，转变为服务与辅助青少年健康成长的重要客体。

青少年体质健康促进活动不仅是一个"主体－客体"的单向作用过程，更是一个动态互动与整合的系统。在这个系统中，不同层面的主体通过协作与合作，共同为青少年创造有利于身心健康成长的环境和条件。

同时，青少年作为活跃的参与者，通过与各个层面主体的互动，积极地塑造自身的健康行为模式，实现个体与社会健康目标的协同进步。

2. 健康教育

健康教育是促进青少年体质健康的基础和前提。有效的健康教育能够提高青少年对健康知识的理解和认识，培养他们健康的生活方式和行为习惯。具体包括传授基本的营养知识、运动与锻炼的重要性、预防疾病的方法等。健康教育强调启发式、互动式的教育方式，尊重和发展青少年的主体性，使他们能够自觉、主动地参与到健康生活的实践中。

3. 营养与膳食

青少年时期是生长发育的关键时期，合理的营养与膳食对于他们的身体健康至关重要。营养均衡的膳食可以保证青少年获得充足和全面的营养，支持他们正常的生长和发育。教育青少年理解营养标签，选择更健康的食物，避免过多的糖和脂肪摄入，是提升他们自我管理能力的重要一环。

4. 心理状态

青少年时期心理状态的稳定与健康同样关乎整体的健康状况。身体健康和心理健康是相互影响的。重视青少年的心理健康，关注他们的情感与心理需求，帮助他们建立积极健康的心态，应对生活和学习中的压力和挑战，是促进青少年体质健康的重要组成部分。

5. 体育活动

体育活动是青少年体质健康促进的关键要素之一。有规律的体育锻炼能够有效提高青少年的身体素质，增强免疫系统的功能，促进心肺功能和骨骼健康，有助于控制体重和减缓慢性疾病的风险。此外，体育活动还可以提高青少年的心理健康水平，帮助他们缓解压力，提高自信和社交能力。

第二章 《国家学生体质健康标准》与青少年体质健康测评

第一节 《国家学生体质健康标准》解读

一、《国家学生体质健康标准》基本规则与成果借鉴

(一)《国家学生体质健康标准》基本规则

《国家学生体质健康标准》是一个专门针对学生群体的健康评价标准，旨在促进学生的全面发展和提高学生的身体素质。在该标准的研制过程中，遵循特定的基本原则和规则，以确保其科学性、准确性和实用性。

第一，该标准致力于提升家长和学生对健康的认知水平。这意味着该标准不仅是一个评价工具，还是一个教育和引导工具。它向家长和学生提供了一个了解和评估健康状态的依据，帮助他们明确哪些因素可能影响身体素质，并提供指导以科学地控制这些因素。从这个角度看，该标准并不是孤立的，而是与社会发展趋势相一致，鼓励形成科学的健康观念。

第二，该标准鼓励学生根据自己的身体素质情况，设立科学的健康目标。这是一个自主、有针对性的过程。该标准通过设立一系列具体、可衡量的健康指标，使学生能够有明确的参照，根据自身情况设定实际可行的健康目标。进一步地，它引导学生制订合理的锻炼计划，通过规律、系统的锻炼，逐步达到这些健康目标。这一原则强调了个体化和实践性，倡导每位学生从自身实际出发，通过科学的方式积极参与到自己健康管理的过程中。

第三，为了确保更广泛的实施和应用，该标准特别强调设置一些简单易操作的运动项目。这些项目允许学生在日常生活中轻松地进行锻炼，从而提高自身的运动技能。这一点是至关重要的，因为它确保了标准的普适性和可行性，使所有学生，无论其当前的健康状况如何，都能够从中受益，并积极参与到提高自身身体素质的过程中。

第四，这一标准被构建为监控和评估学生群体健康状况及其发展趋势的重要工具。这种科学评估不仅有助于早期发现并干预健康问题，还可以为国家和社会制定相关的健康促进政策和干预措施提供依据。这样的设计体现了标准的实用性和战略性，强调了其在学生健康管理体系中的核心地位。

第五，该标准的制定严格基于科学研究和决策，确保测试项目和指标的负荷适中且在学生可承受的范围之内。这是一个兼顾效度与人道关怀的平衡。标准旨在提供准确和有效的学生身体素质检测，而非给学生带来过大的压力。这一点体现了标准制定者对学生身心健康的综合关怀。

第六，该标准具有教育战略意义，鼓励和指导学校体育课程与标准中设定的运动项目紧密结合。这一设计旨在推动学校体育课程的改革和优化，使其更符合学生的健康发展需要，同时也鼓励学生更认真对待体育课程，积极参与体育锻炼。这种互动和一体化的策略有助于提高学生体质，培养他们终身运动的习惯。

第七，该标准注重操作的便利性和可行性。这表明，标准的制定者深入考虑了学校行政部门在实施过程中可能面临的实际问题和挑战。简单和易于操作的测试项目有助于实现学校的统一管理，降低实施难度，确保标准能够广泛、有效地应用在各级各类学校中。

（二）《国家学生体质健康标准》对国内外科研成果的借鉴

《国家学生体质健康标准》作为一种科学的健康评价标准，融合了一系列国内外先进的科研成果，具有历史积淀与现代科技相结合的特点。在早期，健康评价的指标较为单一，主要集中在肌肉力量上。然而，随着科学技术的不断进步，评价指标逐渐拓宽和深化，从而形成了更加综合、全面和精细的评估体系。

20世纪初期，人们开始意识到身体健康不仅仅依赖于肌肉的力量，还涉及心血管系统的功能状态。因此，心率、血压等指标被引入健康评价体系中，这标志着健康评价从单一的肌肉力量评估转变为对整个生理系统功能的综合评估。这一变化突显了健康评价指标的科学性和全面性，旨在通过更多元和细致的指标，全方位地了解和评估个体的身体状况。进入20世纪中叶，医学技术的迅速发展为人体健康评价提供了更深入和精确的依据。柔韧性作为一项重要的身体素质，被纳入健康评价的指标中，标志着评价体系从生理机能扩展到了身体机能的多个维度。同时，有氧运动的重要性也被广泛认识。研究发现，有氧运动能有效提高心肺功能，增强身体的耐力和免疫力，这进一步丰富了健康评价的内容和深度。《国家学生体质健康标准》因此呈现出一种动态发展和适应性强的特征。它不是一个固定不变的标准，而是一个与时俱进，持续吸收新知识、新技术和新理念的开放体系。它综合了多个时期的科研成果，实现了从单一到多元，从粗糙到精细，从静态到动态的转变。

身体素质测试中的运动项目在历史发展过程中经历了显著的演变与优化，逐渐形成了一个更加科学、综合和针对性强的测试体系。在20世纪50年代，美国学校的身体素质评价项目相对简单，主要包括跑、投、跳三大类，例如俯卧撑、折返跑、立定跳远、投掷和 50 米跑等。进入 1965 年，体育教育领域首次提出了"身体健康素质"的概念。此时，美国学者开始对"身体运动素质"和"身体健康素质"进行明确的区分。这一变化不仅是理念层面的更新，它意味着学校体育教育的重点开始从单一地注重培养学生的身体运动技能转变为更加注重培养学生的整体健康素质。相应地，进行身体素质评价的项目内容也开始发生深远的变化，更多地考虑到对学生健康状况的全面评估。进入 1980 年后，美国学校逐渐采用了身体健康素质测验，实现了由身体运动素质测试向身体健康素质测试的重大过渡。这一过渡不仅仅是在测试项目的选择上有所变化，更是在测试的目标和意义上实现了重构。在这个阶段，测试的准则和标准被进一步明确和科学化，不再仅仅追求学生的运动技能表现，而是从健康的角度出发，关注学生生理和心理健康的全面发展。1987 年，计算机技术被引入到体质测试中，这使得测试方法更为精确和便捷，例如体脂测试、仰卧起坐、引体向上等项目可以借助计算机技术进行数据收集和分析。这一创新不仅显著提高了测试的效率，而且极大地增加了测试结果的准确性和可靠性。1988 年，美国创建了一种名为"Physical Best"的测试方法，此方法包括了 1 英里跑（走）、皮下脂肪厚度、BMI 等项目。这一测试方法不仅仅关注学生的基本运动能力，更重要的是能够全面评估学生的健康状况。该方法的提出和应用，对于后来美国以及其他国家体质测试方法的发展，都产生了深远的影响。

在我国，身体素质测试的发展历程充分体现了对科技进步与国际经验融合的借鉴与自主创新的相互结合。从 2005 年开始，我国便启动了一项宏大的国民健康监测体系的建设。该监测制度分别针对不同年龄段的人群，包括 3-6 岁的幼儿、7-19 岁的儿童与少年、20-59 岁的成年人以及 60-69 岁的老年人，进行细致而系统的健康监测与调研。这一举措的实施不仅标志着我国从宏观层面重视和关注国民健康状况，更体现了科学与公共政策结合的精神。与此同时，基于这样一套详实的数据体系，我国建立了一套丰富而具有指导意义的调研数据库。这一数据库不仅汇聚了大量实证数据，而且为进一步的科研和政策制定提供了重要的依据。这种实证基础上的科学研究和政策制定，进一步证明了我国在公共健康领域中将科学研究与公共政策紧密结合的决心和实践。在标准制定方面，2005 年，我国在已有的《学生体质健康标准》《军人体育锻炼标准》《公安民警体育锻炼达标标准》的基础上，进一步颁发了《普通人群体育锻炼标准》（试行）。这一标准的制定与发布，不仅是对特定人群健康管理的延伸，而且意味着我国正努力将健康和体育锻炼的理念普及到全体国民。这标志着我国在促进国民健康方面从被动应对转向主动引导，从特定人群延伸到全体公民。这些标准的设定，本质上是一种科学规范和行为指南，旨在指导和鼓励全体国民，无论年龄、性别和职业，都能依据一定的科学标准进行有效、安全的体育锻炼，从而维护和提升自身的身体健康状况。这一系列标准不仅是一个科学研究成果的输出，更是一个社会行为与文化形态的引领。

《国家学生体质健康标准》融合了国内外先进的科学研究成果，在监测方法上显著提升了测试的便捷性和准确性。为了实现体质测试的简化和标准化，我国专家开展了大量创新性研究。其中一个重要的研究方法便是样本分析。该方法首先对一部分具有广泛代表性的人群进行取样，旨在通过这些取样数据获得初步的基础统计数据。随后，通过对这些基础数据的分析，推算出相关的界值点和中间值，从而形成初步的测试标准。这一阶段的工作是科学设置标准的重要基础，它确保了标准的科学性和可靠性。值得注意的是，这种标准的建立并不是一个封闭完成的过程。在初步标准形成后，还需进一步采用规范的过程对其进行严格验证，以确保这些标准的准确性和适用性。这一环节是实现标准优化与完善的关键步骤，它涉及对初步标准的实证检验和可能的修订，以满足更高水平的科学要求和实际应用需求。这种基于样本分析和后续验证过程的测试方法，具有明显的优势。首先，它大大减少了对于人力、物力和财力的需求，使得大规模的人群健康监测成为可能。这一点尤为重要，因为它解决了大规模健康监测所带来的资源压力，从而使得更为普遍和持续的健康监测成为现实。其次，这种方法的准确性被充分保障。通过对具有代表性样本的深入分析和严格的后续验证，这种方法确保了所产生的标准能够准确反映被测人群的实际情况。具体应用到儿童和青少年的身高和体重关系的研究中，这种方法更是表现出了极高的实用价值。它不仅能够为儿童和青少年健康状况提供准确和实时的评估标准，而且通过简化和标准化的操作，极大地提高了体质测试的便捷性和效率。

二、《国家学生体质健康标准》的意义及功能

（一）《国家学生体质健康标准》的意义

1. 落实《体育法》

《国家学生体质健康标准》作为一项重要的制度安排，体现了对《体育法》精神的具体实践与落实。它建立了一套明确、可行的标准，用于引导和监测学生的身体健康状况。在法律与实践层面，该标准与《体育法》构建了一种有机的纲领与实践关系。

《体育法》作为指导性的法律文件，提出了关于学校体育教育与活动的总体框架与要求。其中明确规定，学校必须实施国家体育锻炼标准，并保证学生在校期间每天用于体育活动的时间。这一规定不仅强调了体育锻炼在学校教育中的重要地位，而且明确了学校在保障学生体育活动时间方面的法定责任。在这样的背景下，《国家学生体质健康标准》便成了将《体育法》中的规定具体化、操作化的重要工具。它明确了学生应当达到的体质与健康标准，提供了评估学生身体健康状况的具体指标，并设计了一系列科学、具有针对性的运动项目。通过这些明确的标准和项目，学生们可以更有目的和针对性地进行体育锻炼，同时，学校和教师也可以根据这些标准，更有效地组织和指导学生的体育活动，确保学

生的体育锻炼不仅满足数量要求，而且达到了质量标准。此外，《国家学生体质健康标准》的实行还为学校办学和教师教学提供了具体的法律依据。它为学校设置体育课程和活动提供了明确的指导，确保学校在组织体育活动时有明确的依据和目标。这不仅有助于提升学生的身体健康，也是对学生德智体美劳全面发展教育理念的具体实践。

综合来看，《国家学生体质健康标准》是一种对《体育法》精神的深刻理解和有效实践，它将法律的要求具体化、标准化，形成了可操作、具有实效的指导性文件，从而使得《体育法》中关于学校体育教育的要求能够被真实、有效地落实在每一个学生的日常生活与锻炼中。这种标准的制定和实施，实质上是一种政策与实践相结合的创新模式，旨在通过具体可行的操作方式，实现《体育法》的长远目标，即促进学生的全面发展，并为国家的长远发展储备健康、有活力的人才资源。

2. 贯彻落实"健康第一"指导思想

《国家学生体质健康标准》的制定与实施，标志着中国教育体系对"健康第一"指导思想的深入理解与有效贯彻。这一标准并不仅仅是一份针对学生身体健康状况的评估标准，而是在更广泛的层面上，体现了教育体系对于学生整体素质培养的重视。在当代，学校教育已经不再局限于对学生学科知识的传授和考试分数的追求，而是逐渐转向更加注重学生综合能力的培养。在这一背景下，"健康第一"不仅是一种对学生身体健康状况的关注，更是一种深入到教育理念和实践的全面转变。它意味着教育不仅仅是头脑的培养，更是人的全面发展，其中，身体健康被视为一个基本的、重要的组成部分。

《国家学生体质健康标准》在这一框架下具有双重的意义。首先，它为学校提供了明确和可操作的标准和工具，使得学校能够有针对性地组织和指导学生的体育活动，监测和评估学生的身体健康状况，确保"健康第一"不仅是一种理念，而是能够通过具体的实践活动得到体现和落实。其次，该标准本身就是一种教育手段，它能够通过明确的健康标准和体育锻炼要求，对学生形成明确和积极的引导，激励他们自觉地参与到体育锻炼中，培养良好的生活习惯和健康意识。此外，《国家学生体质健康标准》作为学生是否能够毕业的基本条件之一，进一步凸显了健康教育在整个教育体系中的重要地位。这不仅是对"健康第一"指导思想的明确回应，更是对它的切实落实。这种设定有效地将健康教育纳入了学校教育的核心内容和重要目标之中，确保健康教育不是一个孤立和边缘的内容，而是与学科教育同样重要，甚至更为基本和核心。

3.对学生体质进行改善

《国家学生体质健康标准》的实施具有深远的社会意义，尤其在改善人民体质、引导健康生活方式和塑造积极健康观念方面表现尤为明显。在现代社会背景下，科技的快速发展虽然大大提高了人们的生活水平，但同样带来了一系列健康问题。例如，现代生活节奏快、心理压力大、营养过剩和运动不足，这些因素共同导致了人们健康状况的逐渐下滑，亚健康状态的出现变得越来越普遍。在这种情况下，《国家学生体质健康标准》的实施可以视为一个重要的公共政策干预。它的出台和实施反映了国家层面对于人民健康状况的关注和重视。

首先，该标准通过明确规定一系列的健康指标和达标要求，为学生提供了明确而科学的健康指导。这些指标不仅涵盖了身体素质的各个方面，还包括了身体健康状况的综合评估。这些明确和科学的指标为学生提供了健康管理的依据，使他们能够更为准确地了解自己的健康状况，从而制定出更为合适和有效的健康改善计划。其次，该标准通过规定一系列具体、可操作的运动项目，为学生的日常锻炼提供了具体的参考和指导。这些运动项目不仅科学而且实用，学生可以根据自己的实际情况选择合适的运动项目进行锻炼。这样的安排有助于激发学生的锻炼兴趣和动力，进而形成长期、稳定的锻炼习惯。最后，该标准的实施也具有教育和引导作用。它强调了健康的重要性，并通过具体的规定和要求，将健康理念深入到学生的日常生活和学习之中。这样的教育和引导不仅有助于增强学生的健康意识，还有助于他们形成科学、积极的健康观念。

4.发展和完善学生体质健康评价体系

《国家学生体质健康标准》作为一项重要的教育政策，扮演着发展和完善学生体质健康评价体系的关键角色。该标准是在对既有体质健康标准实践经验的仔细分析、总结和借鉴国际成功经验的基础上形成的。它综合考虑了当前学校体育工作的实际情况以及学生体质机能呈现的下降趋势，并针对这些问题进行了针对性的设计和改进。

这一标准的制定和实施旨在回应一个核心问题，即学校体育教育的根本目的是什么。该标准明确提出"体质健康"是学校体育课程存在的根本理由。这一明确的定位不仅为学校体育教育提供了明确的方向，而且强调了体育教育与学生健康发展之间的密切联系。这种以"体质健康"为核心的教育理念，将体育教育从单纯的技能训练提升至更为重要的层面，即促进学生身体健康的全面发展。通过《国家学生体质健康标准》的实施，学生体质健康的评价体系得以进一步的完善和规范。该标准通过科学、系统的方法，为学生体质健康状况的评估提供了准确、客观的评价标准和方法。这不仅有助于提高评价的准确性和可靠性，还为教育工作者提供了关于如何有效指导学生进行体质锻炼的重要依据。除此之外，这一标准的颁布实施，对于深化我国学校体育改革，具有深远的历史意义。它标志着国家对学校体育教育重要性的高度重视，也是对全面推进素质教育，特别是体育素质教育的明确要求。通过实施这一标准，能更有效地引导学生积极参与体育锻炼，提高学生的体质健康水平，为学生的全面发展打下坚实的基础。

（二）《国家学生体质健康标准》的功能

《国家学生体质健康标准》在我国学校体育领域的颁布，昭示了其在评估学生身体健康状况和锻炼效果中的核心地位。此标准，尽管重点聚焦于身体健康，但它亦是学生整体健康——包括心理健康和社会适应能力健康的关键组成部分。《国家学生体质健康标准》不仅是一个评估工具，它的深远意义在于它的教育、激励、反馈和引导锻炼功能，这些功能共同确保了学生体质健康的全面提升，为我国学校体育教育的长远发展奠定了坚实基础。

1.教育和激励功能

《国家学生体质健康标准》在中国学校体育领域中的实施，具有显著的教育和激励效果。该标准中所采用的评价指标，是经过深入科学研究与选择而形成的，与人体健康状况具有紧密的关联。这些指标能够较准确地反映学生的健康状态，提供了一个权威和科学的评估标准。通过实施这一标准，学生对于影响人体健康的各种因素能够得到更为深入的理解和认识。该标准不仅作为一个评估工具，更起到了一个教育引导的角色。它提醒学生关注自身的健康状况，培养了他们长期关注和维护自身健康的习惯。因此，它起到了一种教育的功能，使学生能够更系统、更科学地理解身体健康的含义，同时也了解到达到健康标准需要付出的努力和行动。

此外，该标准还具有显著的激励作用。通过定期的体质健康评估，学生可以清晰地了解到自身的健康状况和体质变化，这种明确和直观的反馈，能够激发学生的积极性和主动性。当学生看到自身通过努力锻炼和调整生活方式所取得的进步时，他们会更有动力继续保持和提高自己的健康状况。因此，《国家学生体质健康标准》不仅为学生的健康状况提供了一种科学和客观的评估标准，同时也充当了一个教育和激励的双重角色，促使学生形成积极的健康观念和行为模式，引导他们将健康作为生活的重要组成部分，从而调整自身的生活方式，确保身体处于健康的状态。

2.反馈功能

《国家学生体质健康标准》在体育健康领域内具有重要的反馈功能。该标准通过系统性的测试与评估，生成一份对学生个体身体健康状况的科学、精准和全面的报告。按照国家规定，学校需将这些体质健康测试数据上传至国家学生体质健康标准数据管理系统，该举措不仅严格符合标准化和规范化的要求，更是体现了健康管理的数据化和科技化特点。这种数据的集中管理和分析，为学生个体、学校、社区以至整个社会提供了宝贵的健康信息资源。学生可以通过该系统清晰地了解自己的身体健康状况，这种直观、科学的反馈有助于他们根据个人的具体情况，制定更为合适、更为有效的锻炼和健康管理计划。这一点无疑为学生的健康行为提供了明确和可行的指引。

除了针对个体，这一标准的数据系统也在更宏观的层面上具有显著作用。对各个学校上传的数据进行统计与分析后，相关部门可以从中洞察出整个学生群体的健康状况和变化趋势。这些宏观层面的数据和分析，为政府部门、教育机构和其他相关组织提供了科学、准确和及时的依据，使他们能够基于这些信息，研究和制定针对性的健康干预策略和措施，旨在改善广大学生群体的健康水平。此外，通过将这些数据向社会公众公示，该标准更是进一步扩大了其社会影响力，增加了公众对学生体质健康状况的关注，进而形成了更为广泛、更为深远的社会效应。这种公开透明的做法不仅有助于社会各界更全面的了解和关注学生健康问题，更有可能激发社会更广泛的参与和支持，形成全社会关注和支持青少年健康成长的良好氛围。因此，通过《国家学生体质健康标准》的实施和数据管理系统的运用，构建了一个从学生个体到整个社会层面的健康反馈与监测网络，这不仅对于提高学生自身的健康管理意识和能力，同时也为整个社会的健康教育与管理提供了宝贵的参考和支持。

3. 引导锻炼功能

《国家学生体质健康标准》在推动学生积极参与体育锻炼方面发挥着显著的引导作用。该标准通过设计一系列适合学生群体的锻炼项目，旨在倡导积极、健康的生活方式。这些项目特点鲜明，既简单易操作，又充分考虑到学生的生理和心理特点，从而受到学生群体的普遍欢迎。该标准不仅明确了一系列具体、操作性强的健康指标，而且对这些指标在运动项目中的比重进行了科学地配置。这一策略是富有前瞻性的，它旨在引导学生针对特定的健康指标，有目的地、有针对性地进行专项训练。这种引导性训练，将有助于学生形成更加系统和科学的锻炼习惯，进而更有效地提升其整体健康水平。

此外，该标准通过国家学生体质健康标准数据管理系统，进一步扩展了其服务和功能。该系统根据不同的体质和健康状况，为学生提供了精准、个性化的运动处方。这一创新性的服务，将科技与健康教育紧密结合，使得每一位学生都能根据自身的具体情况，获取到量身定制的、科学合理的锻炼建议。因此，《国家学生体质健康标准》不仅是一项针对学生健康状况进行评估和监测的标准，更是一个综合性的健康教育与引导体系。它通过明确和科学的健康指标、实用和广泛受欢迎的锻炼项目设计，以及先进的数据管理与服务系统，全方位地指导和激励学生积极参与体育锻炼，科学管理自身的健康，从而长远地促进学生群体的身体健康和整体素质的提升。这一标准的实施，无疑为构建健康中国，培养具有良好身体和心理素质的新一代青少年奠定了坚实的基础。

第二节　青少年身体素质的测评

一、50 米跑、800 米或 1000 米跑

（一）50 米跑

50 米跑是一项重要的青少年身体素质测评项目，旨在科学、准确地评估和了解青少年在速度、爆发力和神经肌肉协调性等方面的发展水平，从而为进一步的体育教育和健康促进活动提供依据。

50 米跑是一项用以检验青少年速度素质、灵敏素质及神经系统灵活性发展水平的标准化测试项目。此项测试主要评估青少年的短距离瞬间爆发

力和速度维持能力，同时也间接反映了神经肌肉系统的协调和反应能力。

测试所需场地为长度 50 米的标准跑道。在器材方面，需要准备 1 面发令旗、1 个口哨和 1 个秒表。发令旗和口哨用于指示跑步的开始，秒表则用于精确测量和记录学生完成 50 米跑所用的时间。

50 米跑的测试方法是通过秒表精确测量学生完成 50 米跑的时间。在测试实施过程中，按照规定，每次测试应将学生两人分为一组。在测试开始之前，应确保所有学生处于准备完毕状态。当发令员发出出发指令（可以通过发令旗和口哨）后，计时员应立即启动秒表开始计时。学生则需以最快的速度完成 50 米跑。计时将以学生的躯干首先越过终点线为标准，此刻计时员应停止计时。

50 米跑的测试成绩以"秒"为单位进行记录，数值应精确到小数点后一位。若小数点后的第二位数非"0"，则应按照四舍五入的规则进位到小数点后第一位。例如，若一个学生的成绩为 11.15 秒，则应被记录为 11.2 秒。

50 米跑作为一项短距离跑步测试，能够有效评估青少年的速度和爆发力。这两项指标是衡量青少年体能的重要组成部分，并且与日常生活中的许多活动和运动表现紧密相关。此外，该测试项目还可以作为观察和评估青少年神经肌肉系统协调能力的重要手段，从而为相关的体育教学和训练提供有价值的参考信息。

（二）800 米或 1000 米跑

800 米或 1000 米跑是一项主要用于检验学生耐力素质发展水平的标准化测试项目。这类中长距离跑步测试项目主要关注学生的有氧耐力能力，即在一定时长内持续进行中等强度运动的能力。耐力是衡量个体心肺功能和循环系统效能的重要指标，而 800 米或 1000 米跑正是通过实际跑步表现，来客观、直接地评估学生这一方面的生理素质。

在场地和器材配置上，该项目要求 400 米或 200 米标准田径场跑道作为测试场地。这样的场地可以确保测试的标准化和准确性。测试所需的主要器材是秒表，用于精确测量学生完成指定距离跑步所用的时间。

测试过程中，学生被至少分为两人一组进行测试。在所有学生准备就绪后，发令员发出出发指令，标志着测试的开始。计时员随即启动秒表，开始精确地记录时间。学生在指令后需以自己最快的速度完成规定距离（800米或1000米）的跑步。当学生的躯干首先越过终点线时，即标志着该学生的测试结束，此时，计时员需立即停止对应的计时。这样的操作标准保证了测试结果的客观性和准确性。

在成绩记录方面，800米或1000米跑的测试成绩以"分"和"秒"为单位进行记录，这种记录方式允许教师、家长和学生自身对测试成绩有一个明确而准确的认知，便于后续分析和对比。此外，800米或1000米跑作为一种耐力类项目，不仅是对个体心肺功能的测试，还能反映学生的心理素质，如自我调节能力、毅力和决心等。这是因为完成这样一段相对较长的距离需要学生有良好的节奏控制和情绪管理能力。

二、立定跳远、掷实心球

（一）立定跳远

立定跳远作为一项常用的体育测试项目，主要用以评估学生下肢肌肉的爆发力以及身体的协调能力发展水平。此测试项目不仅关注学生的肌肉力量输出能力，而且还涉及身体的平衡与协调，是一个全面检测下肢功能和身体协调性的有效手段。

在场地与器材要求方面，立定跳远需要一个沙坑作为跳跃的落地区，以减少对参与者跳跃落地时可能造成的伤害，并使跳跃距离易于准确测量。同时，测试需要准备丈量尺，用以精确地测量学生跳跃的距离。为保证测量的准确性和安全性，沙坑的表面应平整并与地面保持齐平，起跳线设置需在距沙坑不大于30厘米的位置。

在测试方法方面，学生需要站立在预设的起跳线后，两脚自然分开。跳跃动作需保证两脚同时起跳，确保动作的同步性和协调性，这是测试的一个重要规定。如果学生在起跳过程中出现垫步或其他非规定动作，将视为违例，相应的成绩将被判定为无效。这一规定旨在确保测试结果的公正和准确。在成绩判定方式上，立定跳远的成绩是通过测量从起跳线后缘至跳跃着地点后缘止的垂直距离来确定的。这种测量方式明确、客观，并且易于操作，能够有效地保证测试结果的准确性和可靠性。每名学生在测试中拥有三次试跳机会，从中选取最好的一次成绩作为最终记录。这一设计旨在允许学生有机会逐步适应测试要求，减少因紧张或其他因素导致的误差，确保学生的最佳表现得以体现。

（二）掷实心球

掷实心球测试项目旨在全面地评估和了解学生上肢爆发力的发展水平。这一测试不仅对上肢肌肉的力量和爆发力有较高的要求，还需要测试者具备一定的技巧和协调能力，从而更准确地反映青少年上肢肌群的实际运动能力。

在场地和器材的选择上，该测试项目要求一个长度不少于30米的平整场地，这是为了保证实心球能够在安全和足够的空间内被投掷出去。场地一端需要划出一条清晰的投掷线，旨在明确测试者站立的位置，并作为判断踩线违规的依据。所使用的实心球重量规定为2千克，这一标准化的重量设置，旨在确保所有测试者在相同的条件下进行比较，增加测试的公正性和可靠性。

测试方法方面，学生站在划定的投掷线后，两脚前后自然开立，这一站姿能够帮助测试者保持稳定，并有效地利用身体力量。双手持球举过头顶，稍后仰，这一准备动作旨在使学生能够充分地利用上肢和上体的力量，发力更加有力且准确。整个投掷过程中，严格规定学生的脚不得踩到投掷线，以确保测试的公正和标准化。如在投掷瞬间或之后踩线，则该次成绩将被判定为无效。为了更准确地评估学生的上肢爆发力，测试规定每名学生都有若干次试投的机会，从中选取最好的一次成绩作为最终记录。这一做法可以减少因紧张、技术不稳定等因素对测试结果的影响，让每个学生都有机会展现出自己最好的状态。在成绩记录上，掷实心球测试的结果以"米"为单位，精确到小数点后一位。这一精确的记录方式有助于学生上肢爆发力的准确和细致评估。

三、握力、引体向上

（一）握力

握力测试是一项专门评估上肢肌肉力量发展水平的标准化测量工具。上肢肌肉力量作为身体健康和功能状态的重要指标，直接关联到个体的日常生活能力和运动表现，因此对于青少年群体来说，定期的握力测试有助于监测他们健康和身体素质的发展状况。

在场地和器材的配置上，握力测试对场地的要求较为灵活，主要依赖于握力计这一专业的测量工具。握力计具有多种形式，其共同的特点是能够精确、准确地测量并显示个体握力的数值。

测试方法则规定了标准化的操作流程，以保证测量结果的可靠性和有效性。具体地，学生在测试时需要自然站立，两臂放松下垂，这一站姿可以确保学生身体的自然状态和舒适感，有利于更真实地反映上肢肌肉力量。学生选择自己更加有力的一只手进行握力测试，这样的设定可以确保测量结果更接近个体的最大上肢肌肉力量水平。在测试过程中，每名学生有两次握力尝试的机会，而最终记录则取两次中握力计上显示的最大数值。这样的设计旨在允许学生有机会熟悉测试流程，减少误差，并最终能更准确地评估其上肢肌肉力量。测试结果以"千克"为单位，并精确到小数点后一位，这一精确度足以满足对学生上肢肌肉力量细致和准确的评估需求。

（二）引体向上

引体向上作为一种常见的体育锻炼项目，已广泛用于评估青少年上肢肌肉力量和耐力的发展水平。作为上肢肌肉和肩部稳定性的有效指标，引体向上不仅测量了学生上肢的力量，而且还考察了其上肢和肩部肌肉的耐力。这一测试对于评估青少年肌肉发展水平、身体协调性和运动能力具有重要的参考价值。

在场地和器材方面，引体向上测试只需要一个专用的单杠。这样的配置简单但功能完整，既能满足测试的需求，也便于在各种环境中灵活地进行。单杠的设置高度应适合学生进行测试，确保他们在起始位置时可以完全伸展双臂，并在垂悬状态下，双脚离地。

测试方法规定了明确和标准化的动作要求和计数标准，以保证测试结果的准确性和一致性。具体地，在测试开始时，学生需要双手正握杠，整个身体呈现直臂垂悬状态。这一起始位置旨在确保每一次引体向上动作都是从同一基线开始，从而准确评估学生上肢肌肉的实际力量和耐力。测试过程中，学生需用双臂的力量将身体向上引，直至下颌的高度超过横杠上缘，这样的动作标准是为了确保学生在每次引体向上时，都能充分地使用上肢肌肉，并达到一定的运动强度。测试者则负责记录学生能够完整完成的引体向上次数，这一数据直接反映了学生上肢肌肉的力量和耐力水平。

四、坐位体前屈、仰卧起坐

（一）坐位体前屈

坐位体前屈是一项评估青少年躯干、腰部和髋关节活动幅度的测试项目。这项测试旨在衡量学生在静止状态下，相关肌肉群、关节和韧带的伸展性和弹性。因此，它是一个直接和有效的指标，用以反映青少年身体柔韧素质的发展水平。

在场地和器材的准备方面，坐位体前屈测试具有操作简便和设备需求低的优势。所需的主要测试器材为一个专用的座位体前屈测试计。这种设备通常是一个简单的测量工具，配有可以沿尺度滑动的游标，以便准确地记录测试结果。

测试方法是标准化和系统化的，为的是确保测试结果的准确性和可重复性。具体操作中，学生需要坐在平坦的地面上，保持两腿伸直。两脚需平蹬在测试纵板上，这一要求旨在为测试提供一个稳定和一致的起始位置。随后，学生需将上体前屈，两臂向前伸直，尽力用手指推动游标。这一动作不仅考验了躯干、腰部和髋关节的活动范围，还有效地观测了相应部位肌肉和韧带的伸展性和弹性。学生在此项目中有两次尝试的机会，从中选择成绩较好的一次进行记录，这一做法有助于确保测试结果更准确地反映学生的身体素质。

（二）仰卧起坐

仰卧起坐是一项专门评估青少年腹肌耐力发展状况的测试项目。这一项目通过系统和标准化的测试方法，量化学生在一定时间内完成的有效仰卧起坐次数，从而直观、准确地衡量学生腹部肌肉群的耐力表现。

在场地和器材配置方面，仰卧起坐测试的要求相对简单，仅需要一块垫子作为测试工具。这样的配置不仅便于操作，也有助于保护受测者的背部免受硬地面的伤害，确保测试过程的安全性。

测试方法的设计充分考虑了准确性和标准化的需求。在具体的操作步骤中，受测学生需仰卧在垫子上，两腿弯曲，形成大约90度的角度。学生的两手需放在头后，而辅助者的任务是稳稳地压住学生的踝关节，以防止其在起坐过程中的移动。当学生进行起坐动作，两肘触及双膝时，这一动作即被视为一次有效的起坐。要注意的是，每一次仰卧的还原阶段都需要确保学生的两肩胛能够完全触到垫子。测试人员在给出开始指令的瞬间启动计时，记录在规定的一分钟内，学生能够完成的有效仰卧起坐次数。这一测试项目的实施不仅有助于了解学生腹肌耐力的发展状况，更为重要的是，它可以指导学生和教育工作者明确训练的方向和重点，进而制定更科学、更针对性的体能训练计划。通过定期的仰卧起坐测试，可以持续追踪和评估学生体能的改善情况，有效地促进学生身体素质的全面提升。

五、跳绳、篮球运动

（一）跳绳

跳绳测试项目主要旨在全面评估学生下肢力量和身体协调能力的发展状况。此项测试能够精准地描绘出学生身体各项基本素质的表现，尤其聚焦于肌肉的力量表现和身体的协调性，这两者对于青少年的身体发展都是至关重要的指标。

场地与器材的配置被精心选定以符合测试的需要。所需的场地要求是平整的地面，以便于学生稳定地完成跳绳动作，同时避免因场地不平整而引发的意外伤害。测试所需的器材包括秒表、发令哨和跳绳，旨在确保测试的顺利进行和结果的准确记录。

测试方法明确规定了标准化的操作流程。测试开始的信号由测试人员通过发令哨清晰地发出，此后学生便开始执行跳绳动作。在这一过程中，跳绳的方式被规定为正摇双脚跳，这种方式既能有效检测学生的下肢力量，又能观察到身体协调能力的表现。关于有效次数的判定，每跳跃一次且摇绳一周被视为一个有效次数。这样的判定标准既明确又公正，有助于确保测试结果的可靠性。测试的时间限制被设定为一分钟，这一规定是在权衡测试的准确性和学生的体能消耗之间做出的综合考虑。跳绳测试项目的实施，可为教育工作者和家长提供关于学生身体素质状况的重要信息，从而更加精准地制定或调整体育训练和健康教育的策略。

通过定期的跳绳测试，可以有效地追踪和监控学生身体素质的变化趋势，促使有针对性的训练和干预措施得以及时、准确地实施。

（二）篮球运球

篮球运球测试项目设计为量化和评估青少年在篮球基本技能方面的能力和水平。这一测试关注于学生在运动情境中对篮球的控制能力，以及与此相关的身体协调能力和反应速度。该测试项目不仅考察了参与者的基本篮球技能，还能够间接地评估他们的身体灵活性、协调性和反应敏捷性，从而提供一个全面的身体素质评估。

关于场地和器材的准备，具体配置是经过精细计算和设计的，旨在创建一个标准化和合适的测试环境。首先，测试所需的器材包括秒表、发令哨、30米卷尺、标志杆10根以及符合国家标准的篮球。秒表和发令哨的使用保证了测试的准确性和标准化，而30米卷尺则用于精确测量场地的尺寸。测试场地的长度被定为20米，宽度为7米，这一规定是为了提供一个足够但又不过大的空间，以观察和评估学生运球技能的表现。测试场地的布局也是经过深思熟虑的。在起点线后的5米处设置了两列标志杆，标志杆距同侧边线3米。各排标志杆相距3米，共5排杆，全长20米。并列的两杆间隔1米，这样的设置旨在模拟篮球比赛中实际的运球路径和挑战，迫使学生在运球过程中保持对球的控制，同时注意自身的运动路径和速度，从而更全面地评估他们的运球能力。

测试方法设定了明确和详尽的规则与步骤。在测试开始时，学生在起点线后持球站立，然后根据出发口令单手运球依次通过设定的标志杆，并在每次过杆时交替使用不同的手进行运球。测试的时间记录从发令员发出口令的那一刻开始，直到学生与球均通过终点线时结束。重要的是，测试中为学生提供了两次机会，以便记录他们表现最佳的一次成绩。这一设置有助于减少偶发因素对测试结果的影响，从而提高结果的准确性。测试规则明确，对于可能出现的违规行为有着严格和明确的定义和处理方式。例如，学生在测试中如果违反了指定的运球方式、破坏了场地设置或未按照规定的路径完成运球，其当次成绩将被取消。此外，规定允许学生在犯规后重新测试，直至获得有效成绩，这一设置旨在确保每位学生都有公平展示自己能力的机会。

六、足球运球、排球垫球

（一）足球运球

足球运球测试项目旨在综合评估学生的身体素质与足球运球的基本技能水平。该测试不仅是对学生速度、灵敏度和体力的综合考核，更是对他们运用足球技能，尤其是运球技能在特定环境中应用的一个实际检测。通过此项测试，可以清晰地了解学生在足球运球方面的实际操作能力和技能掌握程度。

场地器材的设置经过精心设计，以满足测试的精确性和公正性。特定的场地尺寸（30 米长、10 米宽）与标志杆的布置，旨在模拟实际足球比赛中可能遇到的运球和突破场景。起点线至第一标志杆的距离设置为 5 米，各标志杆之间的距离同样为 5 米，这一设计可以有效地评估学生在相对较短距离内的运球控制能力和变向敏捷性。此外，标志杆距离两侧边线各 5 米的设置，使得学生在运球过程中需要保持球的控制，避免球出界，从而可以更精准地评估学生的足球运球技能和对球的控制精度。测试器材的选用，包括符合国家标准的足球和精确计时的秒表，进一步保证了测试的专业性和准确性。

测试的流程设计也充满了严谨性和科学性。每名学生有两次机会，以最好的一次成绩作为记录。这一设计旨在减轻学生的心理压力，让他们有更多的机会展示真实的技能水平。此外，规定了清晰的犯规行为和对应的处理方式，如出发时抢跑、漏绕标志杆、碰倒标志杆、故意手球等，这些都将导致当次成绩的取消。这些规则的存在，保证了测试的公平性和权威性，也教育学生遵守规则的重要性。当出现两次犯规无成绩的情况时，测试规则允许学生再次进行测试，直至获得有效成绩。这体现了一种对学生全面素质发展的关注和人文关怀，强调了教育评价应允许学生在失败中汲取经验，鼓励他们不断尝试和进步。

（二）排球垫球

排球垫球测试项目是一种综合性的体能与技能评估方法，旨在精确地量化学生的身体素质和排球基本技能水平。这项测试的核心在于观察和评估学生在一个严格设定的实践环境中对排球垫球这一基本技能的执行能力。其重要性在于垫球是排球运动中的基本技术之一，对于比赛和团队合作具有至关重要的作用。

场地和器材的设定是为了模拟真实的排球比赛环境。采用符合国家标准的排球和规定尺寸（每人3米×3米）的测试区域，这旨在确保测试的专业性和标准化，从而更准确地模拟和评估学生在实际比赛中可能表现的技能和素质。

测试方法的细节设计，如对垫球高度的明确要求（大学男生为2.43米，大学女生为2.24米），旨在评估学生垫球的准确性和稳定性。它不仅要求学生具备正确的手型和击球部位，还要求学生能够控制垫球的高度和方向，这反映了学生对排球基本技术的掌握程度和身体协调能力。该测试项目对犯规和调整情况有明确的规定，如采用传球等其他方式触球、测试区域之外触球、垫球高度不足等情况均只作为调整，并不计入次数。这样的规定是为了确保测试的严格性和准确性，避免因临时失误或非标准操作而影响学生的整体表现评价。此外，每名学生都有两次测试机会，而最终成绩则记录其中最好的一次。这一点显示出测试的人性化设计，旨在给予学生展示和改进自己技能的机会，而不是仅通过单一的表现来决定他们的能力。

第三节 青少年身体形态的测评

一、身高

身体形态测评是青少年健康监测的重要组成部分，其中，身高测量是一个基本而关键的环节。该测评的主要目的在于通过对学生的身高数据的准确获取，结合体重指标，进一步评定学生的身体高度以及身体匀称度。这不仅能够为了解学生的生长发育状况提供量化指标，而且有助于早期发现潜在的健康问题，从而为进一步的健康干预提供依据。

在实际操作过程中，测试场地的选择和设备的准备也显得至关重要。要求场地应具有足够的空间，确保测量过程能在安全、宁静的环境中进行。身高测量计应精确、稳定，需要在测试前进行严格的检查和校准，确保设备摆放平稳，并且各项功能调试无误。对于设备的误差控制也有明确的标准，即身高测量的误差应小于0.1厘米，这是为了保证测试结果的准确性和可靠性。在具体测量过程中，规定了标准的姿势和操作步骤，以保证数据的一致性和准确性。例如，学生在测试时需赤足正直站立在身高测量计的下板上，确保身体的特定部位（足跟、骶骨部及两肩胛区）贴在测量计杆柱上，并保持头部正直。这些规定是为了使身高数据真实反映被测个体的生长状态，避免因姿势不标准导致的测量误差。此外，为确保数据准确无误地记录，设计了一套严密的读数和记录流程。具体操作时，测试者需位于身高计的一侧，逐步降低水平压板至学生头顶上方，并轻压学生头顶以固定位置，然后精确读取数值。记录员有责任复述测试者读出的数值，并在确认无误后将该数值准确地记录下来。这一过程的规范操作能有效减少人为误差，确保数据的准确和可靠。

二、体重

身体形态测评中，体重测量是一个核心组成部分，旨在准确地获取学生的体重数据。该项测评的主要目的是，通过对学生身体重量的测试，并将这一数据与身高指标相结合，进而准确评定学生的身体重量和身体匀称度。这样的量化评估可以为分析学生的生长发育状况提供重要的依据，进一步有助于对潜在的健康问题进行早期发现和干预。

在操作过程中，场地和设备的选择和准备被严格规定。首先，场地需要具有足够的空间，以保证测试能在一个安全和宁静的环境中进行。体重计应具备准确和稳定的特性，因此在测试前需要对设备进行仔细检查和校准，确保其摆放平稳，各项功能调试无误。设备的误差控制也设有明确标准，即体重测量的误差应小于 0.1% 每百千克，这一标准是为了确保测试结果的准确性和可靠性。

在具体的测量步骤中，也制定了明确和标准化的操作流程。例如，规定了学生在测量体重时的着装和站立姿势，男生着短裤，女生着短裤和文胸，以减小服装对体重测量结果的影响，保证数据的准确性。此外，学生需要赤足正直站立在体重计上，确保数据的准确性。在实际测量过程中，待体重计显示的数值稳定后，由专职测试者精确读取和报告数值。为确保数据的准确无误记录，设计了一套严格的读数和记录流程。测试者需要清晰、准确地读出体重计显示的数值，而记录员则负责复述测试者读出的数值，并在确认无误后将该数值精确记录下来。这一流程的规范操作有助于有效减少人为误差，确保数据的准确和可靠。

第四节　青少年身体机能的测评

一、台阶实验

台阶试验作为青少年身体机能测评的一部分，主要目的在于检验学生在定量负荷后心率的变化情况，从而评价学生的心血管机能。此项测试能有效地反映青少年心血管健康状态，为评估其体能提供关键信息。

为实施此项试验，需要准备特定的场地和器材，包括台阶或凳子、节拍器（或录音机及磁带）、秒表以及台阶实验仪。这些器材的使用旨在确保测试的准确性和标准化。在性别差异方面，试验予以了充分的考虑，规定男生使用 40 厘米高的台阶，而女生则使用 35 厘米高的台阶。

在具体的测试方法中，首先进行安静状态下的脉搏测定。此后，受试者需进行轻度的准备活动，尤其是活动下肢关节，以减少受伤的风险。测试的核心部分是上、下台阶的动作，这一动作的频率被严格规定为 30 次 / 分钟，配合节拍器的节律（120 次 / 分钟）进行。测试步骤清晰明确，即受试者从预备姿势开始，其中一脚踏上台阶，然后整个身体上升，使踏台腿伸直，此后先踏台的脚下先下地，还原成预备姿势。该动作需要以规定的节律，即 2 秒上、下一次，连续进行 3 分钟。测试结束后的数据记录和计算同样是非常关键的部分。受试者完成台阶试验后，需要迅速坐在椅子上，按照特定的时间节点（1 至 1.5 分钟、2 至 2.5 分钟、3 至 3.5 分钟）测量三次脉搏数。进而根据预设的公式计算出评定指数，该公式是踏台上、下运动的持续时间（秒）乘以 100，再除以两倍的三次测定脉搏数之和。若计算结果包含小数，则按照四舍五入的方式取整。

二、肺活量

在青少年身体机能测评中，肺活量的测量是一项至关重要的评估，其主要目的是检验学生的肺通气功能。肺活量是指人在深呼吸时，肺部能够容纳的空气总量。这一指标不仅可以反映肺部的通气状态，还能够间接了解呼吸系统健康状况，是衡量呼吸系统健康和运动能力的重要指标。

本测试的实施需要特定的场地和器材。特别是电子肺活量计，它是一个专业的测量设备，可以精准地计算和记录受试者的肺活量。除此之外，为保证卫生和安全，还需要配备干燥的一次性口嘴，防止口腔与设备的直接接触，减少交叉感染的风险。

测试过程则需严格遵守标准化的操作步骤。首先，将肺活量计主机稳妥地放置在桌面上，并根据设备的使用说明，进行预热和校准，确保设备的精确性和可靠性。受试者需要站立进行测试，手持吹气口嘴，并面对肺活量计。在测试之前，应允许受试者进行1—2次的试吹，以检验设备的反应和口嘴或鼻处是否漏气。正式测试时，受试者被指导进行一至两次较平日深一些的呼吸动作，随后更深地吸一口气，并缓慢完整地呼出至不能再呼出为止，过程中需确保不从口嘴处吸气，且整个过程中不得中途二次吸气。为确保测量的准确性和可重复性，每位受试者需要完成三次测量，并在每次测量间给予至少15秒的休息，以防受试者因疲劳而影响测试结果。最终，从三次测量中选取最大值作为该受试者的肺活量测量结果，并以毫升为单位精确记录，不保留小数。

整体来看，肺活量的测量是一个科学严谨、标准化的过程。它通过具有高度精确性的专业设备和严格的操作流程，能有效地获取受试者的肺活量数据，从而为评估和监测青少年的呼吸系统健康状况提供重要依据。这不仅对个体的健康管理具有指导意义，同时也为学校、家庭和社会提供了实用的健康评估工具和数据支持。

第三章　基于政策治理的青少年体质健康促进

第一节　健康政策：健康促进理论的实践转化

一、健康入万策：政策的健康促进力量

（一）阿拉木图宣言与初级卫生保健

1978 年 9 月的《阿拉木图宣言》为全球卫生制度带来了深远的影响，特别是在初级卫生保健领域。此宣言强调了政府对其人民健康的责任以及为之付出的承诺。所有政府被呼吁制定国家政策、战略及行动计划，并在各部门协作下，始终坚持并推进初级卫生保健工作，确保其作为国家卫生制度的一个核心组成部分得以实施。卫生保健，特别是初级卫生保健，是国家与人民之间的一项基本承诺。这不仅关乎公众的生命质量和生活期望，还关乎经济增长和国家安全。《阿拉木图宣言》正确地将政策的作用置于核心地位。政策制定不仅是为了确保资源的有效利用，还是为了确保所有人都能享有平等的卫生服务，无论他们的经济、社会或

地理背景如何。此宣言进一步指出，要实现初级卫生保健的目标，政府必须发挥其干预作用，并合理调配和使用国内外资源。这意味着需要在国家层面进行投资、培训、基础设施建设和政策制定，确保初级卫生保健服务既具有质量又具有普及性。在此背景下，初级卫生保健成为国家和社区之间的桥梁。它强调了预防优于治疗，旨在减少医疗费用并提高公众健康水平。为实现这些目标，必须进行广泛的社区参与，确保卫生服务能够满足社区的实际需求。更重要的是，《阿拉木图宣言》鼓励跨部门合作。健康不仅仅是卫生部门的责任，还需要教育、交通、环境和其他相关部门的合作与支持。例如，一个良好的公共交通系统可以确保人们更容易接受卫生服务；而良好的教育则有助于提高公众对预防措施的认识和应用[1]。

(二)《渥太华宪章》与现代健康促进

1986 年在渥太华举行的第一届国际健康促进大会标志着现代健康促进领域的一个新时代。《渥太华宪章》的发表不仅为健康促进提供了坚实的理论基础，而且明确了为实现健康目标所必须采取的策略。

政策因素在宪章中被赋予了特殊的地位，被视为推动健康改进的主要手段。第一，制定健康的公共政策意味着需要考虑各种政策决策对公众健康的影响，并确保在制定和执行政策时优先考虑健康问题。这不仅关乎卫生政策，还涉及教育、住房、交通和其他多个领域，因为所有这些领域都与公众健康密切相关。第二，创造支持性环境。这要求为人们提供一个有利于健康的环境，无论是物理环境、社会环境还是经济环境。一个支持性的环境可以为人们提供健康的选择，使健康成为最容易、最方便的选择。第三，强化社区行动策略强调了社区在健康促进中的中心地位。每个社区都有其独特的健康需求和优先事项，因此需要在社区层

---

① 罗鸣春，苏丹.国外健康促进政策对我国心理健康服务体系建设的启示[J].西南大学学报：社会科学版，2008（5）：6.

面进行定制化的干预。通过鼓励社区参与和所有权，可以确保健康策略满足实际需求并得到有效实施。第四，发展个人技能策略着眼于个人能力的提升。通过教育和培训，人们可以获得必要的知识和技能，以做出有益于健康的选择。这种策略不仅仅是教育人们如何做出健康的选择，更重要的是使他们具备做出这些选择的能力和信心。第五，调整卫生服务方向意味着将焦点从疾病治疗转向预防和健康促进。卫生服务需要重新定义其角色，确保健康促进和预防工作与治疗工作同样重要。

《渥太华宪章》为健康促进定义了清晰的方向和策略。政策作为一个核心策略，为其他四项策略提供了指导和支持。这一宪章的五项策略至今仍是健康促进的核心，为确保全球健康提供了可行的框架。

（三）1988 年的健康促进大会与 WHO 的行动指南

1988 年，在澳大利亚阿德莱德召开的第二届国际健康促进大会，核心议题聚焦于健康的公共政策。此次大会进一步加深了对健康公共政策的理解与探讨，明确了四个关键的行动领域，包括维护妇女健康、食品与营养、烟草与酒以及创造支持性环境。每个领域都与人们的日常生活息息相关，强调健康不仅仅是医疗卫生问题，更是社会、经济和政策的综合体现。妇女健康的重视源于其在家庭和社会中的核心地位。健康的母亲可以为家庭提供更好的护理和支持，而妇女的健康问题，如孕产期并发症、生殖健康问题等，都需要得到充分的关注和解决。食品与营养政策旨在确保人们获得充足、均衡的饮食。恰当的饮食习惯与营养摄入对预防许多慢性疾病如心血管疾病、糖尿病等起到关键作用。此外，烟草与酒的消费与多种健康问题有关，如肺癌、肝硬化等。限制其过度消费和提供戒瘾支持是阻止其给健康带来损害的重要手段。创造支持性环境则意味着构建一个能够支持、鼓励和促进健康选择的环境，包括提供安全的公共空间、促进公共交通、提供清洁的饮用水和良好的卫生条件等。

在两年后，即 1990 年，WHO 发表的"行动起来"文件进一步加强了对发展中国家开展健康促进活动的指导。其中的三个主要建议都与政策制定紧密相关。政策倡导强调了政府和决策者应对健康问题给予优先关注，形成健康友好的政策和法规。发展强大的联盟和社会支持系统则突出了社区、企事业单位和非政府组织在健康促进中的作用。而提高与改善群众卫生知识、态度和技能则意味着健康教育应被纳入日常教育与培训中，确保每个人都能获得关于如何维持和提高自己健康的知识[1]。

无论是 1988 年的健康促进大会还是 1990 年的 WHO 文件，政策都被置于了核心地位。这强调了政策对于健康促进活动的导向作用，以及政府和社会对于健康的共同责任。

（四）"健康新地平线" 与健康促进的政策焦点

1996 年，世界卫生组织西太区制定了"健康新地平线"地区性政策。此政策强调健康促进和健康维护，以回应一个日益显著的问题：在经济发展的快速步伐下，如何确保健康和环境不受到破坏。这个问题不仅仅涉及个体健康，还涉及整个社区和国家的持续健康与发展。

经济增长带来的财富和机会是毋庸置疑的，但随之而来的环境问题、生活方式变化和社会不平等问题也越发明显。如果不加以平衡和管理，这些问题可能导致广泛的健康问题，如慢性疾病、精神健康问题和环境引发的疾病。"健康新地平线"政策正是为了提供一个框架，通过它，各国可以找到一个在经济发展和健康维护之间的平衡。这要求每一个国家都认识到健康不仅是医疗保健的问题，更是涉及交通、教育、城市规划、环境保护等多个部门的问题。因此，跨部门合作变得至关重要。到了 2005 年，泰国曼谷召开的第六届健康促进大会再次将目光聚焦于政策。这次的主题为"政策和行动伙伴关系：处理健康问题决定因素"。这个主题明确了一个事实，即健康问题的决定因素既复杂又多元，涉及社会、经济、文化和环境因素。要有效处理这些决定因素，需要政策的指

---

① 喻瑶.高校研究生群体的健康促进研究[D].武汉：武汉大学，2005.

引和多方的合作。这次大会进一步强调了政策在健康促进中的中心地位。为了实现真正的健康促进，政策必须包括健康在内的所有相关部门，并确保它们在实践中协同工作。只有这样，才能真正解决健康问题的决定因素，并确保所有人都能享受到经济发展带来的益处，而不是付出健康上的代价。此外，行动伙伴关系的重要性也在大会上得到了充分的认识。这意味着非政府组织、私营部门、社区组织和其他利益相关者都必须在健康促进中发挥作用。他们可以提供宝贵的经验、资源和知识，帮助制定更有效的政策，并确保这些政策得到有效实施。从"健康新地平线"到第六届健康促进大会，政策在健康促进中的核心地位已经被明确和加强。这些政策和合作框架为各国提供了一个明确的方向，指导它们在追求经济增长的同时，确保其人民的健康和福祉。

2010 年在阿德莱德举行的世卫会议发布的《所有政策中的卫生问题阿德莱德声明：走向共同治理健康和福祉》标志着健康议题在全球政策制定中的重要转折。该声明明确了一个关键的观点，即所有的政策领域都应关注健康。健康不再仅仅是卫生部门的事务，而是所有政策制定者都应考虑的一部分。随后的几年，这一理念得到了进一步的加强和推广。2013 年 6 月在芬兰首都赫尔辛基召开的第八届国际健康促进大会以"将健康融入所有政策"为主题，再次凸显了这一理念。健康被视为一项跨部门的责任，与此同时，公共政策在健康促进方面的决定性作用也被赋予了前所未有的重要性。

为什么公共政策在健康促进中如此关键？公共政策涉及各个领域，包括教育、交通、城市规划、环境保护和经济发展等。这些政策的制定和实施直接或间接影响人们的生活方式、居住环境、工作条件和社交活动，从而影响他们的健康。例如，一个注重步行和自行车的城市交通规划政策可以促进居民的身体活动，而一个注重可持续发展的环境政策可以确保居民呼吸到干净的空气。2014 年 1 月，WHO 进一步加强了这一理念，发布了《实施"将健康融入所有政策"的国家行动框架》。该框架为各国提供了具体的指导和工具，帮助它们将健康因素纳入公共政策中。这意味着在制定任何新的政策或修改现有政策时，政策制定者都应考虑该政策对人们健康的潜在影响。为确保公共政策的健康属性，各国需持续地关注、评估和调整其政策制定和实施的过程。这需要各部门之间的紧密合作和沟通，以确保健康因素在所有政策中得到充分考虑。

"健康寓于万策"不仅是一个策略，更是一种对公共健康的全新理解。这一策略彰显了健康不再是卫生部门的专属事务，而是与各个部门、各个领域密切相关的共同议题。为提高人口健康和卫生公平，跨部门的公共政策解决方案正在逐渐成为一种新的趋势。这样的趋势旨在系统地考虑健康和卫生系统的影响决策，寻求各部门之间的协同效应，确保每一项政策都能够为健康带来积极的影响，同时避免有害健康的因素。世界卫生组织，作为国际健康和卫生领域的领军者，其在健康促进中的主导作用是不容忽视的。每一次宣言，无论是在阿德莱德、赫尔辛基还是其他地方，都清晰地标明了健康促进的方向，为各国提供了开展健康促进活动的行动纲领和指导原则。从这些大会议题中可以清晰地看到，政策在健康促进中的地位至关重要。政策并不仅仅是一纸文件，它关乎每个人的生活、工作和生活环境。一个健康友好的政策可能会促进居民的身体活动，如鼓励步行和骑行；或者提供更为健康的饮食选择，如限制高糖、高盐和高脂肪食品的广告；或者提供一个更为健康的生活环境，如减少空气污染和水污染。跨部门合作在这里变得尤为重要。例如，交通部门可以与健康部门合作，以确保城市规划鼓励居民步行或骑自行车；教育部门可以与卫生部门合作，以在学校中提供更为健康的食物选择；环境部门可以与卫生部门合作，以确保居民有干净的空气和水。这种跨部门合作的模式在全球范围内已经获得了广泛的认可。政策中的健康，意味着健康已经成为每一项政策制定的考虑因素，而不仅仅是卫生部门的事务。WHO的主导作用在于其能够提供研究、数据和最佳实践的指导，帮助各国更好地将"健康寓于万策"这一策略落地实施。各国也应更加重视政策在健康促进中的作用，确保每一项政策都能够为健康带来积极的影响。

二、政策治理：健康促进的中国方式

在中国，政策手段一直充当着关键的角色，被视为推动青少年体质健康发展的主导力量。自中华人民共和国成立之初，国家就对青少年的体育和健康状况予以了高度的重视。一系列的政策文件，如《准备劳动与卫国体育制度暂行条例》《中共中央国务院关于加强青少年体育增强青少年体质的意见》（中央7号文件）《国务院办公厅关于强化学校体育促进学生身心健康全面发展的意见》(27号文）及《"健康中国2030"规划纲要》等，见证了中国在青少年体质健康方面的政策调整与完善。从这些政策中不难看出，中国对于青少年体育健康的关注始终如一，不仅仅是出于公共健康的考虑，还有着更为长远的目的，即培养一个健康、有活力、富有创造力的下一代。每一个政策文件都强调了青少年是国家的未来，他们的身体健康与心理健康是国家持续繁荣和发展的保障。《准备劳动与卫国体育制度暂行条例》为青少年提供了一个结构化、系统化的体育教育环境，明确了体育教育的目的和方法。而《中共中央国务院关于加强青少年体育增强青少年体质的意见》则更进一步，强调了体育的多元性、系统性和实用性，旨在确保每一名学生都能从体育活动中受益。《"健康中国2030"规划纲要》展现了国家对健康中国愿景的坚定决心。这一纲要不仅涉及青少年体育，还涵盖了各个年龄段的健康问题，展现了一个完整、系统的健康促进策略。中国的这种政策导向方式在国际上也受到了广泛的关注和赞誉。从数量上来看，中国无疑是世界上出台青少年体质健康促进政策最多的国家。这也意味着中国拥有了一套完善的、系统的、多元的体育健康政策体系，能够全面应对各种健康挑战。

健康促进的过程，旨在动员所有社会力量和资源，涉及个体、家庭、社会、国家甚至国际社会，以维护和促进人们的健康。而在中国，这一过程的实现大多是依赖于国家或政府的政策治理。特别在青少年体质健康促进方面，政策的影响和角色显得尤为重要。当提及中国青少年体质健康促进工作，很容易把它视为一个政策治理过程。这并非偶然，因为健康促进的相关理论、健康观念，乃至整体社会对健康的价值取向，都在这一政策过程中得以明确体现。这些政策不仅为青少年指明了健康生活的方向，也为学校、家庭和社区提供了具体的行动框架和指南。为何政策在青少年体质健康促进中如此关键呢？这与中国特有的国家治理制度有深厚的关联。在中国，国家的政策决策与实施往往具有明确的指导性和决策性。一旦政策确定，其影响力和执行力在整个社会中都会得到充分体现。这也意味着，为了促进青少年体质健康，只要政策得当，就能在全国范围内迅速推进和实现。具体到青少年体质健康促进的政策内容，不难看出其旨在确保青少年群体的健康和福祉。这些政策不仅关心青少年的身体健康，还涉及其精神健康、社交技能、自我管理能力等多方面的内容。通过综合的政策设计，为青少年创造了一个全面、均衡的健康促进环境。

治理，在全球化的背景下，已经被视为一种跨越传统边界的管理方法。无论是官方的还是民间的，治理的核心是管理共同的事务，以达到一种均衡和公正的目的。联合国全球治理委员会所定义的治理，既包括正式的措施，也包括非正式的，它是一个广阔的范围，旨在满足公共的需求和利益①。对于中国，一个拥有古老文明和庞大人口的国家，政策治理尤为关键。而在众多的政策治理中，健康促进无疑是最为重要的一环。在中国的治理模式中，国家作为政治统治的机器，运用政权的力量来配置和运作公共权利，确保资源得到公正的分配，以满足人民的基本需求。而健康，作为每个公民最基本的权益，自然成为国家治理的重要组成部分。健康促进的中国方式与其他国家有所不同。这种方式不仅仅是依靠

---

① Comiimission on Global Governance.Our global neighbourhood: the report of the Commission on Global Governance[M].Oxford: Oxford University Press, 1995: 19-21.

政府力量，更是融合了中国特色的社会主义理念和传统文化。在中国的历史上，健康与和谐是紧密相连的，这种观念已经深入人心。因此，在政策制定中，健康被视为一种综合的概念，它不仅仅是身体健康，还包括心理健康、社会健康和环境健康。为了实现这一目标，中国采取了一系列的措施。例如，加强基础医疗设施的建设，确保每个人都能够获得基本的医疗服务；推动健康教育，让每个公民都了解健康的重要性和保持健康的方法；加强环境保护，确保人们生活在一个清洁、安全的环境中。此外，中国还鼓励社会力量参与健康治理。许多社会组织、企业和个人都参与到健康促进的行动中，为公众提供了更多的选择和服务。这种多元化的参与模式，不仅能够更好地满足公众的需求，还为健康治理提供了更多的创新和活力。

政策，作为一系列策略、法令、措施、办法、条例的总称，承载着国家和政治团体为实现特定目标的意志和决策。这些目标涵盖社会政治、经济和文化等多个领域。对于一个国家而言，有效的政策制定和执行是推动社会进步的关键。在健康促进的领域，中国特有的治理方式体现在其政策制定与执行的过程中。健康，作为一个全面的概念，既涉及身体健康，也涉及精神和社会福祉。为了确保民众的健康，需要从多方面进行综合考虑，制定相应的政策措施。中国在青少年体质健康促进方面采取的政策措施，不仅仅是出于对下一代的关心，也是为了国家的长远发展考虑。健康的青少年意味着国家未来的发展有了坚实的基础。因此，青少年体质健康的促进在中国被视为一个重要的政策议题。要真正关注健康促进，就需要深入探索健康促进政策的实践，并利用政策学的理论对其进行研究。政策治理不仅仅是制定和实施政策，更重要的是如何确保这些政策真正达到预期效果，如何使它们真正为人们的健康带来实质性的改进。在中国，为了确保青少年体质健康的促进，已经出台了一系列相关政策。这些政策不仅涉及学校教育体系，如增加体育课程时间、引入健康教育课程等，还涉及家庭和社会，如促进健康的生活方式、鼓励青少年参与体育活动等。中国的政策治理方式，更注重综合性、系统性和参与性。在健康促进领域，政策制定与实施不仅需要充分考虑青少年的需求，还需要充分调动社会各方的力量，共同为健康的目标努力。

第二节　我国青少年体质健康促进的政策变迁

一、调整与恢复阶段（1978—1986 年）

1978 年至 1986 年期间，国家为了提升青少年的体质健康水平，颁布了高达 39 项的相关政策。这些政策的实施，不仅表明了国家对青少年健康的高度重视，而且也代表了一种对未来国家建设的深远考虑。这 39 项政策呈现出的两大基本特征为历史的见证。一方面，国家强调了学校体育建设的重要性，认为学校是青少年健康促进的主战场。学校体育不仅仅是学生体能锻炼的场所，更是他们培养健康习惯、增强体质、塑造良好人生观和价值观的地方。为此，多项政策旨在增加学校体育课时，更新体育教育理念，加强体育设施建设，以及提高体育教师的培训和素质。这些政策的目标都是确保青少年在学校能得到全面、科学、有序的体育锻炼。另一方面，体质健康测试成为这一时期政策的另一个重要抓手。国家意识到，要提高青少年的体质健康，首先需要对他们的体质健康状况进行准确的了解。为此，体质健康测试得到了大力推广和应用，同时也引发了一系列有关体质健康研究的科学化进程。通过对青少年进行定期的体质健康测试，可以及时发现他们的健康问题，为他们制定更为科学、合理的锻炼和饮食计划。而且，通过对测试数据的分析，也可以为政府制定更为有针对性的健康促进政策提供科学依据。

（一）加强学校体育建设，推动青少年健康发展

随经济腾飞与社会剧变，传统的"以军代体、以劳代体"思维方式

已不再适应新时代的需求。与此同时，过去单一重视知识与技能的教育方式也被重新审视。为此，1979年，教育部携手原国家体育委员会及其他相关部门在扬州召开了一次关于学校体育卫生工作的交流会。这次交流的核心思想是"增强学生体质"①。这一行动无疑标志着我国学校体育卫生工作踏入了一个崭新的历史时期。此后，一系列关于学校体育与卫生的政策文件相继出台，如《中、小学体育工作暂行规定》《中、小学卫生工作暂行规定（草案）》《高等学校体育工作暂行规定（草案）》和《高等学校卫生工作暂行规定（草案）》等。这些文件对学校体育与卫生提出了明确的标准与期望。从基本任务到具体内容，再到执行的具体要求，各个方面都为学校体育与卫生工作设定了明确的方向。为确保这些政策得到有效实施，还特别强调了监督和考核的重要性，以确保学校体育与卫生工作的规范化和标准化。这些变革对于结束学校教育停滞不前，以及过于强调劳动取代教学的历史局面，起到了关键的作用。它们不仅彰显了我国对于青少年健康的高度重视，而且也展现了我国对于体育与健康教育的创新思考。学校，作为塑造青少年身心健康的重要场所，其在体育与健康教育方面的角色，逐渐受到了广泛的认同与重视。此外，政府与相关部门的高度重视，为学校体育与卫生工作带来了前所未有的发展机遇。在此背景下，不少学校开始大力推进体育与卫生教育的创新与改革，希望通过各种方式，提高学生的身体素质，培养学生的健康习惯，为国家培养出一代又一代身心健康的青少年。

　　1977年，我国在教育制度上作出了一系列重大的改革决策，从推行十年基本学制迈向1981年的十二年学制。这种制度变革不仅代表着我国教育的不断进步和完善，更为"九年义务教育"在1985年的实施铺设了坚实的基础。在这样的背景下，国家对学校体育教育给予了前所未有的关注。《全日制十年制学校小学、中学体育教学大纲（试行草案）》应运

①　孟凡涛，王超. 改革开放以来我国青少年体质健康问题的回顾展望 [J]. 体育成人教育学刊，2010（2）：28-31.

而生，它更多地强调以运动竞赛为教学的重点，并坚持以学生为中心的教学理念。这一试行草案对体育教学的内容、教材以及体育场地设施都提出了更为具体和完善的要求。而在师生配比、体质健康监测等方面的标准，也都是紧跟国际前沿，确保学生的体质健康得到有效提升。该草案不仅对体育课程有所要求，更提出了"课课练"的概念，强调每一节体育课都应该充分锻炼，确保学生的体能得到真正的锻炼和提升[①]。这也标志着我国学校体育教学正式进入了一个新的阶段，从单纯的知识教育转变为真正的身体健康培养。当时的这些政策调整，无疑为青少年体质健康的提升创造了有利的条件。教育和体育的结合，使得学生在学习的同时，也能够得到全面的身心锻炼。这不仅提高了学生的体质健康，还培养了他们的团队合作意识、竞争意识和对体育的兴趣。这一阶段，我国的青少年体质健康促进政策取得了显著的效果。体质健康已经不再是一个简单的口号，而是真正融入了教育体制中，成为每一个学生日常学习和生活的重要组成部分。这一政策的成功实施，无疑为我国青少年的身体健康和全面发展奠定了坚实的基础。

1982 年，教育部颁布《关于保证中小学生每天 1 小时体育活动的通知》标志着国家对于青少年体质健康问题的重视。该政策背后隐藏的是一种担忧与期望：担忧未来一代的健康水平和身体素质，期望通过体育锻炼塑造更加健康、有活力的青少年。在此之前，学校体育教育可能没有得到足够的重视，但这项通知改变了这一现状。它不仅仅是要求学校为学生提供锻炼的机会，更深层次的意义在于为学生打造一个健康、积极的生活方式。它要求中小学生每天进行至少 1 小时的体育锻炼，这不仅能增强学生的体质，还能培养学生的团队合作精神、竞争意识和挑战自我的勇气。此外，该政策还为学校体育的发展提供了必要的支持，保障了学校体育课的正常开展。这也意味着学生将在一个更为科学、规范

① 范叶飞，谢军.改革开放以来义务教育阶段学校体育课程文件的历史嬗变与反思[J].北京体育大学学报，2017（3）：67-71.

的环境中进行体育锻炼。传统的体育课程可能仅限于一些基本的体操动作，但在这一政策的推动下，学校体育活动得到了丰富与拓展，如球类、田径、舞蹈等都成为学生们喜爱的活动。随着这一政策的实施，青少年的健康意识得到了增强。他们不再满足于课堂上的学习，而是渴望在操场上尽情挥洒汗水，享受运动带来的乐趣。这对于学生的身心健康都有着积极的推动作用。体育锻炼不仅可以增强身体素质，还能够培养学生的意志力和团队精神。这一政策并不仅仅是对学生的一个要求，它更是对学校、家长和整个社会的一个呼吁。学校需要为学生提供更多、更好的体育设施和教练，家长需要支持和鼓励孩子参与体育活动，社会也需要为青少年创造更多的体育锻炼机会。只有整个社会都参与进来，才能真正推动青少年体质健康的持续发展。

（二）以体质健康测试为抓手，体质健康研究科学化

1978 年之前，尽管全国尚未广泛实行青少年体质健康测试，但局部地区的体质健康调研工作却已开展。不同的城市和地区通过科学的方式，对学生的体质健康进行了初步的调查。调查结果显示，许多学生的体质健康状况并不理想。以上海为例，根据 1977 年的调研数据，上海的学生近视率高达 15.3%，这一数字远超过正常范围，给学生的学习和生活带来了不少困扰。而石家庄市在对高考学生进行的体质健康测试中，也揭示了一个令人震惊的事实：因为体质健康测试不合格，有多达 34% 的学生在报考专业上受到了限制，甚至有些学生因此失去了被录取的机会[①]。这些令人关注的调研数据，如同一记警钟，敲响了我国教育和卫生部门的耳朵。青少年是国家的未来，他们的健康状况直接关系到国家的发展和民族的健康。这一时期的调研数据，也为我国在之后的体质健康促进政策制定提供了有力的支撑。为了应对这一挑战，国家加大了对体

---

① 孟凡涛，王超 . 改革开放以来我国青少年体质健康问题的回顾展望 [J]. 体育成人教育学刊，2010（2）：28-31.

质健康研究的投入，希望更为系统地、科学地了解青少年的体质健康状况，并据此制定相应的健康促进策略。在这一背景下，体质健康测试不再局限于部分地区，而是逐步在全国范围内推广。随着体质健康测试的普及，不仅可以为青少年提供及时的健康建议和指导，还能为政府和相关部门提供更为准确的决策参考。在此基础上，我国逐步建立了一套完善的体质健康促进机制，确保青少年的体质健康得到了全方位的关注和保障。

1979 年标志了中国体质健康研究的一次重要尝试。为深入了解国内学生体质健康的实际状况，五部委联手对十六个省的二十几万学生进行了大规模的抽测。该活动的初衷是希望通过详实的数据，为国家的青少年体育健康政策提供科学依据。1985 年，抽测活动的范围得到了进一步扩展。涵盖了二十八个省，并且抽测的学生人数增至五十余万。这样的规模确保了数据的客观性和代表性。值得注意的是，此后每隔五年，国家都会对全国范围内的大中小学生进行此项体质健康测试。这种定期的、系统的抽测方法，为长期追踪和比较学生体质健康提供了可靠的数据支撑。抽测活动带来的好处是多方面的。首要的，它为政府和学校提供了一手资料，使得各部门能够更加明确地了解青少年的健康状况。有了这些具体数据，相关机构可以更为精准地制定或调整青少年体育锻炼、健康教育等方面的政策和策略。此外，这种定期抽测的方式还具有预警功能。一旦发现学生体质健康状况存在不良趋势或突发性变化，国家和学校可以迅速响应，调整教育和锻炼策略，确保学生健康得到及时的维护和恢复。更为重要的是，此项抽测活动在学术界也产生了广泛的影响。为了更好地分析和解读这些数据，越来越多的研究者涉足这一领域，使得体质健康研究更为科学化、系统化。这不仅推动了相关学术研究的进步，还为健康教育和体育锻炼的实践提供了更为深入的理论支持。

随着研究的深入，多种学报和期刊如《体育科学》《体育与科学》应运而生。这些期刊不仅为研究者们提供了展示自己研究成果的平台，还促进了学术间的交流与碰撞，使得青少年体质健康研究领域日趋丰富和完善。1986 年是这一阶段的一个关键时刻。在那年举行的全国学生体质健康报告会上，我国学生体质健康测试体系得到了正式的确认。这一体系的确立不仅为学生体质健康研究提供了科学、系统的方法和手段，还为今后的研究方向指明了方向。此外，该报告会还强调了在全国范围内建立学生体质与健康数据库的重要性。这一建议反映出在当时，政府已经深知数据的价值，认为只有充分、准确的数据，才能为青少年体质健康的研究和促进提供强有力的支持。

二、完善与规范阶段（1987—1996 年）

在 1987 年到 1996 年这一时期，我国对青少年体质健康的关注进入了一个新的高潮。这一阶段可以称之为完善与规范阶段。一系列的政策文本与措施被相继出台，彰显出国家对青少年体质健康问题的高度重视。在这短短的十年中，我国共计出台了 66 项与青少年体质健康有关的政策文本。这一数量本身便是对青少年健康重要性的最好证明，显示出政府对于确保青少年身心健康成长的决心。多元体育思想在这一阶段得到了广泛的推广和普及。体育不再仅仅是传统的几项运动，而是涵盖了多种形式的体育锻炼和活动。这为青少年提供了更多的选择，使他们可以根据自己的兴趣和特点选择最适合自己的运动方式，从而更好地参与到体育锻炼中，提高自身的体质健康水平。学校体育的法制化是这一阶段的另一亮点。学校体育作为青少年体育锻炼的主要场所，其法制化进程不仅规范了学校体育教育的内容和方式，还确保了青少年在学校能够得到系统、科学的体育教育，使他们在学校时期就养成良好的体育锻炼习惯。除此之外，为了进一步鼓励青少年参与体育锻炼，政府还出台了一系列的政策法规。这些政策法规涵盖了青少年参与体育锻炼的各个方面，从而为青少年提供了更多的机会和条件进行体育锻炼。

（一）多元体育思想协调发展，促进青少年身体健康

随着1978年改革开放的启动，体育在国家政策中占据了重要的位置，竞技体育强国的目标导向成为时代的鲜明特色。这种导向不仅深化了体育事业的发展，更重要的是，为中国在国际舞台上展现出令人瞩目的体育实力铺设了道路。1984年的洛杉矶奥运会是最好的证明，其中中国女排的"五连冠"更是成为国民的骄傲，创造了体坛传奇。继此后，1986年的亚运会上，国家再次取得了辉煌的成绩。有了竞技体育的成功经验，这一理念开始向其他领域延伸，其中包括青少年体质健康领域。可以说，竞技体育的成功为青少年体质健康带来了新的启示。这也意味着，对于青少年体质健康的关注并不仅仅是为了青少年的健康，更多的是从全民健康、民族精神和国家竞技体育的长远发展角度出发。竞技体育的理念不仅仅是追求成绩，更是追求卓越，追求超越。这一理念鼓励每一个青少年挑战自己，超越自己，不断进步。因此，当竞技体育的理念被引入到青少年体质健康领域时，意味着每一位青少年都应该有一个健康的体魄，有一个健康的生活方式。此外，竞技体育的理念对青少年的心理健康也产生了积极的影响。竞技体育鼓励公平竞争，鼓励团队合作，鼓励互相尊重，这些都是对青少年进行健康教育的重要内容。因此，竞技体育的理念不仅仅是体育领域的，更是全社会、全民族的。

1989年，国家体委明确地将青少年群体视为群众体育发展的核心，这无疑表明了在众多的体育工作中，青少年的身体健康和体育成绩都被放在了首位。这样的工作方针不仅是为了青少年的身心健康，更是为了国家在国际体坛上的长远计划，为竞技体育的持续发展做好了充分准备。把青少年作为群众体育的发展重点是一个具有前瞻性的决策。青少年时期是一个关键的成长阶段，此时进行体育锻炼，不仅能够促进身体健康，还可以培养团队合作精神、坚韧不拔的毅力以及积极向上的心态。而从竞技体育的角度来看，青少年是体育事业的未来和希望。对他们进行高

质量的培训和教育，是为了在未来的奥运会等大型国际比赛中取得更好的成绩。同时，国家体委还强调了"结合奥运会协调发展竞技体育"的方针，这也显示出我国对于国际体坛的长远规划。奥运会作为最高水平的体育比赛，对参赛国家的体育实力有着严格的考验。通过对青少年的培训和发展，为他们创造更好的参赛条件，是我国走向体育强国的必经之路。另外，多元体育的全面认可和推广也是这一时期的一大亮点。在传统的竞技体育之外，众多新兴的体育项目和运动方式也得到了广大群众的喜爱。这样的多元化发展，为全民健康和体育事业的发展都作出了积极的贡献。

随着教育的发展，学校体育教学的思想出现了深刻的变革与更新，其中包括"三基"教育思想、快乐体育思想以及从体质教育思想转变为素质教育思想等多元体育思想的相继出现。这些新的教育理念不仅为学校体育教学注入了新的活力，也丰富了教学内容。东西方学校体育教学思想在此期间交错融合，实现了共存，为学生们提供了更为丰富和多元的体育教育方式。这不仅有利于培养学生的体育技能，还有助于他们的全面身心发展。这些创新的体育教育思想都倡导重视学生的身心健康发展，强调学生在学习过程中的体验和感受，从而打破了传统的、过于刻板的体育教育模式。在这样的教育理念指引下，学生不仅能在体育课上学到技能，还能在与同学的合作中培养团队精神，在每一个挑战中增强自信心。此外，这些新的体育教育思想还倡导更多地关注学生的情感与心理需求，使他们在体育教育中得到更多的关爱与支持。这无疑为学生们创造了一个更为健康、积极的学习环境，有助于培养他们的合作精神、自信心和创新能力①。

1987年的九年义务教育体育教学大纲标志着我国对青少年体育教育理念的重大转变。这一大纲不仅为学生身心发展指明了方向，更重要的

---

① 彭国强，舒盛芳.美国国家健康战略的特征及其对健康中国的启示[J].体育科学，2016（9）：10-19.

是，它明确了培养学生终身体育意识的核心地位。学校体育教育的目标逐渐明确，即培养学生终身体育意识，使之成为学生一生中的重要组成部分。学校体育作为促进学生终身参与体育锻炼的关键环节，不应仅仅局限于传统的体育项目。多样化的体育项目和有趣的活动应被纳入课程，以激发学生的兴趣，从而培养他们参与体育锻炼的自觉性和持续性。而这种多样化和有趣性，不仅可以增强学生的体育技能，还可以培养他们的团队合作精神和挑战自我的勇气。体育健康知识的普及和宣传在这一阶段同样受到了前所未有的重视。学生需要从健康的视角认识到体育锻炼的意义，这样，他们才能更加珍视每一次的体育活动，更加珍惜自己的身体健康。对于体育健康知识的宣传，不仅可以帮助学生正确地看待体育锻炼，还可以让他们养成积极参与体育锻炼的习惯，从而确保他们的身心健康。实际上，这一阶段的变革不仅仅是学校体育教育的变革，更是我国对青少年身体健康教育思想的整体转变。从过去单一的体育项目锻炼，转向了更为综合的身心健康培养，强调了学生的终身体育意识和积极参与体育锻炼的重要性[①]。

20世纪80年代末的素质教育体育教学思想和多元体育思想的交融，为我国体育教育领域带来了一场深刻的革命。这种革命不仅提高了学生的体育技能，更重要的是，为青少年体质健康的持续发展奠定了坚实的基础。

（二）学校体育工作法制化，确保青少年体质健康发展

从改革开放之后，国家对学校体育的重视程度逐渐加强。为了确保学校体育规范化、制度化地进行，特定的法律与政策纷纷出台，将青少年体质健康的重要性上升至国家层面的法律保障。1986年是我国教育法律史上的一个重要时刻。中华人民共和国正式发布了义务教育法。这一法律的发布为所有的青少年提供了受教育的法律权利，确保他们都能够在国家的保障下，接受到应有的教育。这一法律对学校体育，尤其是对

---

① 沈建华，陈融.学校体育学 [M].北京：高等教育出版社，2012：11.

青少年体质健康的发展产生了重要的影响，为后续的体育教育政策提供了坚实的基础。在 1987 年，国家教育委员会颁布了《中学生体育合格标准的试行办法》。这一办法明确规定了评估学生体质健康的各项流程。并且，在这一办法中，学生体育合格率被明确提出，作为评价学生的发展水平及学校教学质量的关键指标。这一办法在 1991 年正式开始实施，为学校体育的健康、规范发展提供了有力的保障。此时期的政策变迁反映了国家对青少年体质健康的越来越高的期待和要求。学校体育不仅仅是学生日常活动的一部分，更是关乎国家未来、关乎民族健康的重要环节。规范化、制度化的学校体育教育为青少年健康的培养奠定了坚实基础，同时也促进了学校体育教育事业的健康、快速发展。

1990 年，《学校体育工作条例》正式实施，标志着我国学校体育工作开始进入法制化的新时代。该条例不仅为学校体育工作划定了明确的边界，确保了各个环节都能在法律的框架内有序进行，还为学校体育课程的科学、有效开展提供了有力的支持。该条例明确提出，学校需要将提升学生的身心健康水平和增强学生体质素质作为学校体育工作的核心目标。这一点不仅彰显了国家对青少年体质健康的重视，也明确了学校在促进学生体质健康方面的主要职责。为了实现上述目标，学校必须为学生创造一个良好的体育环境。这意味着学校需要不断地投资于体育设施的建设与改进，确保学生在进行体育活动时既安全又舒适。毕竟，只有在一个合适的环境中，学生才能充分地发挥自己的潜能，更好地培养体质健康。此外，与该条例相辅相成的是教育部门、体育部门与学校之间的紧密合作。各方都需要在自己的岗位上尽职尽责，确保条例得到有效的实施，从而真正推动青少年体质健康的稳步发展。回顾这一阶段，可以明显感受到国家对青少年体质健康的关注度在逐步加深。通过《学校体育工作条例》的实施，我国的学校体育工作逐渐走向了规范化、法制化的道路，为我国青少年体质健康的长远发展打下了坚实的基础。而这，无疑是对我国青少年体质健康政策完善与规范阶段的最好诠释。同年，为了提高青少年的体育锻炼水平，国家体委正式颁布了《国家体育锻炼标准施行办法》。这一办法的制定不仅意味着我国已将青少年体育锻炼上升到了法制的高度，而且也为青少年的体育锻炼提供了明确的标准和方向。该办法的颁布，不只是一纸文件。它实际上为青少年创造了一个更为有利的环境，使他们更加重视体育锻炼。这不但加强了他们对体育锻炼的重视，更极大地激发了他们参与体育锻炼的热情。与此同时，学校和教育机构也在此基础上，进一步加强了体育课程和实践活动的组织与管理。这一阶段，学校体育工作逐渐步入了法制化轨道。各个学校开始严格按照国家体育锻炼标准来组织和开展体育活动，确保每一个青少年都能得到充分的体育锻炼。同时，对于不按标准开展体育活动的学校和教育机构，都会受到相应的处罚和约束，这也进一步确保了青少年体质健康的全面发展。

为了保障和完善青少年体质健康的政策体系，我国针对教育与体育等领域相继推出了多项法律和政策。其中，《中华人民共和国教育法》《中华人民共和国体育法》和《全民健身计划纲要》等都对我国的体育健康事业产生了深远的影响。《中华人民共和国教育法》的颁布，明确了我国教育的方向和目标，为学校体育工作提供了强有力的法律支撑。它强调了教育的全面性，不仅仅是知识的灌输，更重要的是身心的培养和健康的塑造。因此，学校体育活动在教育过程中得到了前所未有的关注和重视。《中华人民共和国体育法》进一步为我国的体育事业和青少年体质健康提供了法律依据。它不仅明确了体育锻炼的重要性，还为学校、家庭、社会等各方面提供了明确的指导和要求。这也使得学校体育工作在法律上得到了有力的保障，为学生的身心健康发展创造了有利条件。同时，国家还制定了《全民健身计划纲要》。这一政策法规旨在促进全民的体育锻炼，鼓励大家参与到各种体育活动中来。为此，学校也在其中扮演了至关重要的角色。它不仅需要为学生提供体育课程，更要创设各种体育活动，使学生能够在其中得到全面的锻炼和成长。

三、加强与深化阶段（1997—2007 年）

1997 年至 2007 年，正是我国青少年体质健康政策深化与加强的时期。这一时期，全国共计发布 98 项针对青少年体质健康的政策，凸显出国家对这一领域的高度重视。其中，体育课程的改革成为最核心的议题，旨在建立一个更加健全和系统的体育教育体系，确保每一位学生能够从中受益。

（一）通过校园体育课程促进体质健康发展

1996 年成为我国体育教育历程中的一个标志性年份，因为在这一年，国家教育委员会发布了《体育双类课程整体改革方案》。此次改革方案的发布，无疑是体育教育领域的一大里程碑，它不仅开启了体育课程的新纪元，也为我国青少年体质健康的提升铺设了坚实的基石。该改革方案中，体育课程得到了前所未有的关注与重视，而这种关注不仅仅停留在传统的技能训练上，更涉及了学生的身心健康成长。新的体育课程体系旨在让学生掌握科学锻炼身体的方法，从而有效提高体质，同时也要求学生具备灵活运用体育技能的能力。这样的要求明确了教育的目标，将体育课程与学生的生活实践紧密结合。更为值得关注的是，该方案中提到的活动课程。它将体育课程从传统的模式转变为以健康运动为主的新模式。这一转变并不是简单的形式改变，而是对整个体育教育思维的革新。在此之前，体育课程或许更多地注重技能的训练与技巧的磨炼；但此次改革后，健康运动的理念被引入课堂，让学生在锻炼中体验健康、体验快乐，真正地为他们的成长提供了更多的可能性。而这一转变，更意味着我国教育领域对于学生身心健康的全面关心与重视①。体育课程的改革，实际上是对整体教育环境、教育观念的升级。它强调了体育教育不仅是培养学生运动技能的平台，更是为他们提供全面发展的空间。学

---

① 　李兴艳 . 浅谈我国学校体育两类课程整体改革 [J]. 湖北体育科技，1999（1）：81-83.

生在锻炼中不仅要提高身体素质，更要培养出坚韧的意志、团队合作的精神和健康的生活方式。

21世纪初期，在我国体育和教育领域出现了一系列的变革。国家发布的《2001－2010年体育改革与发展纲要》《关于基础教育改革与发展的决定》《全日制义务教育普通高级中学体育（1~6年级）体育与健康（7~12年级）课程标准（实验稿）》等文件成为这一变革的重要政策支撑。这些文件的颁布不仅体现了国家对体育的高度重视，更是一次对体育在国家发展中地位的重新定位。体育的重要性不仅体现在赛场上的胜负，更关乎人民的身心健康和国家的整体素质。强调全民健身、多彩运动，意味着将健康的生活方式渗透到每一个公民的日常生活中，这是对全民福祉的呵护和对健康中国的构建。实施"全国中小学生课外文体活动工程"是此系列改革的重要组成部分。这一工程为中小学生提供了更多参与体育活动的机会，丰富了他们的校园生活，同时也为他们提供了展示自己、挑战自我的平台。此外，全日制普通高级中学体育课程标准的出台，更是对中学体育教育的一次全面提升。通过这一标准，学生不仅可以进行科学合理的体育锻炼，更能够根据自己的兴趣和需求选择合适的体育项目。这样的教育方式不仅能够增强学生的体质，还能提高他们的体育素养和综合素质，使他们更好地面对未来的挑战。随着国家对教育和体育领域的连续调整与完善，"健康第一"的指导思想被深入到各个层面。这一思想的提出，不仅彰显了国家对民众健康福祉的关切，也为学校体育课程的改革提供了明确的导向。学校体育不仅仅是技能训练和锻炼，更重要的是引导学生建立健康的生活方式，培养他们的团队合作精神和挑战自我的决心。通过这些文件的颁布，体育课程得到了前所未有的丰富，不仅包括了各种运动技能的学习，还涵盖了身体健康、心理健康以及社会交往等多方面的内容。这样的调整，使得体育课程更具包容性和实效性，更能满足学生多样化的需求。

教育部直属高校作为培养国家未来人才的摇篮，肩负着促进学生身心健康全面发展的重要责任。为了应对这一挑战，这些高校必须依据《2005 年全国学生体质健康调研实施方案》和《国家学生体质与锻炼标准》，付诸行动，改善学生体质健康状况。首先，高校需要加强体育课程的内容与形式创新。以往的体育课程往往偏重于技能训练和竞技体育，未必能够满足所有学生的需求。未来的体育教育应更加注重健康和锻炼，提倡全民健身的理念。例如，除了传统的体育项目，还可以引入瑜伽、舞蹈、户外探险等多种形式，为学生提供更加多样化、个性化的锻炼选择。其次，高校需要加强学生的体育课程教育，激发他们参与体育活动的积极性。可以通过组织各类体育比赛、活动，鼓励学生参与；对于表现出色的学生给予物质或者精神上的奖励，如增加学分、提供体育奖学金等。此外，可以通过与社会机构合作，为学生提供更多的实践机会，如参与马拉松、长跑等大型体育活动。再次，教育部直属高校要加强对学生体质健康的管理与监测。定期进行学生体质检查，并根据检查结果为学生提供个性化的锻炼建议。同时，结合学生体质的实际发展情况，对《国家学生体质与锻炼标准》进行适时的调整和完善，确保其时效性和针对性。

（二）以开展阳光体育运动，提高体质健康水平

2006 年，教育部联合多部委印发了《关于开展全国亿万学生阳光体育运动的通知》，这一政策标志着对学生体育健康教育的新的重视与实践。阳光体育运动不仅仅是一个简单的运动概念，它更是一种全新的教育理念。这一理念强调学生应该走出教室，走出家门，积极参与户外体育活动。这样的体育活动可以帮助学生充分锻炼身体，增强体质，同时也能培养他们的团队协作能力、实践技能和问题解决能力。户外的运动场地，自然的环境为学生们提供了一个宽广的天地，让他们可以尽情的奔跑、跳跃、释放自己的活力。此外，阳光体育运动也为学生提供了一个与同龄人交往、合作的平台。在集体运动中，学生们不仅可以锻炼身

体，还能够学习如何与人合作、如何解决团队中的冲突、如何面对挑战。这些都是学校教育中无法教授的重要生活技能，但在阳光体育运动中，学生们可以自然而然地学到。同时，阳光体育运动还有助于培养学生的独立性和自主性。户外运动往往需要学生自己去策划、组织、实施，这样的经历可以锻炼他们的组织能力和决策能力，让他们更加独立自主。

在此背景下，2007年成立了一个跨部委的专项领导小组。这一决策标志着国家对于体育运动的重视，以及对于全民体质健康的关心。为了确保"阳光体育运动"的有效实施，国家不仅投入了大量的财力，而且对相关的体育教育和培训项目进行了强化。专项领导小组的成立，充分证明了政府对此事项的重视程度。以"促进全民参与体育锻炼，进而提升全民体质，提高全民健身素养"为目标，该小组不仅设定了清晰的方向，也努力确保各个层面、各个领域都能够参与其中，真正达到全民健身的效果。"阳光体育运动"并非仅仅关注身体锻炼。它更强调对体育知识的学习、对体育运动技能的掌握，以及培养长期参与体育运动的习惯。通过此运动，学生不仅能够增强体魄，还能在实践中学习团队协作、竞争意识、公平竞赛等重要的社交和人生技能。此外，鼓励学生积极自主学习体育知识，使他们能够更加自觉地关心自己的身体健康，增强对健康生活方式的追求。为了支持这一宏大的目标，各级政府都加强了对体育运动的支持。这包括为学校、社区和其他公共场所提供更多的体育设施，扩大体育活动的资金支持，以及加强体育教育和培训。这种政府的全方位支持，确保了"阳光体育运动"能够深入人心，成为全民都参与的一个大运动。

四、全面发展阶段（2007年至今）

自2007年起，我国进入了体质健康的全面发展阶段。在这一时期，政府展现出了前所未有的决心和行动，力图为广大的青少年创造一个身心健康、快乐成长的环境。

（一）党和国家高度重视青少年体质健康

2007 年对我国的学校体育与青少年健康发展意义重大。这一年，国家发布的中央七号文件为青少年体质健康发展策划了明确的方向，强调了体育在培养健康青少年中的重要作用，这无疑给学校体育工作注入了新的动力，同时也带来了新的挑战①。为了确保这一重要文件的精神得到落实，政府接连出台了多项配套政策，如《国家学生体质健康标准》和《国家学校体育卫生条件试行标准》。这些政策不仅为学校提供了操作的依据，还明确了学校体育教育的重要性和必要性。但仅仅制定政策并不足以确保其有效实施。为了推动青少年体育活动的发展，2008 年 5 月，国家召开了历史性的"全国亿万学生阳光体育运动推进会"。这场盛大的会议集结了全国各地的学校代表、体育领域的专家和教练员。在会议上，参与者们共同探讨了如何推进学生体育运动，确保每位学生都能从体育中受益。经过深入的研讨，会议制定了一系列具体、操作性强的政策措施，旨在推动学生体育运动的全面、深入发展。

这些政策措施的推出，标志着我国学生体育运动进入了一个全新的阶段。不再仅仅满足于传统的体育教育模式，学校体育开始转向更为多元化、个性化的方向。阳光体育运动不仅仅关注学生的体育技能，更重视学生的身体健康、心理健康和社会适应能力的培养。而这，正是 21 世纪我国青少年最为迫切的需求。此外，中央七号文件的发布及后续政策的制定，也表明了国家对青少年体质健康的高度重视。学生是国家的未来，他们的健康直接关系到国家的未来。因此，国家在教育政策上持续强调体育的重要性，希望通过体育运动培养出身体健康、心理健康、具有竞争力的青少年，为国家的未来发展打下坚实的基础。

---

① 杨贵仁.中央 7 号文件实施 5 周年的回顾与展望 [J].首都体育学院学报,2012（3）:196-199.

（二）学校体育的监督评价机制逐步完善

随着时间的推进，我国对于青少年体质健康的关注不断加深，政策层面的决策也更显成熟。尤其是在 2007 年之后，国家加大了对学校体育工作的监督和评价力度，明确了对青少年体质健康的培养方向。

2012 年的，中华人民共和国教育部、发展和改革委员会、财政部、体育总局联合发布的《关于进一步加强学校体育工作的若干意见的通知》成为标志性文件，它为学校体育工作指明了明确的方向。此通知中对学校体育课程的教学、学生参与体育锻炼、体育基础设施建设以及体育教师队伍的建设都提出了更为严格的要求。更为值得注意的是，通知中对学校体育的监测评价机制进行了明确的要求，它希望学校能够科学评价体育发展水平，确保学校体育工作的有序进行。这不仅提高了体育工作的标准，也为后续的监督和改进提供了有力的依据。2017 年，国务院教育督导委员会办公室印发的《中小学校体育工作督导评估办法》则进一步完善了体育工作的评价体系。新的评价体系将学生体质状况、评估机制、条件保障和教育管理全面纳入，这无疑是对学生体质健康的更高要求[1]。这种全面性的评价不仅让体质测试更有系统性和针对性，还为整体的教育教学管理提供了坚实的依据。学校体育的监测机制逐渐健全，这是对过去工作的积累和总结，也是对未来工作的指引和要求。健全的监测机制能够确保每一位学生都受到应有的关注，不会有任何的疏漏。而完善的评估机制则确保了体育工作始终沿着正确的方向前进，不会偏离初心。

（三）青少年体质健康发展上升至国家战略

2016 年，国家体育总局发布的《青少年体育"十三五"规划》为新时代的青少年体育发展描绘了清晰的蓝图。这不仅是一个简单的政策宣

---

[1] 郑小凤，张朋，刘新民.我国中小学学生体质测试政策演进及政策完善研究[J].体育科学，2017（10）：13-20.

告，更是国家对青少年体育重要性的肯定和长远规划。该规划明确提出培养青少年的体育素养，强调体育的综合发展，尤其是体育对于增强青少年体质的作用。体育素养的培养并不仅仅是技能和体能的提高，更包括对运动精神、团队合作、挑战自我等综合素质的培养。规划中所述的完善体育基础设施、拓宽参与途径、加强技术和管理，都为青少年体育的可持续发展铺设了坚实基础。完备的体育设施可以为青少年提供更加安全、舒适的锻炼环境；而多样的参与途径则确保每一个青少年都能找到适合自己的运动方式；技术和管理的加强更是为青少年提供了专业、科学的训练指导。规划还强调了社会各界参与青少年体育发展的重要性。完善青少年体育指导服务体系，是为了更好地为青少年提供科学、系统的锻炼建议和服务。而推动社会力量介入，则是希望通过各界的合作，为青少年打造一个更加完善、多元的体育环境，鼓励他们积极参与体育活动。而在同一年，国务院发布的《"健康中国 2030"规划纲要》进一步强化了健康教育的地位，特别是对学校体育的要求。这意味着未来的教育体系将更加注重学生的身体健康，体育教育不再是边缘化的内容，而是与其他学科同等重要的一部分。可以看出，这些政策的出台与实施，都表明了国家对青少年体育和健康的高度重视。这不仅是为了青少年的身心健康，更是为了国家的长远发展。一个健康、有活力的青少年群体，无疑是国家未来最宝贵的财富。

2020 年，国家发布了《关于深化体教融合促进青少年体质健康发展的意见》，这一政策性文件明确地将青少年体质健康的促进定位为国家的重要发展目标，显示出对此问题的高度重视。这份文件中提出的"健康第一"的教育理念，不仅标志着健康教育的核心地位，还为学校和教育部门提供了明确的方向。在当前教育环境中，学生的学业压力逐渐增大，文化学习与体育锻炼之间的时间分配成为一个亟待解决的问题。为了更好地平衡二者，学校应建立完善的健康教育课程，使学生在紧张的学习之余，也能够得到充分的身体锻炼。此外，为了改善青少年的体质健康状况，国家政策明确提出将增加体育课程的教学时间，并引入更多健康为导向的体育课程。这意味着，未来的体育课程不再仅仅是简单的运动和技能训练，更是将健康理念融入其中，让学生在运动中深刻体会到健康的重要性。与此同时，营造一个积极健康的文化氛围也成为国家的一个核心目标。一个健康的文化环境对于青少年的成长有着深远的影响。在这样的环境中，健康的生活方式和行为将会被广泛传播和推崇，青少年们会更容易接受和实践。通过全社会的共同努力，健康的生活方式和价值观将会深入人心，成为每一个人的自觉行为。完善体育和健康教育体系也是推动青少年体质健康发展的关键。这需要教育部门、学校、家庭和社会多方共同努力，加强对青少年体质健康的促进和保护。不仅仅是在学校，家庭和社会也要为青少年创造更多锻炼的机会，鼓励他们积极参与体育活动，形成健康的生活习惯。

第三节　青少年体质健康促进政策制定与执行

一、青少年体质健康促进政策制定

青少年体质健康的促进关乎国家的未来与发展，涉及的不仅仅是身体健康，还包括精神、心理和社会层面的全面发展。随着社会进步和科技发展，青少年面临的健康挑战也在不断增加，这使得相关政策制定变得尤为重要。

政策制定的过程是一个复杂的系统工程，涉及对社会利益结构中各方利益主体的深入了解和综合考虑。在这一过程中，确保每个利益主体的声音都能被听到，并进行有效的协调和整合，是关键所在。在我国，青少年体质健康促进政策的制定体现了中国共产党的中心作用。作为各级政策制定的核心主体，党组织确保政策制定既符合国家的总体目标，也能够满足广大民众的需求。此外，中国共产党也确保政策制定的过程公开、透明，接受社会各界的监督和评价。但仅有中央党组织是不足以应对这一复杂的问题。青少年体质健康涉及多个部门和领域，需要多方面的合作和协调。因此，在政策制定过程中，国务院和其他相关机构如教育部、国家体育总局、卫健委、共青团中央等都发挥着关键作用。这些机构根据自己的职责和特长，提供有关青少年体质健康的专业知识和意见。例如，教育部可以提供关于学校体育教育的最新研究和数据，国家体育总局则可以分享关于青少年体育训练的经验和方法，而卫健委则可以提供关于青少年健康状况的统计数据和分析。在政策制定的过程中，确保各方的意见和建议都能够得到充分的考虑和整合，是保证政策效果的关键。此外，政策制定还需要充分考虑实施的可行性和效果，以确保青少年体质健康的真正提升。

（一）针对性提出健康促进政策问题

青少年体质健康促进政策的制定过程在很大程度上体现了国家对健康促进各方利益的综合考量。政策制定的开始往往源于对一个问题的发现。在青少年体质健康领域，多种因素如现代生活方式、学业压力、不合理的饮食习惯等，共同导致青少年面临健康困扰。这些问题并非孤立，而是相互关联，构成了复杂的健康问题网络。因此，有针对性地提出健康促进政策问题成为首要任务。这需要各级党委、政府及所属职能部门深入研究当前的健康状况，通过数据分析、实地调研等手段，准确识别问题的核心和边缘，为后续政策制定提供明确方向。提出问题后，必须对各利益相关方进行深入了解。这包括学生、家长、学校、社区、体育组织等。每个利益相关方都有自己的需求和期望，这些需求和期望有时是一致的，有时则存在冲突。因此，明确各方的利益，是政策制定的关键一环。只有确保各方利益得到平衡与满足，才能保证政策的顺利实施。在此过程中，各级党委、政府及所属职能部门将充分发挥自己的专业知识和经验，确保政策既科学又可行。

（二）青少年体质健康促进政策的目标定位

青少年体质健康问题的持续发酵，对国家的未来和民族的持续发展都带来潜在威胁。为了有效应对这一问题，制定针对性的健康促进政策是至关重要的。在这一背景下，如何准确定位政策目标，成为政策制定的关键步骤。

事实与数据是政策制定的坚实基石。在面对青少年体质健康问题时，政策制定者必须首先了解现状，这需要深入的调查和研究。党政机关和职能部门需要联合起来，对学生进行全面的体质检测、健康习惯调查以及运动和锻炼的实际情况进行评估。这样，能为政策提供真实、准确的数据支撑。了解了现状后，下一步是设定政策目标。政策目标不仅要考虑当前的问题，还要预测未来的发展趋势。同时，目标设定必须是合理且可行的。这意味着，目标既不能过于宽泛，也不能过于严格。它需要考虑到学生的实际情况，家长的期望，学校的条件以及社会的支持。只有这样，才能确保政策在实施时能够得到各方的支持与配合。

政策目标的设定并不是一次性的。随着时间的推移，青少年的健康状况、社会环境以及技术和科研的进步都可能发生变化。因此，政策目标需要定期进行评估和修订。党政机关及相关职能部门应该定期收集反馈，对政策的实际效果进行评价，并在此基础上对政策目标进行相应的调整。在确定政策目标时，除了党政机关和职能部门之外，还需要其他社会团体和机构的参与。家长、教师、专家和学者、社区领导和其他利益相关方都应该有机会对政策目标提出建议和意见。这不仅能够增强政策的全面性和科学性，还能增强社会各界对政策的认同和支持。

（三）青少年体质健康促进政策方案的初步设计

青少年体质健康问题的解决，需要细致入微、精心设计的政策方案。在目标确定之后，下一步就是开始设计政策方案。这一阶段要确保方案的实用性、有效性和创新性，以确保达到预定的目标。

设计开始之初，必须对已有的青少年体质健康数据进行深入分析。这些数据来源于前期的调查研究，可以帮助政策制定者了解问题的真实情况，从而更加明确地提出解决方案。由于青少年体质健康涉及多个领域，例如教育、卫生和体育，所以相关党政部门必须实现跨部门合作。通过集思广益，可以确保方案涵盖各个相关领域，为问题提供综合性的解决办法。青少年体质健康的问题并不是新出现的，但要想从根本上解决，就需要一些创新的方法。这可能包括新的教育方法、新型的锻炼方案以及与企业合作推出的健康项目等。在初步设计政策方案时，也要考虑社会的参与。可以通过公众咨询、问卷调查或专家研讨会等方式，收集各方的意见和建议。这样可以确保方案的全面性，并得到社会的广泛认同。初步方案设计完成后，还要设计方案的实施和监控机制。这包括如何推广和实施方案，如何评估方案的效果，以及如何根据反馈进行调整。

（四）青少年体质健康促进政策方案的系统论证

青少年体质健康促进政策方案的成功与否，在很大程度上取决于它是否经过了严格的系统论证。系统论证旨在确保方案不仅在纸面上看起来可行，而且在实际操作中切实可行。

在开始论证之前，首先要收集与政策相关的所有数据。这包括青少年的健康状况、现有的健康教育项目效果、资源分配情况等。数据分析将为后续的论证提供坚实的基础。政策方案的论证不应只局限于政府内部。各相关部门、人大代表、政协委员都应参与到论证过程中。他们可以为方案提供不同的视角，帮助政策制定者发现潜在的问题；健康促进专家和学者拥有丰富的经验和理论知识，他们的意见对于确保政策方案的科学性至关重要。他们可以提供关于方案可行性、有效性和长远影响的建议。除了政府内部和专家学者，还需要征求社会各界的意见。社区组织、家长、教育工作者以及青少年自己都可以为方案的论证提供宝贵的意见[①]。

在论证阶段，可以选择某些区域或学校进行方案的模拟实施。这可以帮助政策制定者了解方案在实际操作中可能出现的问题，并及时进行调整。根据论证过程中收集到的各种意见和建议，对政策方案进行必要的修订和完善。确保方案既科学又可行。当方案修订完毕后，需要进行最后一轮的评估。这次评估应综合考虑方案的全面性、创新性和长期效果。

（五）青少年体质健康促进政策方案细节的完善

逐步完善政策方案细节是确保政策成功实施的关键步骤。对于青少年体质健康促进政策，这一步更为重要，因为它涉及未来一代的身心健康。

即使在初步设计政策方案时已经进行了大量的调查研究，但在制定具体方案时仍然需要进一步的数据。二次调查主要关注那些在第一次调查中可能被忽略或未深入探讨的问题。收集各方的反馈意见是完善方案细节的关键。这包括从实地考察、专家建议、公众意见和试点项目中获得的反馈。将所有新收集的数据、建议和反馈进行分析和整合，找出方案中可能存在的问题或需要改进的地方。

基于上述分析，为方案中的每一个环节制定具体的实施措施。这包括明确责任主体、分配资源、设置时间表和制定评估标准。在完善方案细节时，需要考虑到实施过程中可能遇到的困难和挑战，并提前做好应对策略。方案的持续性是其成功的关键。需要确保政策方案中有足够的机制来支持和鼓励长期的实施和监督。社会和科技的发展会导致青少年健康问题的变化。因此，完善的政策方案应具有一定的灵活性，可以根据实际情况进行调整和更新。

---

① 王毓江.充分发挥各类社会利益主体在公共政策制定中的作用 [J].中共合肥市委党校学报，2014（3）：9-11.

（六）青少年体质健康促进政策出台的程序履行

履行政策出台程序是确保政策有效、合法、透明并得到社会广泛认可的必要环节。政策出台不仅仅是一份文件的发布，更涉及各个层面的审议、讨论和确认。

当政策方案经过反复的完善和修订后，将其提交至相应的政府或党委机关进行审议。组织常务会议或常委会议，这是政策出台的核心环节。在此会议上，相关政府或党委机关将深入研究、讨论该政策方案，并根据实际情况进行调整和完善。在常务会议或常委会议的基础上，根据需要，可能会进一步征求各方面的意见，包括其他部门、专家学者、社会组织等，确保政策方案的科学性、实用性和可操作性。基于会议讨论和外部意见，对政策方案进行进一步的修订和完善。在经过反复的审议和修改后，政策方案将在常务会议或常委会议上得到最终确认，并作为正式的决策进行发布。政策方案一旦得到确认，便会通过正式的途径，如政府公报、官方网站等，向社会公布，明确实施时间、实施主体和监督机制。

二、青少年体质健康促进政策执行

青少年体质健康促进政策的执行涉及的不仅是政策的字面推广，更是其在实际场景中的操作、应用和实施。执行阶段作为政策周期中至关重要的环节，其质量直接影响到政策目标是否能得以实现。制定完善的政策方案只是工作的开始。真正的挑战在于如何确保这些政策在实地得到有效、公正、及时的执行。其中，90%的工作量和关键成果都集中在政策的执行过程中[①]。

（一）青少年体质健康促进政策执行主体

政策执行主体扮演着在策略制定和实际执行之间的桥梁角色，确保

---

① 陈振民.政策科学：公共政策分析导论[M].北京：中国人民大学出版社，2004：160.

政策的目标和意图得以在实际场景中得到体现和实现。在确立和维护一个健康的公共行政体系中，政策执行主体的作用不可或缺。没有它们，再完善的政策也只能成为纸上谈兵，难以落地生根。

在我国的行政体系中，行政机关及其工作人员构成了公共政策执行主体的核心。这些机关和个体不仅负责政策的执行，而且还需确保其行为与公民的意愿、利益和需求相一致。换句话说，他们在执行政策时，不仅要考虑政策本身的要求，还要确保政策在实施过程中为公民带来实际的好处。对于青少年体质健康促进政策而言，执行主体的角色尤为关键。这是因为青少年是国家的未来，他们的健康直接关系到国家的长远发展。因此，确保政策得到有效执行，既是为了青少年的健康，也是为了国家的未来。

具体到青少年体质健康促进政策，其执行主体包括各级政府的相关职能部门、学校、社区、家庭和少数社会专门性组织。这些执行主体各有其角色和责任。各级政府的职能部门是政策执行的主导者，它们确保政策得到在各个层级的推广和执行。学校作为青少年的主要活动场所，承担着直接的教育和指导责任，确保学生在学习之余得到合适的体育锻炼。社区为青少年提供了一个更为宽松的锻炼环境，鼓励他们参与各种体育活动。家庭则是青少年成长的第一环境，父母和其他家庭成员对青少年的健康习惯有着直接的影响。而那些社会专门性组织，如体育协会、健康促进组织等，为青少年提供了更为专业的指导和支持。然而，不论是哪个执行主体，它们在执行政策时都面临着各种挑战，如资源分配、利益协调、执行效率等。但无论如何，他们都应始终坚守自己的职责，确保政策为青少年带来实际的好处。

（二）青少年体质健康促进政策执行方式

青少年的体质健康对于一个国家的未来是至关重要的。为了确保这一目标的实现，合理且有效的执行手段成为必不可少的环节。在我国，为了提升青少年的体质健康，已经采纳了多种政策执行方式，如行政手段、经济手段、法律手段、思想教育手段等。

1. 行政手段

行政手段是依赖于行政组织的权威性，借助行政命令、规定及规章制度来统筹和执行青少年体质健康促进政策的重要途径。这种方式在实际应用中具有显著的特色。如 2012 年，卫生部颁布的《学校卫生监督工作规范》就是一个典型的例子。该规范对各级学校在校园卫生方面提出了明确的要求，包括了各种必须遵循的学校卫生制度和规范。

行政手段的主要特点如下：

（1）直接性。行政手段能够快速、明确地对特定的问题或情境作出回应。例如，在上述的学校卫生监督工作规范中，直接针对学校卫生提出了明确的要求和标准，确保各学校能够对照执行。

（2）权威性。由于这些政策和规范是由国家级的行政部门制定并下发，因此具有较高的权威性。学校和其他相关机构在接到这些政策和规范后，会认为它们是必须遵循的，这有助于确保政策的执行。

（3）强制性。行政手段往往伴随着一定的法律后果。对于不遵守相关规定和标准的学校或其他组织，可能会受到一定的行政处罚或其他法律后果。这种强制性确保了规范和政策的执行不仅仅是一种建议或指导，而是必须遵循的要求。

这种行政方式在实际执行中确实取得了一定的效果，但同时也需要与其他执行方式相结合，形成一个综合性、多元化的执行策略，以确保青少年体质健康促进政策能够全面、深入地在各个层面得到落实。

2. 经济手段

经济手段在青少年体质健康促进政策中，其作用不容忽视。借助经济手段，政策执行者能够有效地调节健康促进政策执行过程中的各种经济利益关系，进而确保政策得到有效实施。以《"健康中国 2030"规划纲要》为例，其中明确提出的目标是到 2030 年，学校体育场地设施与器材配置达标率达到 100%。为了实现这一目标，各级政府需要保证足够的资金投入用于学校体育设施的建设和器材的采购。这种经济手段的运用，旨在确保学校体育得到足够的资金支持，从而更好地促进青少年的体质健康。

经济手段的三大特点——间接性、有偿性和关联性，都为其在政策执行中的成功应用提供了理论支持。

间接性特点意味着政策执行者不是直接进行行动，而是通过经济激励或制约来影响其他主体的行为。在上述例子中，政府并不直接参与学校体育场地设施与器材的建设和采购，而是通过提供资金支持来鼓励学校进行这些活动；有偿性特点强调了资源的有价性。为了获取资源或服务，必须支付一定的费用。这也是为什么各级政府需要保证学校体育的专项资金投入。这样的资金支持，确保了学校有足够的经济能力来购买高质量的体育设施和器材；关联性特点主要体现在经济手段常常与其他政策手段相结合，以实现更好的效果。在这里，经济支持与学校体育设施的标准、监管和教育相结合，确保学校能够为学生提供一个良好的体育环境。这三大特点共同确保了经济手段能够在青少年体质健康促进政策中得到有效应用。当然，只有经济手段是不够的，还需要与其他政策手段相结合，如法律手段、行政手段等，共同确保政策目标得到实现。

3. 法律手段

法律手段执行方式通过对各种关系的调整，确保了政策目标的实现与社会公平公正的维护。

在我国的行政体系中，国家行政机关采用各种法律法规、法令、司法和仲裁工作来确保政策得到有效执行。这些法律工具为政策执行提供了明确的框架和指导。例如，《中华人民共和国义务教育法》为学校体育教育提供了基础和方向，确保每个学生都能享受到必要的体育锻炼和健康教育。《学校体育工作条例》更进一步详细规定了学校在体育教育和活动中的职责和要求，使学生的体育权益得到保障。而《体育法》则从更为宏观的角度，对全国范围内的体育活动进行规范和指导。这些法律和法规为青少年体质健康促进政策的执行提供了坚实的基石。它们为政策执行活动中的各种关系，包括学校与学生、教育部门与体育组织、家长与学校等提供了明确的指导和调整。

法律手段的特点——权威性、强制性与规范性使其成为政策执行中不可或缺的工具。权威性确保了法律手段得到社会各界的尊重和遵守，从而使政策执行更加顺畅。强制性意味着对于违反相关法律和规定的行为，都会受到相应的法律制裁，确保政策执行的严肃性和效果。规范性则为各方提供了明确的行为准则和期望，使政策执行过程更加公正和透明。同时，采用法律手段执行政策还有助于增强社会的信任和认同。当公众看到政府通过权威的法律手段，坚决地落实青少年体质健康促进政策，他们更容易信任政府的决策，并积极参与和配合相关活动。

第四章 促进青少年体质健康运动处方的制定

第一节 运动处方的相关概述

一、运动处方的认识

（一）运动处方的概念及内涵

1.运动处方的概念

在过去的几十年中，随着人们对身体健康的逐渐重视和对运动的科学认知的提高，运动处方逐渐崭露头角。在早期，人们对运动的理解仅停留在简单的体育锻炼，而如今，它已经发展成为一种结合医学、生理学、心理学等多学科的综合健身方法。

运动处方的起源可以追溯到20世纪60年代的美国。当时，随着人们生活方式的转变和工作压力的增大，心血管疾病、肥胖、糖尿病等生活方式相关疾病的发病率呈上升趋势。为了应对这一挑战，医学界开始认识到运动在疾病预防和健康维护中的重要性，并开始研究如何为患者提供合适的运动建议。这便是运动处方的雏形。随着时间的推进，运动处方的发展逐渐从单纯的疾病治疗转向健康促进和疾病预防。研究者们开始深入探讨运动的各种效果，如何为不同人群提供最合适的运动建议，以及如何确保运动的安全性。在此过程中，运动处方的概念逐渐明确并被广泛接受。

那么，究竟什么是运动处方呢？1969年，世界卫生组织（WHO）首次引入了"运动处方"这一概念。运动处方指的是一个针对特定个体所制定的结构化和个性化的体育活动指导方案。这一方案并不是随意制定的，而是由具备专业资格的人员如运动处方师、运动健康指导师、康复医师、康复治疗师、社会体育指导员和临床医生等根据一系列详实的信息进行设计。为确保处方的准确性和有效性，考虑的因素包括但不限于个体的年龄、性别、健康历史、最近的医学检查结果、以往的体育活动经历以及具体的体质测试数据，如心肺耐力测试。这些信息为制定方案提供了基础数据，从而确保运动处方既安全又有效。运动处方的核心目标在于，根据每个参与者的健身目标，提供一个系统的、为个体量身定做的体育活动方案。这意味着每一个运动处方都是为满足特定个体的需求和情境而制定的，旨在优化健康效益，同时减少任何可能的风险。

2. 运动处方的内涵

运动处方，作为近年来逐渐受到重视的健康促进手段，其内涵远超过单纯的运动建议。它涉及的领域跨度广泛，从医学到心理学，再到运动科学，所有这些都是构建运动处方时需考虑的要素。

（1）科学性的体现。运动处方的核心在于它的"科学性"。这意味着每一个处方都是基于大量的医学研究、生理学实验和心理学考察的。例如，当为心脏病患者开出运动处方时，需要确保运动方式、强度和时间不会对其心脏造成过度的压力。再如，对于老年人，运动处方会特别考虑关节健康、平衡能力等方面的因素。每一处详细建议背后，都蕴含了深厚的科学研究与验证。

（2）个体化的关注。除了科学性，运动处方还极大地强调"个体化"。因为每个人的生理结构、健康状况、生活经历和需求都是独特的。运动处方并不是千篇一律的，而是为每个人量身定制的。例如，一位运动员与一位文职工作者的运动需求和体能差异巨大，因此他们的运动处方也会有所不同。

（3）全面性的思考。运动处方不仅仅关注运动本身，还会关注个体的整体健康状况。这包括个体的饮食习惯、作息时间、心理状态等。这些因素都可能影响运动效果，因此在开具运动处方时，都会作为考虑的要点。例如，对于失眠的人，运动处方会特别推荐那些可以帮助改善睡眠质量的运动。

（4）动态的调整。与普通的处方药不同，运动处方是具有动态性的。随着个体的健康状况、体能和需求的变化，运动处方也会相应地进行调整。例如，随着某人的体能逐渐提高，原先的运动强度可能就不再适合他，此时就需要对运动处方进行相应的调整。

（5）安全性的保障。在制定运动处方时，安全始终是第一位的。不仅要确保运动对个体有益，更要确保它不会带来伤害。因此，在制定处方时，会特别考虑到个体的健康状况和潜在风险。例如，对于有关节问题的人，过于剧烈的运动可能会加重关节磨损，因此他们的运动处方会避免这类运动。

（二）运动处方的特点与意义

1.运动处方的特点

（1）目的性强。运动处方并不是简单的随机运动建议，而是一种精确、有针对性的指导方案。它以特定的健康和健身目标为核心，无论是增强心肺功能、恢复关节活动度，还是提高新陈代谢效率，每个处方都是为了实现预设的目标而量身打造。

明确的远期目标和近期目标在运动处方中是至关重要的。远期目标可能是更长远、更宏观的，如维持健康、延缓老化或预防疾病。而近期目标则更偏重于短期内可观察到的效果，例如在三个月内增加肌肉质量、提高某一段时间的跑步速度或减少体重。目的性不仅仅限于目标的设定，它还涉及处方的每一个细节，包括所选择的运动方式、强度、持续时间，甚至恢复时间的建议。例如，对于恢复期的心脏病患者，他们的近期目标可能是提高日常活动的耐受度，而远期目标是长期维持心血管健康。因此，他们的运动处方可能会包括低强度的有氧训练，并注重心率的监测，确保在安全范围内进行。此外，为了确保运动处方的目的性，需要定期进行评估。随着时间的推移，个体的需求和目标可能会发生变化，或者他们可能已经实现了某些初步目标。这时，运动处方可能需要进行相应的调整，以确保始终与目标保持一致。

（2）计划性强。运动处方的计划性体现在每一个精心设计的细节中。这种计划性不仅仅是简单的安排某种运动，而是根据个体的具体需求，匹配最佳的运动方案。它基于对个体健康状况、生理指标、过去的运动经历和健身目标的深入了解。由此，可以确保运动处方能为参与者提供最大的健康益处，同时也降低受伤风险。

运动处方的计划性在于它提供了明确的指导，如何、何时以及在何种强度下进行体育活动。这种详尽的指导消除了不确定性，使得参与者更有动力去遵循方案。例如，运动处方可能会为一名高血压患者推荐适度的有氧运动，明确推荐每周三次，每次 30 分钟，并给出适当的心率范围。这种精确的指导有助于确保患者能够安全、有效地锻炼。计划性的运动处方可以为参与者带来心理上的益处。当有明确的计划和目标时，个体往往更容易感受到成就感，这种感受是持续进行体育锻炼的关键动力。此外，由于运动处方通常有明确的时间表和里程碑，参与者可以清晰地看到自己的进步，这种正面反馈进一步加强了其参与运动的决心。在整体结构上，运动处方不仅提供了具体的运动建议，还可能包括如何调整饮食、如何进行恢复等相关内容，确保全面、系统地满足个体的健身需求。此外，由于计划性强，运动处方经常需要根据个体的进展和反馈进行适时调整，保持其针对性和实用性。

（3）科学性强。运动处方的科学性体现在其跨学科的研究背景与综合应用中。在制定每一个运动处方时，其背后是基于康复体育、临床医学、运动学等学科的深入研究和理解。这种独特的方法不仅提供了更精确和个性化的锻炼建议，还确保了参与者能够在安全的环境下取得最佳效果。

康复体育为运动处方提供了关于如何帮助人们恢复身体功能的知识。它关注的是如何通过体育活动帮助人们恢复身体伤势或因疾病导致的身体机能下降。因此，运动处方中对于具体运动的选择、强度和频率都反映了这一学科的专业知识。临床医学则为运动处方提供了医学依据。通过对参与者的健康状况、身体功能和潜在的风险因素进行评估，医生和其他健康专家能够为运动处方提供必要的指导。这确保了处方是基于每个人的具体健康状况和需求来制定的。运动学从另一个角度研究人体运动。这一学科关注的是运动的生物力学、生理和心理效应，为运动处方提供了关于如何有效地进行锻炼的理论支撑。运动学的知识可以帮助确定哪些锻炼方法对于某一特定的目标（如增加肌肉力量或提高心肺功能）最为有效。结合这些学科的知识，运动处方具有显著的优势，能确保参与者在最短的时间内获得最大的健身和康复效果。此外，这种结合还降低了由于错误的锻炼方法或过度锻炼导致的伤害风险，使运动处方成为推广健康生活方式的有力工具。

（4）针对性强

针对性强是运动处方的一大特点[1]。运动处方并非简单地向每个人推荐一种普适的锻炼方案，而是经过深入的分析和研究，为每个个体提供一个量身定制的锻炼建议。这种高度个性化的方法可以确保每个人都能获得最佳的健康效益和锻炼效果。考虑到每个人的健康状况、身体条件、

---

[1] 王正珍.运动处方的研究与应用进展[J].体育学研究，2021（3）：10.

历史伤病、年龄、性别、生活习惯等因素，都会影响到他们的运动需求和反应。基于这些信息，制定的运动处方能够更精确地满足个体的具体需要，而不是采用一刀切的方式。这意味着，无论是一名顶级的运动员，还是一名刚开始锻炼的初学者，或是一位需要康复治疗的患者，他们都能够从中获益。此外，具有强烈针对性的运动处方也大大提高了参与者的锻炼积极性和持续性。当人们知道他们正在进行的锻炼是专为他们量身定制的，并且确实有助于他们的健康和康复，他们更可能持续参与并从中受益。这对于确保长期的身体健康和提高生活质量至关重要。

不仅如此，这种针对性的方法也有助于减少运动伤害的风险。当锻炼计划不符合个体的需求时，可能会导致不必要的身体压力和伤害。但是，通过仔细评估个体的状况并为其提供适当的指导，可以确保其在安全的前提下进行锻炼。

2.运动处方的意义

运动处方，作为现代医学与健康领域的一个关键概念，已被广泛认为是提高全球健康水平的重要策略之一。深入探究其意义，可以发现它在多个层面上都为人们的生活带来了实质性的益处。

对于医生和健康专家来说，运动处方不仅仅是建议患者"多做运动"。它更是一种精准医学的实践，即根据个体的特定需求、健康状况和身体能力，提供针对性的运动建议。这不同于普通的健身建议，运动处方更加细致，涉及运动的类型、时长、频率和强度等各个方面。比如，一个关节炎患者的运动处方可能会重点推荐游泳或瑜伽，这些低冲击性的运动能够增加关节的柔韧性而不会造成过多的压力。运动处方的另一个核心价值在于其预防功能。在当前的社会环境中，人们的生活方式越来越导向久坐和少动，这无疑为多种慢性疾病的发展创造了条件。心血管疾病、糖尿病和某些癌症等现代疾病的高发与不健康的生活方式密切相关。运动处方针对这一问题，为人们提供了实际、可行的解决方案。通过制定个性化的运动方案，人们可以更系统、更有针对性地进行锻炼，进而有效地预防和控制这些疾病。

在社会经济层面，运动处方也有其特殊意义。在更宏观的层面上，一个全民参与的、科学的锻炼模式，能够为国家和社会带来一系列长远的益处。其一，医疗经济成本的下降。一个健康的社会意味着较少的医疗支出。在许多国家，慢性疾病的医疗费用占据了公共卫生预算的大部分。而许多疾病，如心血管疾病、糖尿病和某些骨关节疾病，与不足的锻炼和不健康的生活方式息息相关。如果能够通过运动处方，提高全民的运动参与度和健康水平，这些医疗支出将会显著降低，为社会其他领域如教育、基础设施等带来更多的投资机会。其二，健康的员工对于经济增长至关重要。身体健康、精神愉悦的员工往往更有工作热情，生产效率也更高。这对于企业和整个社会的经济活力都有着积极的推动作用。

对于个体，运动处方所带来的好处不仅限于身体层面。从心理和情感的角度，规律的锻炼能够提高认知功能，增强记忆，帮助减缓焦虑和抑郁的症状。精神健康是现代社会中备受关注的议题。多数人在日常生活中都面临着种种压力，包括工作、家庭、社交等。长时间面临这些压力，人们容易感到焦虑、不安、失落或抑郁。运动处方为人们提供了一个健康的途径来应对这些负面情绪。适当的身体活动可以刺激体内的多巴胺和内啡肽的分泌，这些都是与快乐感和满足感相关的神经递质。除了帮助调节情绪，锻炼还能为人们提供一个解决问题和挑战的方法。面对困难时，身体的活动可以帮助个体清晰地思考，找到问题的答案或解决方案。同时，当人们在运动中超越自己，无论是跑得更远、更快，或是完成一个新的锻炼动作，这都能为他们带来巨大的成就感和自信。这种自信不仅仅局限于体育领域，它会渗透到生活的其他方面，使人们更加自信地面对生活中的其他挑战。

教育领域同样从运动处方中受益。除了已知的身体健康优势外，学生们通过参与适合自己的体育活动，也培养了团队合作、领导力和自律等关键的生活技能。运动可以培养学生的决策能力、时间管理和自我驱动等重要技能，这些技能在他们未来的职业和生活中都将发挥巨大的作用。

（三）运动处方的 FITT-VP 原则

运动处方作为当代健康促进和疾病预防的核心工具，其构建基础在于合理、科学的指导原则。其中，FITT-VP 原则为运动处方提供了一个完整的框架，确保每个运动项目既安全又有效[①]。

1. 运动频率

运动频率，标志为"F"（Frequency），代表每周运动的次数。每个人的体能状态和健康目标不尽相同，因此确定适当的运动频率至关重要。不仅仅是为了避免过度训练和潜在伤害，更是为了确保运动的持续性和乐趣，使之成为日常生活的一部分。定期、持续的锻炼，可以使身体逐渐适应并从中受益，而不是一时冲动、三天打鱼两天晒网。以心血管健康为例，经常听到每周 150 分钟中等强度有氧运动的建议。这一推荐基于众多研究证明，坚持此种频率的运动可以有效降低心血管疾病的风险，增强心脏功能，并提高血液循环。但这 150 分钟并不意味着一次性完成，而是可以根据个体的时间、偏好和体能分散进行。这也意味着，每周 5 天，每天 30 分钟的中等强度锻炼，可以为个体带来巨大的健康益处。当然，这并不是刻板的，根据每个人的实际情况，可以进行适当的调整。运动频率的确定还与其他因素如强度、方式和时间紧密相关。如果某人选择的是高强度的锻炼方式，那么其运动频率可能就需要相对减少，以给身体足够的恢复时间。相反，轻度至中度的活动，如散步或简单的家庭锻炼，可以每天进行。

2. 运动强度

运动强度，标志为"I"（Intensity）。是评估和定义运动处方中至关

---

① 金鑫虹，王婳如，周成林.体育锻炼效益的剂量－效应关系理论探新 [J]. 北京体育大学学报，2022（11）：13.

重要的一个要素。它不仅影响到锻炼的效果，也关乎到安全性和持续性。正确的运动强度可以确保个体在锻炼时既能够达到所预期的效果，又不会面临不必要的风险。

衡量运动强度的方法有很多，可以是基于最大心率的百分比，也可以是基于感知力的评级。通常，轻度强度的锻炼是指个体感到轻松和舒适，而中度强度则意味着心跳加快，但仍能够进行正常对话。高强度锻炼则常常让人呼吸急促，说话变得困难。每个人的体能和耐力都是独特的，因此对于不同的人来说，相同的活动可能会有不同的强度体验。例如，对于经常进行长跑的人来说，快走可能只是轻度的锻炼，但对于长期缺乏锻炼的人来说，这可能就是一个中等甚至是高强度的活动。

锻炼强度的选择也与目标密切相关。对于那些希望增加心肺功能、增强肌肉耐力或减少体脂的人来说，中到高强度的锻炼更为合适。然而，对于初学者或正在康复中的人，轻到中度强度的锻炼可能更为合适，因为它可以最小化伤害的风险，同时逐步提高体能。此外，运动强度也与运动的时间和频率有关。高强度的锻炼可能需要更长的恢复时间，而轻度或中度的锻炼则可以更频繁地进行。

3. 运动方式

"T"（Type）代表运动方式，即运动类型，这是整个原则中的一个核心要素。运动方式或运动类型涉及一个人选择进行何种体育活动。这一选择是基于个体的健康状况、身体能力、兴趣和目标。不同的运动类型对身体的影响各有特点，因此选择合适的运动方式至关重要。例如，跑步和游泳都是有氧运动，有助于心肺健康和燃烧脂肪，但它们对关节的冲击力和运动方式是不同的。对于有关节问题的人来说，游泳可能是更好的选择，因为它不会对关节产生太大的冲击。然而，运动类型的选择不仅仅基于生理因素。人们的兴趣和偏好也在选择中起到了关键作用。有些人可能更喜欢团队运动，如篮球或足球，因为这些运动不仅可以锻炼身体，还有助于团队合作和社交。而其他人可能更喜欢独立的运动，如瑜伽或跑步，它们可以帮助放松心情，集中注意力，并在静谧中寻找平静。

运动方式的多样性意味着每个人都可以找到最适合自己的锻炼方式。无论是力量训练、有氧运动、柔韧性训练还是平衡训练，每种类型都为个体提供了独特的益处。例如，力量训练可以帮助增强骨密度，预防骨折，而柔韧性训练则可以提高关节的活动范围，减少受伤的风险。此外，随着科技的进步，许多新的运动方式也应运而生。如虚拟现实健身、高强度间歇训练等都为人们提供了新的锻炼体验。这些新型运动方式满足了现代人追求效率和创新的需求。

4.运动时间

运动时间（Time），简称"T"，指的是每次或每周的锻炼时长。这一要素与其他因素如运动种类、强度等密切相关。一个恰当的运动时间可以确保个体在锻炼中达到预期的效果，而不会导致过度疲劳或伤害。例如，高强度的训练可能需要较短的时间，而低强度的锻炼可能需要更长的时间来达到相同的效果。合理的运动时间不仅关乎效果，更与安全紧密相连。过长的锻炼时间可能导致身体疲劳，增加受伤的风险，而过短的锻炼时间则可能达不到锻炼的预期效果。因此，明确每次或每周的锻炼时间是至关重要的。但如何确定最佳的锻炼时间呢？通常，这需要根据个体的健康状况、锻炼经验、身体能力以及锻炼的目标来决定。例如，初次锻炼的人可能需要从较短的时间开始，逐渐增加；而有经验的锻炼者可能需要更长的时间来挑战自己，达到新的目标。此外，运动时间也与个体的日常生活和日程安排息息相关。对于忙碌的上班族，可能只能挤出短时间进行锻炼，而对于有充足时间的人来说，则可以选择更长的锻炼时间。但无论如何，关键是要确保运动时间与个体的需求和能力相匹配。

5.总运动量或能量消耗目标

总运动量或能量消耗目标，标志为"V"（Volume），它实际上是一个综合指标，旨在量化个体在特定时间段内所进行的所有活动的总和。这不仅仅是对个体在健身房或在特定运动场所所进行的锻炼的度量，而是对其所有形式的体力活动的综合考量。

通过考虑频率、强度和时间三个维度，总运动量为健身者提供了一个清晰的、可量化的目标，帮助其理解自己为达到健康或健身目标所需的努力程度。这也使得健身者可以更有针对性地进行调整，例如，如果他们发现自己难以达到所需的能量消耗，可以选择增加锻炼的频率或强度。以一个简单的例子来说，如果某人的目标是每周消耗 3000 卡路里的能量，而每小时的中等强度运动可以消耗 500 卡路里，那么他需要进行六小时的中等强度运动。这样，他就可以根据自己的时间和能量来分配这六小时，可能是每天一小时，或是在周末集中进行。总运动量的概念还可以与其他健康指标相结合，如心率、血压或肌肉负荷，为健身者提供一个更为全面的健康评估。当个体了解并能够测量自己的总运动量时，他们就更容易跟踪自己的健康进展，更好地调整自己的运动计划，确保最终达到预期的效果。

6. 运动处方实施进程

运动处方实施进程的核心在于动态调整。静止的水流会变腐，同样，持续不变的锻炼计划也会使身体逐渐适应，从而降低锻炼的效果。因此，"P"（Progression）不仅仅是一种方法，更是一种哲学，它鼓励持续的学习、进步和自我超越。这一过程的开始是设定一个明确的目标。无论是增强肌肉力量、提高心肺耐力还是减轻体重，都需要有一个清晰的、可衡量的目标。接下来，根据这一目标制定一个初步的运动计划。然而，仅仅制定计划是不够的。关键是随着时间的推移，观察身体的反应，对计划进行调整。这涉及对运动的频率、强度、类型和时间的调整。可能在开始时，某人选择了中等强度的有氧运动。但随着锻炼的深入，他可能发现自己需要增加强度或尝试其他类型的运动，如阻力训练，以达到所期望的效果。

此外，身体和心理上的反馈是不可或缺的。可能在开始时，身体会感到疼痛或疲劳，这是正常的。但如果这种疼痛持续存在或加剧，就需要及时调整运动计划。同样，心理上的反馈也很重要。如果一个人发现自己在运动时感到无聊或不愿意，那么他可能需要尝试新的运动形式或找到一个锻炼伙伴。在整个进程中，定期的评估和调整是关键。这可能涉及定期的身体检查、健康评估或与健身教练的咨询。这些评估可以提供宝贵的反馈，帮助健身者了解自己的进步，确定下一步的目标。

二、运动处方的制定过程

运动处方是为了确保个体得到最有效、最安全的锻炼建议的科学方法。为了制定合适的运动处方，需要经历一系列细致的流程，确保每个步骤都能针对个体的特定情况给予恰当的建议和指导。详见图 5-1。

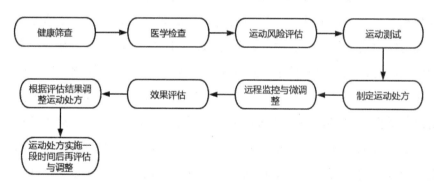

图 5-1　运动处方的制定过程示意图

（一）健康筛查

运动活动的确为绝大多数参与者带来了健康和生理水平的显著增益，然而，这并不意味着它毫无风险。为了确保每个参与者从中获益并最大化运动的安全性和效果，必须在运动开始之前对其进行全面的健康筛查。

对于即将参与运动的个体，健康筛查的核心目标可以归纳为以下几点：第一，识别并排除那些存在医学上的禁忌症，使其不适合参与某些或所有类型的运动的个体。第二，在制定新的运动计划或调整当前运动计划的频率和强度时，确定哪些个体需要进行进一步的医学评估或体能测试。第三，通过前期筛查确保体能测试和运动实施的安全性。第四，基于筛查结果为个体制定和执行一个既安全又高效的运动方案。

要实现上述目标，健康筛查的主要手段和工具通常包括但不限于问卷调查、体征与症状的调查、药物使用记录以及与生活习惯有关的信息收集、心血管疾病危险因素筛查等。

1.问卷调查

问卷调查作为健康筛查的一个核心环节，其目的在于对即将参与体育锻炼的人群进行初步的健康状况评估。通过标准化的问卷，能够快速、系统地收集参与者的健康信息，从而作为进一步评估的基础。其中，体力活动准备问卷（PAR-Q）是一种广泛应用的筛查工具。此问卷被设计成简短且易于理解的格式，旨在快速识别那些可能需要医生评估才能安全参与体力活动的人。通过一系列的问题，PAR-Q能有效地筛查出潜在的健康问题，如心血管疾病、呼吸系统疾病或骨骼关节问题，这些问题可能会增加体育活动的风险。此外，美国心脏病学会（AHA）和美国运动医学学会（ACSM）联合制定的健康体质机构问卷为参与者提供了更深入、更全面的健康筛查。这份问卷不仅关注基本的健康问题，还包括与生活习惯、遗传背景及历史疾病有关的问题。由于其内容的广泛性和深入性，这种问卷在专业的健身机构和高度个性化的运动训练计划中得到了广泛应用。无论使用哪种问卷，都必须确保受测者真实、准确地回答所有问题。因为只有基于准确的信息，筛查结果才能真实反映个体的健康状况。在问卷完成后，专业人员会根据答案进行进一步的分析和解读，从而决定下一步的操作。例如，若问卷结果显示某人存在高血压的风险，那么他或她可能需要进行更详细的医学检查。

2.体征与症状的调查

在健康筛查中，体征与症状的调查是至关重要的环节。这一步骤的核心目标是详细了解个体在运动前是否存在由心血管、肺部或代谢性疾病引起的主要症状或体征，以确保个体在进行体育锻炼时的安全性。

3. 药物使用记录以及与生活习惯有关的信息收集

当制定针对性的运动处方时，了解受训者的药物使用历史和生活习惯显得尤为重要。这是因为，某些药物可能与运动产生相互作用，而不同的生活习惯可能会影响运动的效果和安全性。收集有关正在服用的药物和保健品的信息是关键的一步。特别是，治疗心脏病和高血压的常用药物可能会对心率、血压和耐力产生影响，这可能进一步影响到运动的选择和强度。例如，某些降血压药可能会使血压降得过低，从而增加运动中出现晕厥或头晕的风险。除此之外，了解潜在的过敏原也是至关重要的。这包括对某种药物、食物、花粉或冷空气等的过敏。这些信息对于预防运动过程中可能出现的不良反应非常重要。例如，对冷空气过敏的人在寒冷天气中锻炼可能会出现呼吸困难。此外，深入了解一个人的运动习惯，如经常参与的运动项目、运动的类型、持续时间、强度和频率，可以为制定更有针对性的运动计划提供宝贵的参考。而识别出属于静坐少动的人群，则有助于确定初期锻炼的强度和持续时间，以确保逐步增加体能而不会过度疲劳。生活中的不良嗜好，如饮酒、吸烟、大量摄入咖啡或吸食毒品等，都可能影响心血管系统的健康，从而影响运动的安全性和效果。例如，吸烟可能导致呼吸困难和心率增加，而大量摄入咖啡可能导致心跳过速或心律不齐。

4. 心血管疾病危险因素筛查

心血管疾病（CVD）作为全球的主要死因，其预防的重要性不言而喻。而对于想要通过锻炼提高健康水平的人群，首先了解和识别 CVD 的危险因素显得尤为重要。为此，专业健康管理人员或运动医学专业人员会进行深入、细致的筛查，确保个体在进行锻炼时，能够确保安全并收获理想的效果。CVD 危险因素是多种多样的，每个因素都与心血管健康密切相关。年龄是其中一个重要的风险因素，因为随着年龄的增长，心脏和血管的功能逐渐减弱，使得 CVD 的风险逐渐增加。同样，家族史也是一个不能忽视的风险因素。如果家族中有近亲曾患有心血管疾病，那么该个体的风险就可能会增加。吸烟史也是 CVD 的一个重要危险因素。长期吸烟可能导致动脉硬化，增加冠心病和中风的风险。肥胖则可能导致心脏过度劳累，增加心脏病和高血压的风险。与此同时，高血压、糖代谢异常和脂代谢异常都与心血管系统的健康紧密相关，需要通过专业检测和评估来确定个体的风险。生活方式也是决定 CVD 风险的关键因素之一。静坐少动的生活方式可能会导致肥胖、高血压和糖代谢异常，这些都可能进一步增加 CVD 的风险。因此，了解并改变不健康的生活方式，如增加日常活动量，是预防心血管疾病的关键。为了确保每个人的健康和安全，进行 CVD 危险因素的筛查显得至关重要。通过这一筛查，健康管理人员或运动医学专业人员可以为每个人提供个性化的运动建议，确保每个人都能够安全、有效地进行锻炼，提高其健康水平。

（二）医学检查

医学检查在制定运动处方前的重要性不容忽视。针对运动处方对象，有资质和专业的健康管理人员或相关专业医生进行全面的医学检查，是确保安全和有效运动的关键步骤。这样的检查旨在确保每位受试者获得最适合其个体差异和健康状况的锻炼建议。

病史检查是任何医学检查的基础。通过详细询问个体的病史，专业人员可以获取关于其过去和现有的医学状况的关键信息。包括以往的手术、慢性疾病、遗传疾病以及以前的伤害和并发症。这些信息对于评估个体是否适合进行特定类型的锻炼或是否存在特定的风险因素至关重要；体格检查为专业人员提供了关于个体当前健康状况的直观信息。这可能包括对心肺功能的评估、关节的灵活性测试以及对肌肉力量和耐力的测评。此外，专业人员还可评估皮肤、眼睛、耳朵和其他身体部位的健康状况，以确保没有被忽视的健康问题；而实验室检查为医学评估提供了更深入的数据支持。血液检测可以揭示如糖尿病、肝功能障碍或其他代谢疾病的潜在风险。尿液检查也可能被用来检测肾功能和其他潜在的健康问题。此外，某些高级的实验室测试，如心电图或 X 射线，也可能用于评估心脏和骨骼的健康状况。

在全面的医学检查后，健康管理人员或相关专业医生将能够为每个运动处方对象提供详细、个性化的建议。这不仅确保了运动的安全性，也确保了其效果的最大化。如果发现有任何不适合运动的医学问题，专业人员将为受试者提供适当的医疗建议和治疗方案。

（三）运动风险评估

运动，作为一种促进身体健康和提高生活质量的手段，是被广大群众所接受和推崇的。然而，不可否认的是，运动也带有一定的风险。这就需要进行深入的运动风险评估，确保每位参与者的安全。运动风险可以细分为运动性心血管疾病风险、运动性损伤风险和运动性病症风险三类，每类都有其独特的特点和需要注意的事项。

1. 运动性心血管疾病风险评估

运动性心血管疾病风险评估作为整体运动风险评估的重要组成部分，着重关注运动中可能涉及的心血管相关问题。这一评估不仅为参与者提供了对其健康状况的认知，更为他们的运动计划提供了科学、合理的指导，确保运动过程中的安全性。核心评估主要包括两大部分，即运动前的健康筛查和运动测试。运动前的健康筛查是为了从早期就识别出可能的心血管健康问题或风险，从而确保运动参与者在参与运动之前的健康状况是稳定和安全的。此类筛查包括但不限于心电图、血压测量和相关的血液检测。而运动测试则更加具体地模拟运动过程中的各种情境，通过对个体在模拟运动条件下的反应，评估其在实际运动过程中可能面临的风险。这种测试可能涉及渐进的心率增加、呼吸频率的变化以及肌肉活动的变化等。

2. 运动性损伤风险

运动性损伤风险评估是为了确定个体在参与体育活动时可能面临的伤害风险，从而采取适当的预防措施以减少损伤的可能性。运动性损伤涵盖了一系列损伤，如韧带扭伤、肌肉拉伤、关节扭伤等。为了有效评估这种风险，评估方法主要包括健体质评估和功能性动作筛查。

在健康体质评估中，肌肉力量、肌肉耐力和柔韧性是三个关键参数。这三个参数对运动性损伤的风险具有直接影响。评估运动性损伤的风险是确保个体安全参与体育活动的基础工作。肌肉力量是指肌肉在最大收缩中所能施加的最大阻力。常采用 1RM 来对其进行评价，这代表了在全关节活动范围内、正确姿势下，个体能够完成的最大阻力值。这一标准化测试旨在评估个体在一次努力中所能达到的力量峰值。与力量相反，肌肉耐力并不是评估短时间内的最大输出，而是关注肌肉长时间持续工作的能力。它涉及在确定的时间内完成重复肌肉收缩直至充分疲劳的能力。另一种评估方式是测量个体在 1RM 的特定百分比下能够持续的时间长度。这一评价对于那些需要持续性努力的运动或活动尤为重要。柔韧性是关于肌肉和韧带伸展和放松的能力。为了评估这一特性，采用了一系列的测试方法，包括坐位体前屈、座椅前伸试验以及双手背勾试验。这些测试目的是确定关节的活动范围（ROM），这是衡量柔韧性的关键指标。一个良好的 ROM 可以预防由于活动受限而引起的损伤。

功能性动作筛查（FMS）提供了一种独特的评估方法，集中观察个体的功能动作模式。这是一种动作的评分工具，致力于识别并减少运动风险，从而预防可能的损伤。FMS 通过对 7 个基本动作的完成质量进行观察和打分，以揭示受试者在基础动作中的薄弱环节或存在的不对称。这种筛查方法尤其重要，因为它能够揭示那些在日常活动中可能被忽视的潜在问题。

3. 运动性病症风险评估

运动性病症风险评估是为了确保个体在参与运动时的身体健康与安

全。这项评估不仅需要对体内的健康状况进行检查，还需要考虑体外的运动环境因素，以及对身体功能的连续性监测。

在考虑个体是否适合参与某种运动之前，必要的医学检查是必不可少的。血常规可以帮助评估个体的红血细胞计数、白血细胞计数和血小板计数，为专业人员提供了对个体健康状态的全面了解。尿常规则是检测肾功能和尿路健康的主要方法。心电图和心肌酶检查则有助于评估心脏健康状况，确保其在运动中不会出现问题。运动不仅仅是与身体有关，外部环境，尤其是温度和湿度，对运动者的健康和表现有着巨大的影响。例如，高温和高湿度可能导致中暑或脱水，而低温可能导致体温过低。因此，对温度和湿度的持续监测是确保安全运动的重要组成部分。运动中的身体机能监测的监测提供了对个体日常健康状况的实时反馈。晨脉和晨压可以为心血管健康提供重要的数据。食欲、睡眠和主观疲劳感的监测可以帮助了解个体的整体健康状况和恢复情况。突然的体重变化可能表明存在脱水或其他健康问题。肌力测试和腱反射的检查则有助于评估神经系统和肌肉骨骼系统的健康状况。最后，运动成绩的记录可以提供关于个体运动能力和进步的信息。

（四）运动测试

运动测试是评估个体身体健康和运动能力的重要方法，涵盖了多个方面，如心肺耐力、身体成分、肌肉力量、肌肉耐力、柔韧性和平衡等。

1. 心肺耐力

心肺耐力是衡量身体在多数肌肉参与并进行长时间有氧运动的能力。这项能力不仅与心脏和肺部的健康有关，还与身体在运动中的表现有直接关系。心肺耐力的主要评价指标为最大摄氧量，详见表5-1。最大摄氧量是指在剧烈运动中，身体每分钟从吸入的空气中所能摄取和利用的氧的最大量。这是衡量心肺功能和全身有氧代谢能力的"金标准"。

表5-1　最大摄氧量评价标准

单位：毫升／千克／分钟

性别	年龄	低水平	一般水平	中等水平	较好水平	高水平	运动员水平	奥林匹克水平
女性	20~29 岁	<28	29~34	35~43	44~48	49~53	54~ 59	>60
	30~39 岁	<27	28~33	34~41	42~47	48~52	53~58	>59
	40~49 岁	<25	26~31	32~40	41~45	46~50	51~56	>57
	50~65 岁	<21	22~28	29~ 36	37~41	42~45	46~49	>50
男性	20~29 岁	<38	39~43	44~51	52~56	57~62	63~69	>70
	30~39 岁	<34	35~39	40~47	48~51	52~57	58~64	>65
	40~49 岁	<30	31~35	36~43	44~47	48~53	54~60	>61
	50~59 岁	<25	26~31	32~39	40~43	44~48	49~44	>56
	60~69 岁	<21	22~26	27~35	36~39	40~44	45~49	>50

2. 身体成分

身体成分反映了个体的肥胖程度和健康状况。为了更为准确地评估这一参数，专家们采用了多种指标，包括体质指数（BMI）、腰围、腰臀比（WHR）和体脂百分比。这些指标帮助医生、营养师和运动教练更好地理解个体的健康状况，从而提供合适的建议和指导。

体质指数是评估体重是否适中的常用指标。它通过比较个体的体重和身高，来判断其是否超重或肥胖。BMI 的计算方法如下：

$$BMI = \frac{体重（千克）}{身高^2（米）}$$

根据 BMI 的数值，可以将其分为几个类别：低体重、正常、超重和肥胖。这为专家提供了关于个体健康风险的初步信息。

WHR 主要关注腰部和臀部的脂肪分布。腰部的脂肪与许多慢性疾病的风险有关，尤其是心血管疾病。WHR 的计算方法如下：

$$WHR = \frac{腰围}{臀围}$$

这一指标可以帮助判断脂肪在身体上的分布情况，从而为个体提供健康建议。

体脂百分比是衡量身体中脂肪量的指标，它反映了脂肪和非脂肪体质的比例。与 BMI 不同，体脂百分比更准确地反映了身体脂肪的情况。体脂百分比的计算方法如下：

体脂百分比 =（1.20×BMI）+（0.23× 年龄）－（10.8× 性别）–5.4

其中，男性为 1，女性为 0。这一指标为营养师和健康顾问提供了更多关于身体健康的信息。

3. 肌肉力量与肌肉耐力

肌肉力量与肌肉耐力反映了肌肉在运动中的功能。肌肉力量描述了肌肉在一次最大努力中克服阻力的能力，而肌肉耐力描述了肌肉在一段时间内重复完成某种运动或维持某种姿势的能力。在健身和运动表现中，这两者都十分关键。为了更好地理解和评估这些能力，最大肌肉力量、肌肉含量以及爆发力成为评估的重要指标。最大肌肉力量常通过 1RM（一次最大重量）测试来评估，该测试展示了肌肉在一次最大努力中所能承受的阻力。肌肉含量则通过体成分分析设备或特定的测试来测量，以确保肌肉发达的程度。爆发力则关乎速度和力量，通常通过短时间的强度测试，例如垂直跳或短距离冲刺，来测量。

4. 柔韧性

柔韧性是身体的另一个关键组成部分。无论是在日常生活中还是在高强度的体育运动中，良好的柔韧性都是必不可少的。柔韧性涉及关节的活动幅度以及身体各部位如韧带、肌腱和肌肉的伸展能力。通过体前屈、后仰和站立转体等测试，能够评估个体的柔韧性，并提供有关如何提高这一能力的建议。

5. 平衡能力

平衡能力则与身体的协调和稳定性有关。在各种运动和日常活动中，良好的平衡能力可以减少受伤的风险，并提高运动表现。静态平衡能力测试评估了个体在固定姿势下保持平衡的能力。而 Y 平衡测试则考察了在动态条件下的平衡能力。闭眼单腿站立测试是一种特殊的平衡测试，它旨在测试在缺乏视觉输入的情况下的平衡维持能力。

（五）制定运动处方

制定运动处方是一项精细的工作，它涉及多个要素和关键决策，以确保最大限度地提高健康和体能。

1. 运动目的

每个人的运动目的都是独特的。某些人可能是为了提高心肺耐力，而另一些人可能是为了控制体重或增加肌肉。选择合适的目的将决定运动处方的其他组成部分。例如，增肌减脂和提高心肺耐力的训练方法可能会有所不同。因此，明确目的是所有决策的基石。

2. 运动频率

确定每周的运动天数是运动处方的关键部分。如果目的是增加肌肉质量，则可能需要更频繁的训练来激活特定的肌肉群。然而，对于心肺耐力的训练，三到五次的中到高强度的训练每周可能就足够了。

3. 运动强度

这是制定运动处方时最为关键的部分，因为强度决定了运动的效果和风险。最大摄氧量百分比是衡量心肺耐力的一个指标，而最大心率百分比则可以帮助确定心率范围，从而调整运动强度。此外，代谢当量可以帮助估计能量消耗，而主观用力感觉则提供了一个与身体感受相对应的强度指标。表5-2至表5-4为集中测试方法。

表5-2　讲话测试运动强度对照

目标强度	运动中讲话测试
低强度	可以讲话和唱歌
中等强度	能讲话但不能唱歌
较高强度	难以讲话

表5-3　主观感觉量表（RPE）测试运动强度对照

目标强度	RPE 等级
低强度	≤ 10
中等强度	11~13
交稿强度	≥ 14

表5-4　主观感觉量表（RPE）等级对照

等级	主观感觉
6	根本不费力
7	极其轻松
8	
9	很轻松
10	轻松
11	
12	有点吃力
13	
14	
15	吃力
16	非常吃力
17	
18	
19	极其吃力
20	精疲力竭

　　在进行体育锻炼或体育活动时，身体的反应和变化可以为专业人员提供宝贵的信息。其中，心率是评估身体对运动应激的直接指标。正常情况下，身体在运动中会有一系列可预测的心率反应。但在某些情况下，可能会出现异常的心率变化，这些变化可能预示着潜在的健康问题或风险。

　　正常反应表现在两个方面，一方面，心率与运动强度。在运动过程中，随着活动强度的逐渐增加，心率会相应地上升。这是因为当身体需要更多的氧气来供应正在工作的肌肉时，心脏需要更快地泵血来满足这一需求。因此，心率的增加是身体为了满足更大能量需求而做出的自然反应。另一方面，MET 与心率关系。MET 代表代谢当量，是描述运动量的一个单位。研究表明，每增加 1MET 的运动强度，心率会增加大约 10 ± 2 次 / 分钟。这为那些想要根据活动强度来调整和监控心率的人提供了一个实用的参考。

异常变化表现在三个方面，第一，心率与运动强度不符。在某些情况下，可能会观察到即使增加了运动强度，心率却没有显著增加，甚至可能出现下降。这种情况可能预示着身体存在某种功能障碍或不适应性，需要引起注意。第二，低于预期的最大心率。通常，一个人的最大心率可以通过 220 减去其年龄来估算。但如果在高强度运动中心率远低于这一预期值，尤其是低于最大心率的 85% 或低于推算值 20 次 / 分钟，可能表明存在心血管问题或其他相关疾病。第三，恢复期心率下降不足。在结束运动后，心率会逐渐下降到静息状态。如果恢复期内的第 1 分钟心率下降小于或等于 12 次 / 分钟，或 2 分钟内下降小于或等于 22 次，可能表明身体恢复能力减弱，或存在其他潜在健康风险。

4. 运动方式

运动方式的选择对于达到预期的锻炼效果至关重要。运动方式涉及的运动形式非常丰富，可以根据个体的健康状态、目标和兴趣进行选择。例如有氧运动、无氧运动、平衡练习等。

5. 运动时间

运动时间或持续时间，是指进行特定运动或活动的时间长度。对于新手，可能会开始时选择短时间的运动，然后逐渐增加。而对于经验丰富的运动者，他们可能会选择更长的时间来达到所需的训练效果。表 5-5 详细列出了不同运动方式推荐的运动强度、持续时间和频率。这些建议提供了一个基准，但最终的决策应考虑到个人的身体条件、健康状况和目标。

表5-5　不同运动方式的运动强度、持续时间和运动频率安排建议

运动项目	运动强度	运动时间	运动频率（次／每周）
快走、慢跑、游泳、自行车等	中	30 分钟或以上	5~7
跑步、快节奏健美操	大	20 分钟或以上	2~3
太极拳、健身气功	中	30 分钟或以上	3~7
篮球、足球、网球、羽毛球、乒乓球等	中、大	30 分钟或以上	3
力量练习	中	30 分钟或以上	2~3
牵拉练习	——	5~10 分钟	5~7

6. 运动总量

运动总量指的是一个人在特定时间内完成的所有运动量的参数。它不仅是单一运动会话的量，而是在一段时间内积累的量，可能是一周或一个月。这个指标帮助了解一个人是否达到了其锻炼目标，以及锻炼对其整体健康和健身水平的影响。

运动总量由三个关键要素决定：运动频率、运动强度和运动时间。这三个要素互相影响，共同决定了锻炼的效果和效益。运动频率决定了在特定时间段内进行锻炼的次数，例如一周内锻炼的天数。高频率的锻炼可能导致更大的健康收益，但也可能增加受伤的风险，尤其是在没有足够恢复时间的情况下。运动强度描述了锻炼的难度或努力程度。强度越高，能量消耗越大，从而更有可能达到特定的健身或健康目标。然而，过高的强度也可能导致过度训练或受伤。运动时间是一个人在每次锻炼中花费的总时间。时间越长，消耗的总能量越大。但与此同时，太长时间的锻炼也可能导致疲劳或受伤。不同的运动和活动具有不同的能量消耗值。例如，跑步通常消耗的能量远远超过走路或瑜伽。因此，在考虑运动总量时，还应考虑活动的类型和特性。为了最大化运动的效果，应根据自己的目标和能力选择适当的频率、强度和时间。同时，还应定期

评估和调整运动总量，以确保其始终与目标保持一致，并根据需要进行相应调整。

7.运动进度

运动进度是锻炼过程中一个至关重要的因素，涉及对运动量的调整与改进。有效的运动进度不仅考虑了运动处方对象的当前健康状况和体质水平，还要根据训练的实际反应和目标来确定。随着时间的推移，不同的体能发展阶段或对锻炼的反应可能会导致运动进度的调整，确保其与运动目标相匹配。

8.注意事项

风险管理在运动中不可或缺。要根据运动处方对象的具体情况，提前做好风险提示，并在必要时进行医务监督。运动中可能出现的不良反应或潜在的伤害应该得到充分的关注和预防。运动的时间选择也与效果息息相关。一些人在早晨更有活力，而另一些人则在下午或晚上的某个时间段达到巅峰状态。因此，明确运动处方对象的最佳锻炼时间可以帮助提高运动的效果和体验。

热身和拉伸在运动前后都是必要的。正确的热身活动可以提高血流，为接下来的活动做好准备，而适当的拉伸可以增加柔韧性，减少受伤的风险。教授正确的拉伸动作并确保其执行准确是至关重要的，因为错误的拉伸方式可能导致损伤。另外，随着训练的进展，可能需要降低或终止某些活动。对于这种情况，应明确给出指征，让运动处方对象知道何时调整或停止训练，以确保其安全。运动环境、服装和场地的选择也对锻炼效果产生影响。合适的场地和运动环境可以提高训练的效果，而舒适的服装可以增加锻炼的舒适度。饮食是达到健康和健身目标的另一个关键因素。与运动相结合的合适饮食可以提供所需的能量，帮助恢复，还可以优化健康和健身的效果。因此，在制定运动处方时，也应考虑饮食的调整。表5-6为中国体育科学学会运动处方标准格式。

表5-6　中国体育科学学会运动处方标准格式

基本信息				年 月 日
姓名		性别	男□ 女□	年龄
联系电话		家庭住址		
运动前筛查结果				
体力活动水平	□严重不足 □不足 □满足			
健康筛查	身高_____cm，体重_____kg，体脂率___%，BMI_____			
	疾病史：□无，□高血压，□糖尿病，□心脏病，□肺疾病，□其他			
	血液指标：空腹血糖_____mmol/L，总胆固醇_____mmol/L			
	血压：____/___mmHg　心率　次/min			
进一步医学检查				
运动风险分级	□低 □中 □高			
运动测试结果	心肺功能　　　　□低 □中 □高			
	肌肉力量与耐力　□差 □一般 □较好			
	柔韧性　　　　　□差 □一般 □较好			
存在的主要问题及主诉需求				
运动处方				
运动目的				
运动方式				
运动强度				
运动时间				
运动频率				
周运动量				
运动目标	短期： 长期：			
注意事项				
效果评估				
回访时间				年 月 日
运动处方师				
机构名称（章）				

（六）过程监控与微调整

运动，作为人类健康的核心部分，需要仔细的规划和监控，确保安全和有效性。对于执行运动处方的个体，确保其处于一个安全和有益的运动范围内是至关重要的。

1.执行运动处方过程中的监控

一旦开始实施运动计划，就要密切注意运动的强度和持续时间，确保其始终保持在预设的安全范围内。心率作为一个反映心脏工作负荷的生物指标，是判断运动强度是否过高或过低的关键因素。在进行任何类型的运动时，RPE（感知努力等级）也提供了一个有关运动者主观感觉的重要参考。运动过程中，任何头晕、胸闷、恶心等不适的体征都可能是潜在问题的预兆，这就需要及时停止运动，以确保安全。同时，确保个体在活动中避免危险动作也十分重要，以免受伤。当心率超出目标范围5%或RPE超过17时，都可能意味着运动强度过高。这时，需要及时重新评估并调整运动计划。对于力量训练，由于心率可能不能准确反映运动强度，因此RPE成为更加可靠的评估工具。

2.运动处方执行过程中的微调整

每个人对运动的反应都是独特的。运动处方师在制定运动计划时，不仅要考虑初始的健康状况，还要在执行过程中对运动计划进行微调，以确保其既安全又有效。运动中可能会出现的不良反应，如过度疲劳、肌肉疼痛、关节疼痛或拉伤，都需要得到及时的关注和处理。这些反应可能是由于运动强度过高或者运动量突然增加造成的，因此运动处方师需要对运动计划进行相应的调整。当观察到个体出现上述不良反应或其表达无法适应当前的运动计划时，最佳的做法是适当降低运动量。这可以确保个体避免骨骼和肌肉损伤，还可以预防心血管和肺部损伤。

（七）效果评估

每当制定并执行一个运动处方后，评估效果显得尤为重要，确保个体的健康、安全，并努力达到最佳的运动效果。评估的主要方面包括依从性、运动负荷适应性、体质与健康改善以及心理效应。

1. 依从性评估

依从性是判断运动处方对象是否遵循指定运动计划的关键因素。通过对比个体执行的运动与处方建议的运动内容和强度，可以了解其是否严格按照处方进行，或是否有任何偏离。高依从性往往意味着个体积极参与，对达到健康目标充满动力。

2. 运动负荷适应性评估

评估运动处方对象如何适应所分配的运动负荷也至关重要。运动后的心率、晨脉、体重变化及食欲均为此类评估的关键指标。例如，晨脉反映了身体对前一天运动的恢复程度，而食欲的变化可能意味着个体对运动量的适应性。

3. 体质与健康改善评估

体质的全面评估有助于了解运动对个体整体健康和体能的影响。与此同时，针对的医学健康指标，如血压、血糖等，可以为医生提供有关运动处方效果的明确证据。此外，评估运动目标的完成情况（例如，是否达到了预定的减重目标或提高了某项体能）将直接显示运动的效果。

4. 心理效应评估

除了生理层面的变化，心理因素在健康和福利中也扮演着重要角色。对焦虑、抑郁状况的评估可以帮助了解运动对心理健康的影响。同样，社交能力、生活质量和幸福感的评估可以揭示运动如何改善个体的日常生活和心境。

（八）根据评估结果调整运动处方

运动处方的成功不仅取决于起初的设计，还依赖于持续的评估与微调。随着时间的推移，身体状况、健康目标和生活方式可能都会发生变化，这就需要对运动处方进行相应的调整。

（九）运动处方实施一段时间后的再评估和再调整

运动处方的实施并不是一个结束的过程，而是一个持续的循环。随着时间的推移和身体状况的变化，需要定期进行再评估，确保处方仍然适应现状，并在必要时进行相应的调整。

第二节　促进青少年体质健康运动处方的内容与分类

一、青少年运动处方的内容

（一）运动强度

运动处方中的核心内容之一是运动强度，它与运动效果和安全性有着直接的关系。高强度的锻炼可能会带来更好的效果，但同时也带来了更高的风险，尤其是对于身体素质不佳或有特定健康问题的人群。

运动强度的选择通常是一个平衡过程，旨在最大化效果，同时确保安全。对于青少年这一特殊群体，这种平衡尤为重要。他们往往充满活力，但由于自制力尚不成熟，可能更容易超越自己的界限。过高的运动强度可能对青少年的身体造成伤害，这是每一个关心健康和健身的人都应该避免的。

1. 运动强度的关键指标

运动强度是衡量锻炼难度的指标。为了确保运动处方的安全和有效性，需要选择合适的强度指标进行评估和调整。其中，生理学指标在运动科学和健康领域被广泛应用，为制定个体化的锻炼计划提供了有力的工具。心率是运动强度最常用的生理学指标之一。它代表心脏每分钟跳动的次数。在锻炼时，随着强度的增加，心率也会随之升高。通过监测心率，可以准确地衡量身体在运动过程中的负荷和努力程度。因此，根据目标和身体状况为个体设定一个合适的心率范围是至关重要的。最大心率百分比是另一个重要的指标。它是指在最大努力水平下心率的最高值。这个值通常可以通过公式计算得出，但也可以通过专业的运动测试来确定。一旦知道了个体的最大心率，就可以为其制定一个基于最大心率百分比的锻炼强度范围。例如，一次中度强度的锻炼可能建议在最大心率的 60%—70% 范围内。而心率储备百分比则结合了静息心率和最大心率两个指标。心率储备是指最大心率与静息心率之间的差值。使用心率储备百分比可以为个体提供一个更为个体化的锻炼强度建议，因为它考虑到了个体的基线心率水平。

选择正确的强度指标至关重要。这不仅可以确保锻炼的安全性，还可以最大化锻炼的效益。心率、最大心率百分比和心率储备百分比都为制定和调整运动处方提供了有力的工具，使之更加精准和有效。

2. 运动强度不宜随意更改

运动强度的确定是基于多个因素的综合考虑，包括个体的健康状况、锻炼目标和历史运动经验。一旦这个强度被设定，就不随意更改它。稳定性在此处起到了关键作用，特别是当考虑到那些有特定健康问题或运动限制的人群。心血管机能不全的患者是一个典型的例子。对于这类患者，运动强度的选择需要格外小心。过高的强度可能导致不必要的风险，而过低的强度可能不会带来预期的健康效益。因此，对于这样的特定人群，一旦确定了合适的运动强度，最好保持稳定，除非有充分的理由和专家的建议来进行调整。此外，循序渐进的策略在制定运动处方时具有重要意义。这种策略意味着在刚开始锻炼时，应选择较低的强度，并随着时间的推移逐渐增加，直到达到预定的目标强度。这样可以帮助身体逐渐适应锻炼的需求，减少受伤的风险，并提高锻炼的效益。

随意更改运动强度可能导致多种问题。首先，经常更改强度可能会导致运动处方对象感到困惑，不知道何时应该增加或减少强度。其次，不恰当地增加强度可能导致过度疲劳、受伤或其他健康问题。反过来，减少强度可能会导致锻炼效果不佳。再考虑是否更改运动强度时，必须进行详细的评估。这包括重新考虑运动处方对象的健康状况、锻炼目标和其他相关因素。只有在有确凿的理由和适当的建议下，才应考虑调整运动强度。表 5-7 为运动时间与运动强度（最大吸氧量％）的配合[①]。

表5-7　运动时间与运动强度（最大吸氧量%）的配合

运动时间		5 分钟	10 分钟	15 分钟	30 分钟	60 分钟
运动强度	小强度	70%	65%	60%	50%	40%
	中等强度	80%	75%	70%	60%	50%
	大强度	90%	85%	80%	70%	60%

（二）运动持续时间

青少年时期是身体和心理成长的关键时期，合适的运动持续时间对于促进青少年体质健康至关重要。选择恰当的运动持续时间，不仅可以确保身体得到充分的锻炼，还可以预防运动伤害和确保青少年对运动保持持续的兴趣和热情。

合适的运动时长对于青少年的心肺功能有明显的促进作用。例如，长时间的持续跑动能够锻炼心肺，增强心肺的耐力，使得血液中的氧气更加充足地输送到各个身体部位。足球训练便是一个很好的例子。持续跑动结合球技练习，不仅对心肺有益，还能够锻炼到身体的其他部位，如大腿、小腿和脚踝等。此外，适当的运动持续时间还能够增强青少年的骨密度。在青春期，骨骼还在持续生长，适当的运动能够刺激骨骼生长，使得骨骼更为坚固，减少日后骨折的风险。再者，运动还能够提高青少年的新陈代谢速度，这不仅有助于身体消耗多余的热量，还能够帮助青少年在成长过程中更好地吸收营养。确定运动的持续时间并不是一个固定不变的数值。多种因素都可能影响到最终的决策。其中，青少年的年龄是一个重要的考量因素。比如说，一个 10 岁的孩子可能只需要进行 30 到 40 分钟的篮球训练，这对其身体已经足够。但对于 15 岁的少年，

---

① 余万斌.健康运动处方[M].成都：西南交通大学出版社，2006：17.

由于身体的成长和发育，以及对更为强度的运动的需求，60 至 90 分钟的训练更为合适。少年的身体状况也是决定运动持续时间的一个重要因素。一些体质较弱的青少年可能需要更短的运动时长，而体质较好的则可以持续更长时间。同样，过去的运动经验也会对决策产生影响。经常参与体育活动的青少年在体能上可能更为出色，因此可以承受更长时间的运动。

为了避免单调，可以在一个时间段内将不同类型的运动相结合。如，在一个 60 分钟的训练时间里，先进行 20 分钟的热身操，然后 30 分钟的技能练习，最后 10 分钟的放松和拉伸。休息和恢复同样重要。例如，在羽毛球比赛中，每打一个局后应该有短暂的休息，这不仅有助于身体恢复，还可以预防运动伤害。在篮球、排球或其他需要技能的运动中，运动持续时间中的一部分应该用于技术指导和练习，这样可以确保技能的掌握，同时也增加了锻炼的趣味性。在团队运动中，教练应确保每个成员都有足够的参与时间。这不仅可以提高技能，还能确保每个青少年都得到锻炼的机会。

（三）运动密度

青少年时期是生理和心理发展的关键时期，也是塑造健康生活习惯的黄金时期。在这一阶段，适当的运动密度可以促进身体健康、心理平衡和社交能力的发展。运动密度，简单来说，是在一定时间内进行运动的次数或持续时间。对于青少年来说，确保恰当的运动密度至关重要。

随着身体的发育，青少年的肌肉、骨骼和心血管系统都在迅速发展。这意味着他们需要足够的运动来刺激这些系统的成长和强化。例如，为了增加骨密度，应鼓励进行有氧运动，如跳绳、跑步和球类运动。但同时，过度的运动或过高的运动密度可能导致受伤。骨折、肌肉拉伤或其他运动相关伤害在青少年中并不罕见，特别是在他们的生理发育高峰期。因此，青少年的运动计划需要根据其生理发展进行调整。例如，一个 13

岁的男孩可能每周需要五次中等强度的运动，每次持续 45 分钟；而一个 17 岁的女孩可能需要每周三次高强度的运动，每次持续 30 分钟。

运动对青少年的心理健康也有积极的影响。适量的运动可以帮助他们缓解压力、焦虑和抑郁情绪。此外，团队运动还可以培养团队合作和社交技能。然而，过高的运动密度可能导致青少年感到过度的压力和疲劳，影响他们的学习和休闲时间。因此，运动密度的调整也需要考虑到他们的心理需求。例如，考试期间，可能需要减少运动密度，让学生有更多的时间进行复习。而在寒假或暑假时，可以增加运动密度，以帮助他们放松和调整。

二、青少年运动处方注意要素

（一）运动项目

青少年时期的生理和心理发展都在快速变化。这一特定时期的身体机能、心理需求和兴趣使得对运动项目的选择变得尤为重要。适当的运动选择可以确保青少年在安全、健康的环境下得到全面发展。

首先，青少年时期是身体成长和发育的关键阶段。各种器官系统和肌肉群都在迅速发展。在这个时候，选择对应的运动项目对于骨骼、肌肉和心血管系统的健康发展至关重要。例如，12 岁之后，青少年的肌肉发育开始加速，这时加入力量训练和耐力练习可以帮助他们更好地发展肌肉，并增强骨骼。而 15 至 17 岁时，由于身体的耐力和心肺功能都得到了一定程度的发展，长距离运动如长跑、游泳等成为非常合适的选择。其次，考虑到青少年的心理特征，选择合适的运动项目还能帮助他们建立自信、学习团队合作和发展社交技能。例如，团队运动，如篮球、足球或排球，不仅能锻炼到身体，还能培养他们的团队精神和合作能力。单项运动，如跆拳道、游泳或田径，可以帮助青少年建立自我挑战的精神，培养耐心和毅力。最后，选择合适的运动项目还需要考虑到青少年的兴趣和爱好。兴趣是最好的老师。当青少年对某一运动项目产生浓厚兴趣时，他们更容易持之以恒，获得更多的成就感，从而更加热爱运动。同时，选择运动项目时还需注意其安全性。青少年时期的身体尽管充满活力，但骨骼、肌肉和关节都还在发育中，因此更容易受伤。例如，过于激烈的力量训练或是高风险的极限运动可能并不适合大多数青少年。

青少年是生长发育的黄金时期，每一个阶段都伴随着身体机能、骨骼、肌肉及心理的明显变化。这些变化对于运动处方意味着不断的调整和优化，以确保在不同的成长阶段都能为青少年提供最合适的锻炼方式。身体机能的变化是运动处方需要考虑的首要因素。例如，12 岁前，青少年的心肺功能和肌肉质量都在逐渐增强，此时的运动处方可以考虑加强基础体能的锻炼，如跑步、跳绳和游泳等。随着年龄的增长，到了 14 或 15 岁，他们的肌肉开始迅速发展，力量训练和耐力练习成为更合适的选择。心理特质的变化也对运动处方产生影响。青春期的到来，许多青少年会展现出更高的竞技欲望和社交需求。团队运动或集体活动，如篮球、足球和舞蹈，不仅能满足他们的这些需求，还能培养他们的团队合作精神和社交技能。随着技能和经验的积累，青少年的运动水平也会逐渐提高。这时，运动处方可以考虑引入更高难度的训练方法和技巧，以继续挑战他们的极限，并保持他们对运动的兴趣。少年的身体尽管在迅速发展，但仍然处于一个脆弱的阶段。骨骼、肌肉和关节都还在成长中，所以运动处方在调整时，也必须确保其安全性。过于激烈的锻炼或高风险的运动可能会给他们带来伤害，这是在制定运动处方时必须要避免的。除了上述因素，还应考虑青少年的个人兴趣和爱好。随着年龄的增长，他们的兴趣点可能会发生变化。运动处方应灵活调整，以满足他们的新兴趣，从而确保他们能持续地参与运动。

（二）运动量

青少年时期的生物学变化是一个动态且复杂的过程。每个人都会在不同的速度和时间经历生长、发育和身体变化。这些生理上的差异直接影响到每个人能够和应该从事的运动类型和强度。在为青少年制定运动处方时，运动量成了一个至关重要的要素。

运动量，简单地说，是描述一个人在一定时间内完成运动的总量。它由运动的频率、强度和时间三个要素组成。对于正在发育的青少年来说，选择合适的运动量是非常重要的。不恰当的运动量可能导致受伤或过度劳累，而适当的运动量则可以确保他们的健康和安全。体质和发育速度的差异使得青少年的运动需求各不相同。有些青少年可能已经具备从事高强度运动的体能，而另一些则可能需要从轻量、低强度的运动开始。这种差异意味着，运动处方必须是个性化的，旨在满足每个人的独特需求。

对于力量练习，如提重或做俯卧撑，运动强度的选择很关键。多次少量的原则被视为是对于青少年最合适的，它可以确保他们不会因为重复过多而受伤。例如，每组只做3~5个但可以做10组，这样的分配既可以保证训练效果，又可以确保安全。而对于有氧运动，如跑步或骑自行车，心率是一个关键的指标，它可以帮助评估和控制运动的强度。心率应控制在130~150次/分钟。这个范围可以确保青少年得到有氧运动的好处，如提高心肺功能和燃烧脂肪，同时也不会过度劳累。每次运动的时间也是一个需要考虑的要素。过长的运动时间可能会导致疲劳和受伤，而过短的运动时间则可能不足以达到预期的效果。建议每次运动时间控制在30~50分钟。这个时间段既可以确保有效的锻炼，又不会导致过度劳累。

（三）青少年运动处方中的运动频率考量

青少年时期，身体、思维和情感都处于飞速的发展和变化中。特别是身体层面，其生理结构与成年人存在差异，这也使得他们的运动需求与成年人不尽相同。青少年的肌肉特点是容易疲劳，但恢复快，这一点在制定运动处方时尤为关键。

运动处方中一个极为重要的元素是运动频率。它不仅决定了一个人进行运动的次数，还与身体的恢复、肌肉增长和心血管健康直接相关。对于青少年来说，由于他们的肌肉容易疲劳，但恢复快，因此在制定运动处方时，应适度增加运动频率，并相应减少单次运动的强度。过高的运动强度可能会对青少年的骨骼和肌肉造成不必要的伤害，而合适的运动频率则可以确保他们得到足够的锻炼，同时充分利用其快速的恢复能力。增加运动频率并不意味着要求青少年进行高强度的锻炼，而是更多地分散到每周的不同日子，使其变得更为均衡和持续。此外，如果运动次数过少，即使进行了运动，但最大摄氧量的指标可能不会明显提高。这意味着虽然青少年在锻炼，但他们可能无法从中获得预期的健康益处。最大摄氧量被广泛认为是评估一个人心血管健康和身体机能的重要指标，它可以反映出身体在最大努力时能够使用氧气的能力。因此，合适的运动频率是确保青少年能够有效提高最大摄氧量，进而提高身体机能的关键。

在制定青少年的运动处方时，应考虑到他们的生活节奏、学业和其他活动。通过为他们提供多种运动选项，并根据他们的喜好和能力调整运动频率，可以确保他们得到充分的锻炼，同时避免过度疲劳和受伤。而且，对于青少年来说，运动不仅仅是为了健康，还是一种社交和休闲的方式。因此，运动处方应鼓励他们参与团队运动和集体活动，这不仅可以帮助他们建立团队合作和沟通能力，还可以提高他们的运动热情和积极性。

（四）注意事项

青少年身体正在成长中，肌肉、骨骼和关节处于发育阶段。在这关键时期，运动虽然能为他们带来诸多益处，如提高心肺功能、增强免疫力、塑造健康体态等，但也存在着一定的风险。为确保青少年在体育锻炼中获得最大的利益并最小化潜在风险，以下是一些必要的注意事项。

1. 充分的准备活动

准备活动是运动的预热阶段，可以有效预防运动伤害。对于青少年而言，由于他们的肌肉和关节还在发展，更需要通过充分的拉伸和温热来准备身体。例如，可以采取轻度的跑步、跳跃、旋转等动作，这样可以逐渐增加心率，为更高强度的运动做好准备。

2.青少年运动处方中的饮食与运动时机

青少年处于生长发育的关键期，对于饮食和运动的时间安排尤为关键。在制定适合青少年的运动处方时，对于饮食和运动的结合尤为重要。餐前饭后运动不但影响消化，还可能导致一些不适，因此，有必要让青少年了解正确的饮食与运动结合方式。

运动和饮食是相辅相成的。对于正在成长中的青少年而言，饮食可以为其提供必要的能量，帮助其恢复体力，促进生长发育。但如果饮食与运动时间选择不当，可能会对其身体造成不必要的伤害。餐前运动时，体内的食物尚未得到充分的消化和吸收，此时进行剧烈的运动可能会对胃肠功能造成影响，导致消化不良或胃肠不适。而饭后立刻进行运动，尤其是剧烈的运动，会因为大量的血液流向运动的肌肉，而导致胃肠的血液供应减少，影响食物的消化和吸收。因此，建议至少有一个小时的间隔后再进行运动。对于完成剧烈运动的青少年，由于运动过程中消耗了大量的能量，体内的糖原减少，可能会出现饿的感觉。但此时的胃肠功能还在恢复中，过早进食会增加胃肠的负担，建议至少间隔半小时再进食。而运动强度越大，建议的进食间隔时间也应该相应地延长。那么，在长时间或强度较大的运动前，如何避免饥饿的感觉呢？此时可以考虑在运动前适量补充一些流食，如果汁、酸奶或是一些容易消化的食物。这样可以为身体提供即时的能量，帮助青少年保持体力，完成运动。

3.加强营养补给

青少年是生理成长与发育的关键时期，尤其在此阶段的运动训练中，对营养的需求和摄入就显得尤为重要。特别是在高强度的训练或比赛后，适当的营养补给能够迅速恢复身体，助力肌肉修复，提高身体的免疫力，还可以预防由于营养缺乏导致的各种健康问题。

运动后的营养补给不仅仅是为了满足基本的饮食需求，更是为了保证身体得到必要的能量和养分来支持恢复和增长。充足优质的营养摄入可以预防运动后的疲劳，减少受伤的风险，并助力身体更好地适应日常的训练负荷。市面上有各种针对青少年运动员的营养补充品，但选择合适的产品十分重要。高蛋白、低糖、富含维生素和矿物质的产品是青少年运动员的首选。此外，根据青少年的运动类型和身体状况，可以考虑添加一些特定的营养补充品，如氨基酸、鱼油或钙片。补给营养不仅仅是吃补充品，更多的是从日常饮食中获取。均衡的膳食摄入，如新鲜蔬菜、水果、全谷物、瘦肉、鱼和低脂奶制品等，可以为身体提供所需的所有营养物质。此外，考虑到青少年的生长速度，加强铁、钙和锌等矿物质的摄入也十分必要。除了营养外，确保足够的睡眠也是青少年身体恢复的关键。高质量的睡眠可以促进肌肉细胞的修复、增长和再生，同时还可以增强免疫系统的功能，使身体更好地抵御各种疾病。良好的睡眠习惯还能够平衡荷尔蒙水平，为第二天的训练或比赛做好准备。促进青少年体质健康的运动处方不仅仅是运动本身，更是一种生活方式的综合体现。在此过程中，合理的营养补给和高质量的睡眠是保证身体健康、高效恢复的关键。为了青少年的长远健康，这些要素都不应被忽视。

4. 运动结束前后的整理活动并不是可有可无的

为何这样强调呢？运动过程中，骨骼肌的血液供应量比较丰富。这是因为在运动时，人体为了满足肌肉对氧和能量的需求，会增加心脏输出和骨骼肌血流量。但如果活动突然停止，肌肉的"唧筒作用"会突然消失。这样，下肢骨骼肌中的血液会难以顺利回流到心脏。由此可能导致一系列问题，如头晕、眼花。这并不是空穴来风的说法，事实上，这种现象在青少年中并不少见。更为严重的是，如果血液回流不畅，可能会导致昏厥，这对于参与运动的青少年无疑是个安全隐患。

那么，如何确保青少年在运动后能够安全、正确地进行整理活动呢？

（1）合理安排活动流程。在活动结束时，教练或教师可以指导学生进行简单的步行或慢跑，使心率逐渐降低，而不是突然停止。

（2）进行恰当的拉伸。完成运动后，进行5—10分钟的全身拉伸可以帮助放松肌肉，促进血液回流。例如，进行腿部、背部、手臂和腰部的轻微拉伸。

（3）倡导平稳呼吸。深呼吸可以帮助放松，平稳呼吸有助于心率和血压的恢复。

在总结时，要明确一个观点：对于青少年来说，运动不仅仅是提高身体素质，更多的是培养健康的生活方式和态度。而保障他们的安全和健康，就需要从每一个细节出发，确保他们在运动中能够得到最大的收益，同时避免可能的风险。

5.避免过多的屏气、高强度运动

在青少年时期，身体发育正处于关键阶段，因此在制定运动处方时，需要非常小心和具有针对性。一方面，适当的运动能促进身体健康、心理平衡和社交能力的发展。另一方面，如果没有正确的指导和考虑，过度的运动或不适当的运动方式可能会导致身体受伤或健康受损。

特别是关于屏气和高强度运动的问题，这两种运动方式都可能对心脏产生额外的负担。屏气，也就是在运动时不正常地呼吸，可能会导致氧气供应不足，从而影响体内的新陈代谢和能量产生。长时间的屏气可能导致氧气饱和度下降，从而影响心脏、大脑和其他重要器官的功能。而高强度运动，特别是在没有充分准备和热身的情况下进行，可能会导致身体受伤。例如，突然的高强度运动可能导致肌肉拉伤、关节扭伤或骨折。同时，过度的运动也可能导致心脏负担增加，长期下来，可能会对心脏健康产生不良影响。对于青少年来说，他们的心脏、肌肉和骨骼系统都还在发育中，因此需要特别注意运动的方式和强度。

三、青少年运动处方的分类

青少年时期，身体处于成长发育的关键阶段，合适的运动处方能够促进体质的全面健康发展。如今，随着运动处方研究的深入和丰富，已有多种分类方法为青少年提供更有针对性的运动建议。根据综合的研究，这些分类方法主要包括按运动目的分类、按构成体质的要素分类，以及按实施运动处方的环境分类。

（一）按运动目的分类

1.体育教学类的运动处方

在青少年健康的促进中，运动处方起到了至关重要的作用。按运动目的进行分类，体育教学类的运动处方在学校体育教学中被广泛应用。

体育教学类的运动处方关乎学生的全面发展。针对学生的生理特点和心理状态进行科学设计，以确保运动安全且有效。同时，场地、器材和地理环境也是制定处方时需要综合考虑的重要因素。例如，高海拔地区的学生因应对缺氧环境的适应而产生的生理变化，与平原地区的学生相比，其体能训练和锻炼强度应有所调整。为了确保教学质量和学生的身体健康，还需要定期对学生进行各项身体测试，包括形态、机能、身体素质和健康状况。这些测试结果是制定运动处方的重要依据。例如，对于那些身体素质相对较差的学生，可以制定一些轻度但长时间的有氧运动；而对于那些身体素质相对较好的学生，则可以安排一些高强度的短时间运动。这样，不仅能够确保每个学生都能够得到适量的锻炼，还能够根据每个学生的特点来提高运动的效果。但是，单纯的身体锻炼并不是体育教学的唯一目的。更重要的是，要激发学生的运动兴趣，使他们在运动中找到乐趣。因此，运动的活泼性和趣味性是制定运动处方时必须考虑的因素。例如，可以通过组织一些团队竞技类的活动，如篮球、足球、排球等，来增强学生的团队合作意识和竞技意识；也可以通过组织一些趣味性强的活动，如跳绳、乒乓球、羽毛球等，来增强学生的运动兴趣。

在运动过程中，还需要注意学生的运动安全。避免因为运动过度或不当而导致的身体受伤。为此，每次运动前，都应该进行充分的热身活动；每次运动后，也应该进行适量的拉伸活动，以减少运动带来的身体负担。体育教学类的运动处方不仅要考虑学生的身体健康和运动效果，还要考虑如何激发学生的运动兴趣，使他们在运动中得到真正的乐趣。这样，才能真正达到体育教学的目的，也才能真正促进青少年的体质健康。

2.竞技训练类运动处方

青少年时期是身体和技能发展的关键阶段。在这个阶段，有运动特长或天赋的青少年可以通过专门的运动处方来提高自己的运动技能水平。这种特别设计的运动处方，称为竞技训练类运动处方，是为了满足他们独特的训练需求。

为了确保青少年能够达到最佳的运动状态，这些运动处方往往根据他们的专业领域或特长来制定。例如，对于跑步者或长距离运动员，耐力性运动处方可能是最合适的，因为它强调的是增加心肺功能和持久力。而对于短距离跑步者或者那些需要快速响应的运动员，速度性运动处方可能更加适合，因为它注重提高爆发力和速度。除了考虑到青少年的专项技能，这些运动处方还会考虑训练的周期性。这种分期的方法，如大周期训练处方、训练周处方和训练课处方，是为了确保青少年在训练过程中得到适当的休息，避免过度训练，并确保他们在关键时刻达到最佳状态。例如，大周期训练处方可能会覆盖整个赛季或年度，而训练周处方和训练课处方则更加具体，关注于每一天或每一次训练的目标。另一方面，灵敏协调性运动处方是为那些需要高度协调性和技巧的运动员设计的，例如体操运动员、舞蹈者或武术选手。这类处方强调的是身体各部分的协同工作，确保运动员能够灵活地完成复杂的动作。然而，制定这些运动处方时，也要考虑到青少年的身体发育状况。由于他们的身体仍在发育中，某些高强度或高难度的训练可能并不适合他们。因此，专业教练和医生在设计运动处方时，必须确保这些训练不会对青少年的身体造成伤害。

3. 健身类运动处方

在新时代大背景下，面对全新的发展挑战，不仅成年人，青少年群体也面临着巨大的压力。特别是在教育竞争日益激烈的环境中，许多青少年处于学业重负的压迫之下。为此，为青少年制定合适的运动处方是促进其身心健康发展的关键。健身类运动处方在其中占据了重要地位。对于大多数青少年而言，运动的核心目标是在忙碌的学业之余，根据自己的兴趣和爱好，进行有针对性的体育锻炼，旨在增强体质、放松心情和充实日常生活。这种类型的运动处方不仅满足了他们锻炼身体的需求，还为他们提供了放松和愉悦的机会。

在高速发展的当下，随着生活节奏的加快，学业和课外活动的需求也随之增加，许多青少年感到生活和学习的压力。因此，健身类运动处方可以作为缓解压力的有效手段。运动能够促进身体内的多种生化反应，如释放内啡肽，这是一种能够引起愉悦感的化学物质，对于调节情绪和减轻压力有很好的效果。有针对性的运动处方能够确保青少年在忙碌的学业中仍有时间进行体育锻炼。通过有规律、有组织的锻炼，不仅可以增强身体的抵抗力，还可以提高学习效率，帮助青少年更好地应对日常生活中的挑战。除了身体健康，健身类运动处方还对青少年的心理健康产生积极的影响。运动可以作为一个有效的心理调节工具，帮助青少年放松心情，增强心理韧性。对于许多青少年来说，找到一个能够从繁重的学业中抽离出来，进行身体锻炼和心灵放松的方式，无疑是十分宝贵的。

4. 康复类运动处方

青少年时期是生命中的一个关键时期，身体发育迅速，各个系统功能逐渐成熟。但同时，这也是一个相对脆弱的时期，容易受到外部环境和内部生理因素的影响。为此，专门为青少年设计的运动处方应当充分考虑这一特点，确保运动方式能够满足他们身体发育的需求。康复类运动处方是为那些患有慢性疾病或身体残疾的青少年设计的。针对不同的身体问题，需要制定不同的运动计划，以确保最大效果。

（1）改善心血管系统的运动处方。心血管疾病不仅是成年人的问题。随着现代生活方式的变化，越来越多的青少年受到这些疾病的困扰。不规律的作息、不均衡的饮食习惯和长时间的久坐状态都可能增加心血管疾病的风险。为此，特定的康复运动处方成为一种关键的干预手段。运动是改善心血管健康的一种天然方法。适当的锻炼可以增强心脏的泵血功能，提高血液循环，降低血压，以及增强血管的弹性。对于患有高血压的青少年，定期的有氧运动，如散步、慢跑、游泳和骑自行车，都是非常有效的。

（2）呼吸系统运动处方。在青少年的成长过程中，身体各系统的功能发展至关重要。特别是呼吸系统，作为为全身提供氧气的重要系统，它的健康与否直接影响到青少年的生长发育和日常活动。当青少年遭遇呼吸系统的疾病时，除了药物治疗外，康复类运动处方也成了辅助恢复的重要方法。

康复类运动处方中的呼吸系统运动处方，主要目标是改善和提高呼吸系统功能。这种运动处方可以有效地辅助治疗和康复各种呼吸系统的疾病，如哮喘、肺结核和气管炎。这类运动处方往往着重于深呼吸练习、膨胀肺活量的训练和提高肺部肌肉的耐力。呼吸练习是呼吸系统运动处方的基础。通过深入、规律的呼吸，可以增加肺活量，帮助清除肺部的分泌物，促进气体交换。这对于哮喘患者来说尤为重要，因为它能够帮助缓解呼吸道的炎症和痉挛，减少喘息发作的次数。对于肺结核或气管炎患者，规律的呼吸练习可以增强肺部的通气功能，提高肺的清洁能力，从而减少病原微生物在呼吸道内的滞留时间。这不仅可以减少病情的加重，还可以加快康复的速度。除了呼吸练习外，呼吸系统运动处方还应该包括肺部肌肉的锻炼。肺部肌肉，特别是横膈膜和肋间肌，是呼吸活动的主要执行者。通过增强这些肌肉的耐力和力量，可以有效地提高呼吸的深度和规律性，减少呼吸困难的出现。在实施呼吸系统运动处方时，应根据青少年的具体病情和体能进行个体化的设计。对于初次进行此类运动的青少年，建议从低强度、短时间的呼吸练习开始，逐渐增加练习的难度和时间。

（3）神经系统的运动处方。在青春期，青少年面临着身体、心理、情感和社会的迅速变化。这是一个充满挑战和压力的时期，特别是在学业、人际关系和自我认知方面。因此，有必要采用一种综合方法，以确保青少年的整体健康和福祉。

神经系统的运动处方关注于提高大脑功能、增强注意力、减少压力和焦虑以及改善情绪状态。青少年在面对日常生活中的压力和挑战时，神经系统经常受到刺激。缺乏足够的休息、不规律的饮食习惯和过度的精神压力都可能导致神经功能受损。因此，神经系统的运动处方不仅关注于提高身体健康，还关注于提高心理和情感健康。睡眠问题和神经衰弱是青少年中普遍存在的问题。规律的身体活动能够改善睡眠质量，减少入睡时间，并增加深度睡眠的时间。此外，运动也能够刺激大脑释放内啡肽，这是一种自然的镇痛剂，能够减少疼痛和不适。此外，神经系统的运动处方还注重提高注意力和集中力。在学习和工作中，注意力和集中力是成功的关键。通过规律的身体活动，青少年可以提高其认知功能，更好地处理信息，并提高其学业成绩。神经系统的运动处方还关注于提高情绪状态。情绪压力和焦虑是青少年中常见的问题，这些问题往往与日常生活中的挑战和压力有关。通过运动，青少年可以释放这些负面情绪，找到一个健康的出口，并在此过程中，提高其情绪状态。

（4）消化系统运动处方。对于消化系统运动处方，目标是改善和提高消化系统功能。青少年可能因为饮食不当、作息不规律或是学习压力过大出现消化不良的状况。适当的运动，如平缓的腹部呼吸、轻度的腹部按摩和缓慢的有氧锻炼，都能够刺激胃肠道蠕动，帮助食物更好地消化和吸收，进而达到预防和治疗消化系统疾病的目的。

（5）运动系统的运动处方。对于运动系统的运动处方，这一类更偏向于解决青少年由于长时间坐着学习或不良的坐姿导致的一系列问题。

颈椎病和肩周炎在青少年中逐渐变得普遍。治疗颈椎病的运动处方可能会包括颈部的轻度旋转、前后倾斜以及左右倾斜。而治疗肩周炎的运动处方则可能涉及肩部的圈转、臂部的伸展和挥动等。

（二）按构成体质的要素分类

在青少年时期，体质健康是一个极为重要的议题，因为这一时期的身体发育决定了未来的健康状况。运动处方的分类是一种科学地指导青少年进行运动的方法，其中按构成体质的要素分类是一个十分实用的分类方法。

1. 增强身体机能的运动处方

增强身体机能的运动处方集中于提高身体的生理功能，也就是增强人体及其系统、器官的生命活动现象。这种处方的重点是通过具体的运动来优化特定的身体系统或器官的功能。考虑到增强心血管功能的运动处方，这一类型的运动如中低强度的有氧运动，例如慢跑、快走和游泳，可以有效地促进心血管循环，增加心肌的耐力和力量。随着时间的推移，这样的活动能够提高心血管系统的效率，降低心脏病和高血压的风险。同样，增强肺功能的运动处方如呼吸练习和游泳，可以增强肺部的肌肉，提高氧气吸收率，并增加肺活量。这些运动不仅可以提高日常的呼吸效率，还可以预防呼吸系统的疾病，如哮喘和慢性阻塞性肺疾病。而对于改善消化功能的运动处方，有些练习如瑜伽和太极，特别是其中涉及腹部的动作，可以刺激消化系统，帮助食物更好地消化和吸收。此外，定期的体育锻炼也可以促进肠胃蠕动，预防便秘。

2. 增强身体素质的运动处方

在青少年的身体发育期，适当的运动处方可以在多个方面帮助他们。针对青少年不同的机能能力，如力量、速度、耐力、灵敏性及柔韧性，可以制定出各种运动处方。这些处方不仅帮助青少年增强相应的身体素质，还有助于他们建立良好的体育习惯，提高身体健康水平。

　　增强力量素质的运动处方重点在于帮助青少年增加肌肉力量和骨骼的强度。在这一阶段，适当的重量训练、深蹲、俯卧撑等基础力量训练可以帮助他们建立基础力量。但也要注意保证训练的安全性，避免过度训练。增强速度素质的运动处方则更注重提高青少年的爆发力和快速反应能力。短距离冲刺、跳跃和方向变换的训练都可以帮助他们提高速度。同时，适当的技巧指导也可以确保他们在提高速度的同时，能够做到动作标准，降低受伤风险。增强耐力素质的运动处方着眼于帮助青少年提高心肺功能和长时间运动的能力。中长距离的跑步、游泳或长时间的团队运动都是很好的选择。在增强耐力的过程中，也要注重呼吸方法和恢复策略，确保青少年可以在安全的情况下持续地提高。增强灵敏性素质的运动处方主要关注提高青少年的反应速度和协调性。通过篮球、羽毛球、乒乓球等需要快速反应的运动，可以帮助他们提高对外部刺激的快速反应能力。同时，各种平衡训练和灵活性训练也可以提高他们的身体协调性。

　　总的来说，为了帮助青少年建立全面的身体素质，各种运动处方都应该得到充分的重视。在制定运动处方时，除了考虑到青少年的具体需求，还应确保运动的安全性，避免因过度训练或不当的训练方法导致受伤。同时，结合饮食和休息策略，确保青少年在运动中获得最大的健康收益。

　　3.调节心理状态的运动处方

　　健康的心理状态对生活中的多个方面都产生积极影响，包括人际交往、学术表现以及日常工作。反之，心理健康问题可能导致学习困难、沟通障碍以及其他一系列生活问题。鉴于此，如何通过运动来调节和维护心理健康，成为许多研究者和专家所关注的问题。

　　增进健康情感的运动处方可以帮助青少年处理与管理日常生活中的压力和情感困扰。例如，有节奏的呼吸运动、冥想、瑜伽等，都可以帮助调节情绪，达到身心平衡的效果。此外，团体运动如篮球、排球和足球，不仅可以锻炼身体，更能够通过团队合作培养团结协作的情感，减少孤独和排斥的感觉。培养意志品质的运动处方，例如长跑、游泳或其他需要持久耐力的运动，能够帮助青少年塑造坚韧不拔的性格。在这些运动中，面对身体的疲惫和挑战，锻炼了意志的坚定和不放弃的精神。随着时间的推移，这种意志力不仅会在运动中体现，更会在生活中的各个方面展现出来，如学业、工作以及应对困难。

此外，运动不仅能调节情绪，还可以提高自信心。当一个人完成了一次挑战或者取得了一次胜利，都会感受到自己的价值和能力，从而对自己更有信心。这种自信心对于青少年来说尤为重要，因为它可以帮助他们更好地面对生活中的困难和挑战。运动，作为一种健康的生活方式，对身体和心理的双重效益不容忽视。调节心理状态的运动处方，针对青少年的特点和需求，为他们提供了一个健康、积极的方法来处理和应对生活中的问题。结合运动与心理的双重效益，将为青少年提供一个全面、健康的成长环境。

4. 提高适应能力的运动处方

按构成体质的要素分类，提高适应能力的运动处方是一个颇为重要的方面。人们常说，锻炼是人体的一种需求，但更准确地说，锻炼是为了增强人体的适应能力。当人们处于不断变化的环境中，身体需要做出各种调整来适应这些变化。这些调整可能是温度、湿度、海拔、精神压力等众多因素的综合影响。而适应能力强的人往往更能够轻松应对这些挑战，更少生病，心态也更加乐观。运动处方在这里的作用，就是通过科学、有针对性的锻炼，提高青少年对环境变化的适应能力。如何做到这一点呢？环境模拟是一个有效的方法。例如，通过温度调节的室内健身房模拟高温和低温环境，让青少年在这种环境下进行有氧或无氧锻炼，可以帮助他们逐渐适应极端气候。通过这种方法，当青少年真正面对这些环境时，他们的身体已经有了应对的经验。

另外，心理应激训练也是提高适应能力的有效方式。在安全的环境中，制造一些竞赛和挑战，比如团队竞技、障碍赛等，可以增强青少年的应对压力和挑战的能力。针对特定的身体系统进行锻炼也是提高适应能力的关键。例如，通过特定的呼吸练习来增强肺部功能，可以帮助青少年更好地适应高海拔地区。还可以结合不同的运动形式，如瑜伽、太极、跑步、游泳等，可以帮助青少年在不同的环境和情境下找到最佳的适应策略。在提高适应能力的过程中，监控和反馈也很关键。对青少年的体征、心率、血压等进行定期检测，可以确保运动处方的安全性和有效性。

5. 改善身体形态的运动处方

青春期是身体发育的黄金时期，而正确的运动对青少年的身体发育起到积极的推动作用。根据体质的要素，可以对运动处方进行分类，为不同需求的青少年提供相应的指导。改善身体形态的运动处方是其中的一个重要类别。青少年时期，身高、体重、腰围、臀围等指标的变化速度很快。因此，制定针对性的运动处方，可以帮助他们更好地调节身体机能和形态。

身高是大多数青少年和他们的家长都关心的指标。通过增加身高的运动处方，例如体操、篮球、排球等运动，可以刺激骨骼生长，帮助青少年达到理想的身高。这些运动除了能够锻炼到大部分肌肉群外，更重要的是能够通过跳跃、拉伸等动作刺激生长激素的分泌。控制体重是另一个关键领域。青少年时期，由于生长和发育的需要，身体对营养的需求较大。但是，过多的摄入和缺乏锻炼可能会导致体重增加。通过控制体重的运动处方，如游泳、跑步、舞蹈等有氧运动，可以帮助青少年保持适中的体重，避免肥胖或营养不良。改善胸围和腿部形态的运动处方也很重要。这些处方通常包括针对特定部位的力量训练和有氧运动。例如，通过做哑铃飞鸟、俯卧撑等锻炼，可以加强胸部肌肉，从而改善胸围；而深蹲、腿举等锻炼则有助于塑造美丽的腿形。对于腰围和臀围，选择如瑜伽、普拉提或特定的舞蹈类运动处方可以帮助调整和塑造这些部位的线条。这类运动可以帮助加强核心肌群，使腰部更加纤细，臀部更加紧致。为青少年制定合适的运动处方是十分必要的。不同的处方可以满足他们在身体形态上的不同需求，帮助他们建立良好的锻炼习惯，提高健康水平，从而为今后的生活打下坚实的基础。

（三）按实施运动处方的环境分类

1. 学校健身运动处方

青少年时期是生长发育的关键时期，对运动需求的满足和正确引导至关重要。在制定针对青少年的运动处方时，环境的选择在很大程度上影响了运动的质量与效果。学校健身运动处方可按场地大致分为室内和户外两大场景。

学校健身运动处方的室内部分主要基于学校内部提供的空间和设备。这些室内空间，如健身房、体操房或多功能运动室，通常配备了各种健身器材和设备。这里的运动处方可以包括固定设备的使用，如跑步机、自行车、划船机或自由重量。此外，还可能包括不需要设备的身体锻炼，如瑜伽、普拉提和体能训练。这种运动处方设计为满足学生在课间或体育课程中的活动需求，同时也为那些希望在学校环境中进行健身锻炼的学生提供了便利。而学校的户外场地，如操场、篮球场、足球场和跑道等，为青少年提供了更为开放和自然的运动环境。在这里，学生可以进行各种团队运动，如足球、篮球、排球和田径项目等。户外运动处方也可能包括如太极、户外瑜伽和集体操等的有组织的集体活动，这些活动在自然光线和新鲜空气中进行，为学生提供了一个与大自然亲近的健身体验。此外，校园的绿地和小径也为步行、跑步和自行车等有氧锻炼提供了理想的场所。

每种运动场地都有其独特的优势。室内运动处方常常更为结构化和有组织，可以根据特定的健身目标进行量身定制，如肌肉增强、柔韧性提高或心肺功能训练。而户外运动处方通常更为开放和灵活，强调的是团队合作、运动乐趣和与自然的互动。在设计学校健身运动处方时，需要考虑到学生的年龄、健康状况、兴趣和技能水平。同时，为了确保运动的安全性和有效性，还需在教练和教师的指导下进行。无论是室内还是户外，目标都是为学生提供一个全面、平衡和有趣的运动体验，促进他们的身体健康和全面发展。

2. 健身房健身运动处方

健身房作为一个专门的体育锻炼场所，为青少年提供了一个专业、系统和多样化的运动环境。根据健身房的条件和设备，制定相应的运动处方是关键。针对不同的健身目标和需要，健身房运动处方可细分为以下几种：

（1）徒手运动。这类运动无需使用任何器械或设备，完全依靠身体自身的重量进行锻炼。常见的徒手运动有俯卧撑、蹲起、跳跃、仰卧起坐等。这类运动有助于增强身体的核心力量、提高身体协调性和柔韧性，对于初入健身房的青少年来说，徒手运动是一个很好的开始。

（2）器械运动。器械运动需要使用健身房的各种器械和设备。这类运动可以针对性地锻炼身体的特定部位，如哑铃举、杠铃深蹲、椭圆机、跑步机等。不同的器械针对的锻炼效果各有不同，可以根据青少年的个人需要和体质特点来选择合适的器械进行锻炼。

（3）操课运动。这是健身房中的团体课程，通常由专业的健身教练带领，有固定的时间和流程。常见的操课有瑜伽、普拉提、有氧舞蹈、击剑操等。每种操课都有其独特的锻炼方式和目的，能够帮助青少年在轻松愉悦的环境中进行锻炼，同时还能培养团队协作精神和社交能力。

在制定健身房健身运动处方时，需要综合考虑青少年的身体状况、健身目标、个人兴趣和健身房的实际条件。不同的青少年可能有不同的需求和目标，例如，有的希望增加肌肉量和力量，有的希望提高心肺功能，有的希望塑造完美的身材，有的仅仅是为了放松和减压。因此，运动处方应当因人而异，针对性地为每个青少年制定最合适的运动计划。另外，安全始终是健身的第一原则。无论选择哪种运动，都应确保青少年在专业指导下进行，避免受伤和过度锻炼的风险。此外，随着青少年的身体状况和健身需求的变化，运动处方也应当随时进行调整，确保其科学性和实效性。

3.家庭健康运动处方

在现代社会，家庭健身运动处方正逐渐受到广大家庭的欢迎。由于多种原因，如城市空间狭小、公共健身场所拥挤或高昂的健身费用，家庭健身成了一个理想的选择。特别是对于青少年，家庭健身处方不仅提供了一个安全、舒适的锻炼环境，还满足了他们与家人互动的需求。

家庭健身处方的独特之处在于其灵活性和多样性。由于是在家中进行，这类运动处方可以根据家中的实际环境、家庭成员的身体状况以及青少年的兴趣和需求进行定制。家中的简单工具，如椅子、楼梯、垫子甚至水瓶，都可以转化为健身器材，创造出无数种锻炼方式。对于青少年来说，家庭健身运动处方的一个显著优势是其社交属性。与家人一同进行健身活动不仅有助于培养团队合作精神，还可以强化家庭成员之间的联系。例如，家人可以一同参与瑜伽、普拉提、跳舞或任何其他合适的团体活动。这不仅促进了身体健康，还加深了家人之间的感情。同时，家庭健身处方还为青少年节省了大量时间。通常，外出健身需要额外的通勤时间，而家庭健身允许青少年在任何合适的时间开始锻炼，无需额外的时间准备。这使得青少年更容易坚持下去，形成稳定的锻炼习惯。另外，家庭健身处方还为家庭提供了经济效益。与在外部健身中心或购买昂贵的健身器材相比，家庭健身通常成本较低。只需要一些简单的工具或器械，甚至无需任何额外的购买，家庭成员就可以开始锻炼。

第三节　促进青少年体质健康运动处方的具体实施

一、青少年健美的运动处方

身体的诸多肌群，包括肩部、臂部、胸部、背部、腰腹部、臀部和腿部，通常被称为"美肌"。这些肌群，当得到合适的锻炼，能够展现出人体的挺拔和健美形态。良好的锻炼不仅能强化这些"美肌"，还能增强人体的整体线条和协调性。健美运动处方并不是固定不变的，它需要随着锻炼者的身体变化而不断调整和变换。为此，青少年在开始时可以根据自身的薄弱部位选择相应的练习方式。例如，若某个青少年的腿部相对较弱，那么他可以从针对腿部的特定练习开始，逐渐过渡到全身的综合锻炼。此策略有助于在锻炼初期就取得显著的成果，并为后续的全身练习打下坚实的基础。一旦局部的肌肉开始显现出明显的锻炼效果，组合动作练习便应当成为主要的锻炼方式。这类练习能够确保身体的各个部位得到均衡的锻炼，从而塑造出和谐的体态。同时，不宜频繁地更换练习方法。保持一定的动作、次数和组数稳定至少两周是推荐的做法，之后根据实际效果进行适当的调整。具体到肌肉的锻炼部位，如颈部、背部、胸部、腿部和腹部，每周应当进行至少两次的锻炼。这样的频率既能确保肌肉得到足够的刺激，又可以防止过度锻炼导致的伤害。值得注意的是，每次锻炼后，必要的休息和恢复是至关重要的。肌肉在休息期间得以修复和增长，从而达到健美的效果。

（一）颈部健美

颈部，作为身体的关键结构，连接头部和躯干，不仅支撑着头部的重量，还起到了关键的转动和移动功能。对于青少年来说，随着他们的成长和发展，颈部肌肉的强度和柔韧性都显得尤为重要。特别是在现代社会，许多青少年长时间低头使用手机或电脑，导致颈部压力增加，出现颈部疲劳或疼痛的情况。

1.仰卧颈屈伸

仰卧颈屈伸，是一种专门针对颈部肌肉进行锻炼的方法，可以增强颈部肌肉的力量和耐受性，预防各种颈部问题。此练习通过让头部自由移动，加强了颈部肌肉的使用，从而提高肌肉的弹性和力量。在进行此项练习时，仰卧的姿势有助于身体的放松和稳定，确保练习的准确性和安全性。当头部后仰时，颈部的肌肉被逐渐拉伸，这不仅可以帮助放松肌肉，还能提高肌肉的柔韧性。当头部移向前上方并与下颌接触时，颈部的肌肉会收缩，这样可以加强肌肉的力量。而在整个动作过程中，背部紧贴床面可以确保躯干的稳定，减少因不稳定导致的伤害风险。

进行仰卧颈屈伸时，动作的速度和节奏是关键。缓慢地进行每一个动作，不仅可以确保动作的准确性，还可以更好地锻炼肌肉，使其在受到持续的拉伸和收缩压力下增长。而且，避免在还原时突然松开颈部，是为了确保颈部肌肉不会受到突然的拉伸，减少受伤的风险。此外，每周 2 到 3 次的练习频率，每次 3 到 5 组，每组重复 10 到 15 次，这样的练习量不仅可以确保颈部肌肉得到适当的锻炼，还可以避免过度训练导致的疲劳或伤害。

2. 耸肩运动

耸肩运动的核心是锻炼颈部和肩膀的肌肉，特别是上斜方肌。这一练习方法简单但效果显著，适合青少年在家庭、学校或其他场所进行。此外，考虑到青少年身体的特殊性，采用哑铃或其他适当的重物可以确保锻炼的安全性和有效性。在进行耸肩运动时，姿势的正确性至关重要。直立姿势保证了身体的稳定性，同时确保力量集中在肩部和颈部，避免了不必要的伤害。而两臂直握哑铃，可以增加锻炼的难度，使得肌肉得到更好的锻炼。

此外，每次练习的次数和频率也需要合理控制。每周 3~5 次的练习频率确保了肌肉得到适当的休息和恢复，同时也为下一次的锻炼积累了能量。每次 3 组，每组 12~16 次的锻炼量则确保了锻炼的强度和时间在合适的范围内。颈部健美不仅是为了美观，更是为了健康。颈部周围的肌肉在日常生活中起到了承重和支撑的作用，而耸肩运动则是一个简单且高效的锻炼方法。对于青少年来说，定期进行耸肩运动，不仅可以锻炼颈部肌肉，提高颈部力量，还可以促进颈部血液循环，预防颈部疾病。

（二）肩部健美

三角肌和斜方肌是肩部的主要肌群。三角肌位于肩膀的外侧，形状像一个三角形，负责提升上臂。而斜方肌则位于背部，从颈部一直延伸到中背，主要参与肩胛骨的移动。为了达到肩部健美的目标，这两组肌肉的全面发展是至关重要的。

1. 举哑铃

举哑铃是一种非常有效的肩部锻炼方法。这种锻炼的目标是增加肩部的力量和耐力，同时提高关节的灵活性。在进行举哑铃练习时，姿势的正确性是关键。站立时，两脚应与肩同宽，双手持哑铃。在进行垂直向上举或侧平举时，手臂应该保持直线，避免用身体的摇摆来帮助提高哑铃，以确保肩部肌肉得到充分的锻炼。练习频率和强度也是关键因素。建议每周进行 3 到 5 次练习，每次分为 5 组，每组进行 15 到 20 次举哑铃的动作。这样的练习量可以确保肩部肌肉得到充分的锻炼，同时避免过度疲劳。随着练习时间的延长，增加练习次数可以帮助持续提高肩部的力量和耐力。

随着时间的推移，只依靠单一的重量和次数可能不再产生效果。为了继续刺激肌肉的增长，建议逐渐增加哑铃的重量，或增加每组的次数。但在增加负荷之前，要确保每次都能完成已有的重量和次数，并始终保持正确的技巧。此外，肩部健美不仅限于举哑铃。结合其他肩部训练方法，如引体向上、俯身侧平举或哑铃推举等，可以帮助达到更全面的锻炼效果。而且，多样化的训练可以刺激肌肉从不同的角度成长，这对于肌肉的全面发展非常有益。

2. 哑铃绕环

肩部健美作为健美锻炼的一部分，是塑造健硕上半身的关键。肩部的线条和结实度，很大程度上决定了上半身的外观。而哑铃绕环正是一个既简单又实用的锻炼肩部的方法。

身体直立，双手持哑铃进行哑铃绕环，不仅能够锻炼到肩部，还可以帮助改善背部和上臂的线条。透过直臂大回环动作，可以有效地拉伸和锻炼肩部的肌肉。双手由前向后和由后向前的动作，能够全面地锻炼肩部的各个部位，使肩部肌肉得到均衡的发展。哑铃绕环的效果并不是立竿见影的。需要持续、规律的练习，才能逐渐看到效果。每周三次的练习频率，确保了肌肉得到了足够的刺激和休息，是一个合理的训练计划。而每次五组的训练量，也为达到锻炼效果提供了保障。随着臂力的增加，增加绕环的次数是很有必要的。这样可以确保肌肉始终处于被刺激的状态，不断地得到锻炼和进步。而且，随着锻炼的深入，青少年会更加明白自己的身体状况，知道在哪些方面需要加强，哪些方面已经有了进步。除了对肩部肌肉的锻炼，哑铃绕环还有助于提高身体的协调性和平衡感。特别是右手由前向后、左手由后向前的同时绕环，更是对身体的一个挑战。但只要经过一段时间的练习，青少年就能够逐渐掌握这个技巧，感受到身体的进步和变化。

（三）胸部健美

胸部健美主要侧重于胸大肌、三角肌前部和肱三头肌的发展。这三组肌肉是胸部造型的主要参与者，它们的良好发展不仅能够提供坚实的胸部轮廓，还能在日常生活中提供所需的力量，如举重、推拉等。

1. 仰卧推举

仰卧推举作为一种常见而有效的锻炼方式，已被广泛应用于胸部健美训练中。该动作可以有效地刺激胸大肌，特别是在下放和上推杠铃的过程中，肌肉得到了充分的伸展和收缩。正如练习方法所描述，执行这一动作时，稳定性和控制性非常关键。每一个动作都应该是缓慢、平稳的，尤其在杠铃下降至胸部的过程中，要确保动作的控制性，避免快速下放导致的伤害。此外，定期性的练习对于胸部健美也是非常关键的。每周至少练习两次，可以确保肌肉得到适当的刺激，从而实现增长。同时，每次的练习组数和次数也要适度，3~5组，每组8~12次，可以确保肌肉得到足够的锻炼，而不会过度劳累。

2. 仰卧飞鸟

仰卧飞鸟是一种利用哑铃进行的胸部锻炼，旨在增加胸大肌的厚度和宽度。这个动作的核心在于两臂的打开和收回，过程中大部分压力集中在胸部，使胸大肌得到有效的刺激和锻炼。此外，该动作的完成还需要依赖于腹部和上背部的稳定力，从而锻炼到身体的多个部位。

在进行仰卧飞鸟锻炼时，正确的姿势和技巧尤为关键。当两臂缓缓向侧下分开时，胸部需高高挺起，这可以确保胸大肌得到最大的拉伸。同时，为了防止背部受伤，腰部需离开凳子，只有肩背部和臀部接触凳子。这样的姿势不仅能够保护腰部，还能够更好地锻炼到胸部。另外，在进行此动作时，呼吸的方式也十分重要。当两臂内收时吸气，伸直时呼气。这种呼吸方法可以确保在锻炼过程中，身体得到足够的氧气供应，从而提高锻炼效果。

但值得注意的是，任何锻炼都需要适量。对于青少年而言，过度的锻炼可能会对骨骼和肌肉造成损伤。因此，每周进行2到3次仰卧飞鸟锻炼就足够了。每次3到4组，每组10到15次是一个合适的范围。这样既可以确保胸部得到有效锻炼，又不会过度疲劳。此外，为了避免运动损伤，每个动作都应该缓慢而稳定地完成，特别是在放下哑铃和提起的过程中。同时，选择合适的重量也是关键，过重的哑铃可能会导致伤害，而过轻则不足以刺激肌肉增长。

（四）背部健美

背部，作为身体的主要支撑部分，扮演着不可或缺的角色。对于青少年来说，强健的背部不仅有助于日常活动，还对体态的形成、维持起到关键作用。因此，背部健美运动在青少年体质健康运动处方中占据了重要地位。

1. 引体向上

引体向上是一项历史悠久、普遍受欢迎的体操活动。这项运动主要目的在于锻炼背阔肌、三角肌后部和斜方肌。通过不断的挑战与突破，不仅可以增强背部的肌肉力量，还有助于提高身体的耐力和稳定性。

正握杠时，注意手的位置和握力，确保动作的标准性。两臂和身体的充分舒展为接下来的动作做好准备。随后，平稳用力将身体拉引向上，挑战自己的极限。身体拉引得越高，对背部肌肉的锻炼效果就越好。逐渐增加练习次数，是为了让身体逐步适应并从中获得更多收益。每周练习两次，每次分为三组，每组进行 5 至 20 次，这样的频率和强度有利于背部肌肉的逐渐增强。对于青少年来说，引体向上的动作要确保技术的正确性，以防止受伤。不推荐使用过多的外部辅助或增重，应该依赖自身的体重来完成动作。此外，为了达到最佳效果，可以结合其他背部锻炼方法，如哑铃划船、硬拉等，以全方位、多角度地锻炼背部。

2. 俯卧两头起

俯卧两头起是背部健美的经典动作之一，被广大健身爱好者广泛采用。这种动作主要锻炼的是上背、下背和腹部的肌肉。正确的做法是在床或垫子上俯卧，两臂向上伸直，同时发力抬头挺胸，两腿也伸直并用力后伸，使身体形成弓形。这个姿势能有效拉伸背部，使背部肌肉得到充分的锻炼。然后，缓缓还原到俯卧的姿势，并反复进行此动作。

进行俯卧两头起时，确保腰背肌发力是关键。为了获得最佳效果，进行时应当确保背部肌肉得到充分的锻炼，而不是仅仅依靠颈部或腰部的力量来完成。此外，动作的流畅性和节奏也很重要。不要为了完成次数而忽视动作的标准，要确保每一次的起伏都是在背部肌肉的控制下完成的。对于初学者，可能会觉得这个动作有些困难，因为需要背部和腹部同时发力。但随着时间的推移和训练的深入，身体会逐渐适应，动作也会变得越来越流畅。而且，定期进行俯卧两头起不仅能增强背部肌肉的力量和耐力，还能提高脊柱的柔韧性，减少因长时间坐姿不良而引起的背痛。

此外，俯卧两头起还能锻炼到腹部的肌肉。当身体形成弓形时，腹部肌肉也在发力，这不仅可以增强腹部肌肉，还能够塑造紧实的腹部线条。而且，这个动作不需要任何器材，只需一块垫子，所以非常适合在家中进行。

（五）臂部健美

对于青少年来说，通过锻炼臂部的肌肉，如三角肌、肱二头肌、肱三头肌和肱肌，可以达到健美的效果。

1. 直体双臂胸前弯举

直体双臂胸前弯举是锻炼上臂肌肉的经典动作，尤其对于肱二头肌的锻炼效果尤为明显。此运动主要的原理是通过持续的屈臂和伸臂，使肱二头肌经历收缩和舒展的过程，从而达到锻炼和增强肌肉的目的。进行此项运动时，动作的规范性至关重要。身体需保持直立，两臂持杠铃下垂，握距与肩宽相同。屈臂时将杠铃弯举至胸前，并确保在做此动作时，两臂始终保持伸直。身体需要维持稳定的状态，避免因为动作的影响而产生不必要的前后摆动。呼吸也是此动作的一个关键部分，用力前吸气，放下时呼气，可以帮助执行者更好地控制动作，减少伤害的风险。

为了达到最佳的锻炼效果，此动作的频率和次数也需得到充分的关注。建议每周进行 3 次，每次 5 组，每组进行 10~30 次。根据执行者的身体状况和耐受能力，可以适当调整锻炼的强度和次数。不仅如此，此动作的效果还会受到执行者的身体状态、锻炼环境和其他因素的影响。因此，建议在进行此动作前，对执行者的身体状况进行全面的评估，并选择一个适当的锻炼环境。

2. 小臂肌肉健美法

小臂肌肉健美法不仅增强小臂的力量，还为整体身材带来平衡和和谐。站立，两臂自然下垂的姿势是开始锻炼的基础。这种姿势确保身体的其他部分不受影响，将所有的注意力和力量都集中在小臂上。屈小臂使其与大臂成直角的动作可以有效地锻炼小臂的肌肉，而掌心向下、五指张开的姿势则增加了挑战性。最后，用力握拳是锻炼小臂肌肉的关键步骤。这一连串的动作不仅锻炼了小臂的力量，还提高了其灵活性和协调性。

反复做 25~30 次的建议是基于青少年肌肉的耐力和恢复能力。这个数字不是随意选定的，而是通过实践证明，能够在不伤害肌肉的同时，达到锻炼的最佳效果。持续进行此项锻炼，可以使小臂肌肉变得更加结实和有力。除了锻炼的次数，还需要注意每次动作的速度和节奏。动作应该是连续的，不要停顿，这样可以确保小臂肌肉得到充分的锻炼。同时，要确保每次动作都是准确的，避免做出过度的或不规范的动作，以防止受伤。对于刚开始进行小臂肌肉健美锻炼的青少年，可能会感到肌肉酸痛或紧张。这是正常的，说明肌肉正在得到锻炼。但如果疼痛持续或加剧，应该停止锻炼，并寻求专家建议。此外，小臂肌肉健美法是青少年体质健康运动处方的一部分，要想达到最佳效果，还需要结合其他部位的锻炼，以及均衡的饮食和充足的休息。

（六）腰腹部健美

腹直肌、外斜肌、腰髂肌是决定腰腹线条的主要肌群，通过锻炼这些肌肉，不仅能够塑造出魅力十足的腹部线条，还可以增强腰部的支撑力，预防腰部受伤。

1. 仰卧起坐

仰卧起坐，作为一个经典的腹部锻炼动作，有着广泛的应用。仰卧在瑜伽垫上进行该运动，双手可以选择抱头或拿负重物，增加运动的难度。进行起坐时，腹部肌肉要有意识地收缩，然后再慢慢恢复到仰卧姿势，这样做可以确保腹部肌肉得到充分的锻炼。推荐的频率是每周 2 到 3 次，每次 3 到 5 组，每组 30 到 40 次，这样的训练强度对于大部分青少年来说都是可行的。

在进行腰腹部健美的过程中，运动技巧和姿势的正确性是关键。错误的姿势不仅可能导致运动效果大打折扣，还可能带来伤害。因此，在锻炼过程中，应该多加留意自己的动作，确保其正确性。而对于那些希望提高运动难度的青少年，可以考虑添加一些负重，如沙袋、哑铃等。这不仅可以增加锻炼强度，还可以使腹部肌肉得到更深入的刺激，从而实现更好的健美效果。

2. 仰卧起坐并转体

仰卧起坐并转体的动作相对简单，但在细节上仍需注意。动作开始时，平躺在瑜伽垫上的双手应紧紧抱住头部，这可以减轻颈部的压力，避免受伤。上体迅速抬起时，应确保使用的是腹部的力量，而非背部或颈部。转体的动作可以加强对斜肌的锻炼，使练习效果更为全面。此外，与左膝接触的不是手，而是右肘关节。这样可以确保转体的幅度足够大，从而充分锻炼到腹部的每一个部位。同时，练习者应确保在躺下时动作是缓慢且有控制的，这样可以避免因急速放松而导致的受伤。

对于青少年来说，此项练习的次数和组数需要根据其身体状况进行调整。每周 2 至 3 次是一个适中的频率，既可以确保足够的恢复时间，又能够持续地刺激腹部肌肉。而每次 5 组，每组 3 至 5 次，则是一个初级的量级，适合于初学者或身体状况一般的练习者。随着时间的推移和身体状况的改善，练习者可以逐渐增加次数和组数，从而达到更好的锻炼效果。在执行此练习时，安全始终是第一要务。仰卧起坐并转体虽然看似简单，但如果不注意技巧和细节，很容易导致颈部、背部或其他部位的受伤。因此，练习者应始终保持正确的姿势，确保每一个动作都是准确且有力的。同时，练习者也应根据自己的身体状况进行适当的调整，避免过度训练或其他不适。

（七）腿部健美

腿部作为人体的支撑和力量中心，在日常活动中扮演着关键的角色。对于青少年来说，发展腿部肌肉不仅可以增强运动能力，还有助于提高身体的整体协调性和平衡性。因此，注重腿部健美的运动处方是非常必要的。股四头肌和小腿三头肌是腿部的主要肌肉群，发展它们的力量可以帮助青少年实现腿部健美的目标。

1. 负重深蹲

负重深蹲的动作要领包括直立，两脚开立与肩宽，并在肩上放置适当的重物或在两肩上提握杠铃。进行此项运动时，屈膝下蹲，确保大腿与小腿尽可能接触，再恢复直立，如此反复进行。建议每周进行 2 次此类练习，每次练习 3 至 5 组，每组 8 至 16 次。为了保证安全，进行此运动时，需要有人近前保护，防止因失去平衡而发生意外。进行负重深蹲时，使用的重量应根据青少年的身体条件来定。选择过重的杠铃可能导致膝盖和背部受伤，而选择过轻的杠铃可能不会产生预期的锻炼效果。因此，为了达到最佳的锻炼效果且确保安全，青少年在开始此类锻炼前，应先咨询专业的健身教练，了解自己的身体状况和力量水平，然后再选择合适的重量。

2. 负重提踵

负重提踵是一种非常适合青少年进行的腿部健美运动，它主要针对小腿三头肌进行训练。小腿三头肌是小腿的主要肌群，起到支撑身体和帮助我们行走的作用。通过负重提踵的训练，可以有效地塑造小腿线条，使其更加健美。负重提踵的方法简单易行，无需复杂的器械和场地。只需一个杠铃或沙袋等重物，就可以进行训练。进行负重提踵时，两脚稍微分开站立，双手持重物，然后用脚后跟的力量充分地踮起，稍微停留，再慢慢地还原到原来的位置。这个过程中，小腿三头肌会得到充分的锻炼。

对于青少年来说，负重提踵的训练频率和强度都应适中。建议每周进行 2 次训练，每次训练 4 组，每组 15~20 次。这样的训练频率和强度既可以保证小腿得到有效的锻炼，又不会对青少年的身体造成过大的负担。虽然负重提踵是一种简单的运动，但在进行训练时还是需要注意一些事项。例如，选择适合自己的重物，不要盲目追求重量，以免造成伤害。同时，动作要标准，避免用其他部位的力量来帮助踮脚，这样才能确保小腿得到有效的锻炼。此外，每次训练结束后，还应进行足够的拉伸和放松，以减少肌肉的酸痛和避免受伤。

二、青少年增加耐力运动处方

青少年时期是一个充满活力和探索的阶段。在这一时期，通过有效的运动处方可以充分地培养他们的身体潜能，为将来打下坚实的基础。其中，增加耐力的运动处方尤为关键，不仅能够增强心泵功能，提高有氧耐力，还能培养他们的毅力和决心。

耐久跑，如变速跑，是一个极好的锻炼方式。通过 200 米的慢跑和 200 米的快跑交替，可以让身体逐渐适应不同的速度，训练心脏的反应能力和身体的调节机制。此外，定时跑 6 到 8 分钟同样是一个非常有效的方法，可以帮助青少年锻炼稳定的心率，提高身体的耐力。而在增加耐力的同时，还需进行一些专门性的练习。哑铃摆臂是一个非常好的选择，可以有效地锻炼上肢的力量和协调性。通过每组 0.5 到 1 分钟的练习，重复 3 组，可以使上肢得到充分的锻炼。沙坑两脚交换跳则更加考验青少年的下肢力量和爆发力。每组 1 分钟，练习 3 组，不仅可以锻炼腿部的肌肉，还可以提高跳跃的高度和稳定性。柔韧性练习也是增加耐力运动处方中不可或缺的一部分。牵引四肢和躯干是一种非常有效的方式，可以使得肌肉和关节更加灵活，减少运动中的受伤风险。像压腿、立位体前屈等动作不仅能够提高身体的柔韧性，还可以使青少年的身体更加健康和协调。

对于增强耐力的运动处方，明确的运动负荷是必不可少的。运动强度、持续时间和频率是三大关键因素，决定着锻炼效果的优劣。心率控制在130—150次/分钟为青少年提供了一个明确的目标，既不会过于轻松，也不至于太累，可以确保在安全范围内获得最大的健身效果。为了达到这个心率，青少年可能需要选择适合自己的运动方式，如跑步、游泳或跳绳。持续时间为30—50分钟，使得心肺功能得到充分的锻炼，而心率达标保持10分钟确保了这一锻炼的持续效果。而每周六次的频率为青少年提供了规律性和连续性的锻炼，确保身体不断适应和改进。

锻炼的连续性和规律性不意味着一味地盲目跟从。青少年在锻炼过程中应当避免突然增加强度，以免造成不必要的伤害。循序渐进是锻炼的黄金法则，允许身体逐步适应增加的负荷。此外，锻炼中应保持对身体感受的敏感性。身体在锻炼中产生的各种反应都是信息的来源，可以帮助判断是否应该继续、增加还是减少锻炼负荷。特别是当身体出现不适，如胸闷、头晕时，应立刻停止锻炼，避免造成更大的伤害。对于青少年来说，运动处方的实施并不只是简单的锻炼，更重要的是养成良好的锻炼习惯，理解和欣赏运动带来的乐趣和效益。正确的运动处方应该鼓励青少年认识到运动的价值，使其成为日常生活的一部分，而不仅仅是任务或责任。

三、矫正身体形态的运动处方

（一）两肩一高一低

青少年时期是身体发育的关键时期。随着生活习惯和日常活动的不均衡，可能导致身体的某些部位形态发生变化，比如两肩一高一低。这种情况不仅影响外观，还可能导致日后身体的各种健康问题。为了纠正这种情况，需要采取专门的运动处方。两肩一高一低可能由于多种原因。长期背包的单侧负担是其中的一个常见原因。这会使得一个肩部长期处于紧张状态，导致关节和周围软组织的形态变化。

1. 肩部提升与沉降运动

肩部提升与沉降运动的核心是通过一系列的提肩和沉肩动作，调整肩部肌肉的张力，从而矫正肩部的位置。

站立姿势，两脚稍微分开，两臂自然下垂于身体两侧。为了纠正低的那侧肩部，主动做提肩动作 20 次，意识到肩部肌肉的收缩与放松。随后，双肩同时进行提沉肩动作 20 次，感受双肩的升降。这一系列动作可以帮助平衡双侧肩部肌肉的张力。建议每天早晚练习，每次练习分为 2 组。这样的频率既可以保证肌肉得到充分的锻炼，又不会因为过度使用而导致损伤。

2. 悬垂运动

悬垂运动，作为一种简单而又经典的锻炼方式，对于纠正两肩高低不平的问题具有很好的效果。这种运动主要依赖于自身的体重对上半身进行拉伸和锻炼，特别是肩部和背部的肌肉。

执行悬垂运动时，双手正握高杠，身体悬空，两腿向下垂直，同时需要绷直脚尖。这种姿势要求保持 30 秒。整个过程中，肩部和背部的肌肉都处于紧张状态，可以有效拉伸肌肉和软组织，帮助纠正肩部的高低。为了达到更好的效果，这个动作需要重复，总共做 3 组。除了直接作用于肩部和背部外，悬垂运动还能够锻炼到上臂和前臂的肌肉。这对于增强上肢的力量和耐力都非常有益。更重要的是，悬垂运动还可以帮助改善脊柱的曲线，对于有脊柱侧弯问题的青少年也是一个很好的锻炼方法。

悬垂运动简单、易行，不需要特殊的器械或场地，家中有横杠或者公园里的健身器材都可以进行。但值得注意的是，在进行悬垂运动时，一定要保持正确的姿势，避免身体晃动或者使用力气过大。如果感到疼痛或不适，应该立即停止运动，避免造成伤害。此外，为了获得最佳效果，应该定期进行悬垂运动，并逐渐增加持续时间和组数。与此同时，可以结合其他锻炼方法，如肩部提升、侧平举等，以更全面地锻炼和拉伸肩部和背部的肌肉，达到最佳的矫正效果。

3. 侧平举运动

侧平举运动旨在加强低肩部的肌肉，使两侧肩部达到平衡。

选择一个空旷、平坦的地方，站立并双脚自然分开，保持上体挺直。在低肩部的手持一定重量的哑铃或其他重物。确保选择的重量适中，不至于造成身体过度疲劳或受伤。而高肩部的手则叉于腰部，为身体提供额外的支撑。低肩部的手持重物平举至与肩平行的位置，然后慢慢放下。在整个运动过程中，需要保证上体保持挺直，避免倾斜。每次进行 15~20 次侧平举运动，每日练习，共进行 3 组。为了避免肌肉疲劳，每组之间建议休息 1~2 分钟。

这种运动不仅能有效针对两肩一高一低的问题，还能够锻炼到肩部的多块肌肉，如三角肌、斜方肌等，从而实现肩部的全面强化。在进行侧平举运动时，需要特别注意运动的技巧和方法。错误的动作可能不仅达不到锻炼效果，还可能造成伤害。因此，在进行此运动之前，建议参考相关教程或者在教练的指导下进行。

（二）驼背

驼背问题在现代青少年中愈发常见。许多青少年过多地使用手机、电脑或者长时间低头读书，都可能导致胸椎后凸，从而形成驼背。另外，长时间坐姿不正、背部肌肉松弛和力量不足也是驼背形成的原因之一。驼背不仅会影响个体的外观和自信，长期下去可能会导致背痛、呼吸困难等健康问题。因此，对于已经出现驼背的青少年，及早地采取措施进行矫正是非常必要的。加强背部肌肉的锻炼是改善驼背的关键。强健的背部肌肉不仅能够支撑脊柱，维持正常的背部曲线，还能够帮助身体维持良好的姿势。

1. 手扶墙压胸腰练习

手扶墙压胸腰练习是改善驼背的一个有效方法。这个动作主要目的是强化背部肌肉，同时牵拉胸部的韧带。具体的动作描述是这样的：距离墙面一步距离站立，然后两臂上举扶住墙面，使上体尽量向前挺，尝试让胸部贴住墙面，这样可以感受到背部的拉伸。保持这个位置大约 4 秒。这个练习应该经常反复进行，每天坚持可以达到很好的效果。

2. 两臂反握挺胸腰练习

两臂反握挺胸腰练习，从名称上就可以看出其主要作用：通过特定的动作强化背部肌肉，帮助挺直背部，纠正驼背。这个动作虽然简单，但其效果却不可小觑。

进行这一练习时，背对杠一步距离站立，两臂需要内旋后举，再反握杠。这一动作不仅能够拉伸背部肌肉，还能够强化肩部的力量。抬头，尽量挺胸至最高位置。两臂要尽量内收夹拢，感受背部肌肉的拉伸与收紧。两腿则需保持直立，稳固身体。在这个姿势下，维持 4 秒，之后再慢慢还原到原始姿态。整个动作过程中，呼吸要保持自然，不可因为绷紧肌肉而忘记呼吸。建议每次练习做 6 至 8 次。

这个动作的好处有很多。首要的就是帮助矫正驼背。通过持续的练习，可以增强背部肌肉，使之变得更为有力，帮助支撑身体，避免因为久坐、低头等习惯导致的背部下垂。此外，该动作还有助于放松背部肌肉，缓解背部疼痛。

3. 背手挺胸练习

背手挺胸练习是矫正驼背的有效方法之一。这种练习可以帮助拉伸胸前肌群，增强背部肌肉，从而使胸椎恢复正常状态。

两腿开立，保持身体稳定。双手放在背后，十指交叉握紧。随后两肩的肩胛骨后锁，这一步骤可以帮助集中锻炼背部肌肉。接着，两臂努力向后上举至最大范围，同时挺胸立腰，使胸部充分展开。每次动作保持 2 秒，然后缓慢还原。重复此动作，共做 16 次。这种练习除了可以有效矫正驼背外，还能帮助放松胸椎，减少背部的压迫感。

4.坐位挺腰背练习

椅子背上绑定一个小皮球,确保皮球位置与驼背的位置相吻合。坐在椅子上,让臀部尽量向椅子的深处移动。这样做是为了确保背部与皮球有足够的接触,从而提供必要的支撑。接下来,两手向后扶住椅子的背部。此时,内夹双臂,并尽量让头部向后,胸部向前。这样可以拉伸胸部和背部的肌肉,对驼背有很好的矫正作用。保持这个姿势4秒钟,然后放松。重复此动作,建议做6~8次。

此练习的目的是帮助青少年矫正驼背,同时增强背部的肌肉,提高背部的稳定性。定期练习,配合合理的日常坐姿,可以有效地纠正和预防驼背。

5.扩胸运动练习

针对驼背,扩胸运动练习是一种非常有效的方法。该运动不仅可以增强背部肌肉的力量,还可以提高胸部的灵活性,帮助纠正驼背。运动的方法是:两腿开立,两臂前平举,然后两臂做扩胸动作,做16~20次。在进行扩胸时,确保用足够的力,速度要快,并且要同时抬头、挺胸、收腹。这样,不仅可以充分地锻炼背部和胸部的肌肉,还可以帮助改善呼吸。

(三)脊柱侧弯

青少年时期的脊柱侧弯是发育过程中的一种常见问题。这种脊柱向一侧的弯曲可能会导致诸如两肩高低不等、腰部不对称等体态问题。尽早注意并采取针对性的矫正措施,可以获得更好的效果,避免日后的相关健康问题。

1.手拉肋木体侧屈

这项运动要求个体侧对肋木站立,一侧手臂抓住肋木,另一侧手臂上举,随后进行身体的侧屈动作。要点是保持头部抬高,胸部挺直,腹部收紧,并确保上半身不向前倾斜。每组应该进行30~50次的重复,总共做3组。

2. 腿抬起与手臂前举

个体需要俯卧，两臂弯曲支撑在地面上。将身体侧弯的一侧的腿向上抬起，与此同时，另一侧的手臂需要伸直并向前举起。每次动作应保持 3~4 秒，每组做 10~15 次，总共 3 组。

3. 身体侧弯伸展

站立时两腿稍微分开。身体向侧弯的方向弯曲，同时，侧弯一侧的手臂自然下垂，而另一侧的手臂则屈曲放在头部旁边。持续向下伸展，直到手触碰到地面或能够触碰的最低点，每次动作保持 3 秒。每组动作重复 10~15 次，总共 3 组。

（四）X 形腿

青少年身体形态的偏差在很多情况下都会引起关注，其中 X 形腿是一个常见的问题。站立时，两膝能够并拢，但两脚之间却有超过 1.5 厘米的距离。这种情况可能由遗传、营养不良、幼儿期的坐姿或走姿不当等多种因素导致，使得股骨出现内收、内旋或股骨外展外旋，形成这种骨关节异常。虽然矫正起来相对困难，但只要坚持长时间的锻炼，就能够看到明显的改善。

选择正确的矫正方法是关键。矫正 X 形腿的主要目的是加强大腿内侧肌群的力量，同时也要锻炼小腿的三头肌。

1. 坐举腿锻炼

在椅子上坐下，两手撑在身体后面，夹住一个物体，如一个小枕头或塑料瓶。根据训练情况，物体的厚度可以逐渐调整。进行直腿上举的动作，每次动作都应该持续到腿与地面平行，然后缓慢放下。这样重复15~20 次，并进行三组。

2. 膝关节下压锻炼

坐在地上，膝盖弯曲，脚掌相对，两手扶在膝关节内侧。这时，尽量用力按压膝关节，使其向地面方向下压，每次保持 2 秒。

3.小腿夹皮球训练

坐在地上，直腿前伸，踝关节用橡皮筋绑在一起，两膝之间夹住一个小皮球，尽量用小腿的力量夹紧皮球，每次持续练习五分钟。

4.踢毽子

利用小腿内侧的力量踢毽子。这种传统的活动能够很好地锻炼小腿内侧的肌肉，有助于纠正 X 形腿。

（五）O 形腿

青少年发育过程中，由于各种原因，如站立过早、行走时间过长或缺乏适当的营养和锻炼，可能会出现 O 形腿。O 形腿表现为两膝不能并拢，但踝部可以。这主要是由于大腿和小腿内外侧肌群以及韧带的收缩和伸展力发展不均衡引起的。为了纠正这种情况，需要一个专门的运动处方。

1.膝部内扣运动

膝部内扣运动是纠正 O 形腿的一个有效方法。这个运动的核心思想是利用双手的力量，对腿部内侧肌群进行锻炼和伸展，从而矫正腿部的形态。

两脚开立，与肩同宽。双手分别放在膝关节的外侧。深呼吸，同时屈腰并尝试下蹲到大腿与地面平行的位置。在此过程中，双手持续向膝关节的内侧施加压力，使膝盖逐渐内扣。在膝盖内扣到最大幅度后，稍微停留片刻。慢慢吸气，恢复站立，双手放松。此动作建议重复 10~15 次。这个简单的膝部内扣运动，除了可以矫正 O 形腿外，还对腿部内侧肌群进行了有益的锻炼。随着时间的推移，经常进行此运动，腿部内侧的肌肉会变得更加紧实，有助于改善腿部的整体线条。

2.膝部内夹运动

膝部内夹运动的目的是强化腿部的内侧肌肉，从而帮助纠正 O 形腿的形态。这个动作听起来可能很简单，但要做到位，确实需要一些技巧。

坐下后，两腿屈膝向左右分开，然后开始动作，尝试将两腿用力向内夹，目标是让两个膝关节尽量靠近。在这个过程中，使用膝关节的力量是至关重要的。不仅如此，两手按住膝部轻轻下压，增加了运动的强度，并帮助稳定腿部，避免不必要的摇晃。这个动作需要持续2~3秒，以确保肌肉得到充分的锻炼。完成后，腿部应该慢慢恢复到原来的位置，以避免突然的拉伸或扭伤。

整个运动的过程应当缓慢而稳定，避免突发的、快速的动作，这样可以确保肌肉得到均匀的锻炼，同时避免不必要的伤害。每天进行数次，可以逐渐看到O形腿得到改善的效果。

3. 屈膝下蹲运动

屈膝下蹲运动不仅简单易行，而且对腿部的锻炼效果显著。具体操作方法为用绳子将两膝绑在一起，确保绳子的绷紧程度适中，既不能太松，也不能太紧，以确保活动的自由度与安全。接着，两脚并拢站立，开始做屈膝下蹲的动作，每次重复25~30次。此运动主要针对腿部前侧的肌群，帮助调整和强化腿部线条。

4. 纵跳运动

O形腿的纠正需要针对性地锻炼腿部的肌肉，增强关节的稳定性，并改善骨骼的排列。纵跳运动是一种简单而有效的方式。

纵跳运动的具体操作方法是：用绳子将两膝绑在一起，确保腿部保持一定的张力。双脚并拢站立，全身准备进入跳跃状态。随后，进行连续的纵跳动作。在跳跃过程中，两臂屈臂摆动，与双腿的跳跃动作相协调。每组重复20~25次。

5. 小腿外侧翻踢毽子

踢毽子是一项深受亚洲国家喜爱的运动，它需要运动员用脚踢起一个有重量的小物体，使其保持在空中。这需要一定的技巧和力量。通过踢毽子，特别是通过小腿外侧翻踢，可以增强小腿外侧的肌肉，帮助矫正O形腿。

对于希望通过踢毽子来改善 O 形腿的人来说，建议每天都进行一段时间的练习，不需要太长，只要坚持，效果会慢慢显现。在开始踢毽子前，可以进行简单的拉伸和热身活动，确保身体准备好，减少受伤的风险。

四、促进青少年身高增长的运动处方

青春期是人生中身高快速增长的关键时期，而在这一阶段，针对性的体育锻炼能够促进骨骼的生长和发育。因此，制定适当的运动处方可以为青少年的身高增长提供有力的支撑。

早晨是身体新陈代谢的高峰时段，也是运动效果最好的时间。慢跑 8~10 分钟可以帮助促进血液循环，为身体带来足够的氧气和营养，为接下来的柔韧性和放松练习打好基础。跑步后，进行 20~25 分钟的柔韧性和放松练习，包括劈腿、弯腰、摇动和抖动身体等动作，不仅可以帮助拉长身体的肌肉和韧带，还可以增加关节的灵活性，为身体创造有利于增长的条件。

单杠悬垂是一个非常有效的方法，可以拉伸背部和脊椎，促进脊椎骨骼的生长。在单杠上进行 2~3 次悬垂，每次持续 20~30 秒，不仅能够锻炼上肢力量，还有助于背部骨骼的延伸。建议先进行无负荷悬垂，再进行有负荷悬垂。这样可以根据个人的身体状况和承受能力逐渐增加强度，避免伤害。正向手握悬垂和倒挂悬垂都有其独特的优势，可以根据青少年的偏好和身体状况选择。

跳跃是一项非常有益于身高增长的运动。跳起摸高能够充分刺激下肢的肌肉，促进腿部骨骼的生长。双脚和单脚跳起可以轮流进行，这样可以均匀地锻炼双腿，确保身体的平衡发育。

登坡和爬楼梯都是很好的有氧运动，可以有效刺激腿部的肌肉和骨骼生长。20~30 米的坡道或楼梯是一个理想的距离，可以确保身体得到足够的锻炼，但又不会过度疲劳。上行时放松身体，下行时加速，这样可以使锻炼更加高效，同时还可以培养青少年的身体协调性和平衡感。

牵拉身体是一个非常传统且实用的方法。此方法需由两名助手协作完成。仰卧状态下，一个助手握住双手，另一助手握住双脚，然后两者向相反的方向轻轻牵引。这种方法可以拉伸脊柱和四肢，刺激脊柱间盘及关节的生长。每日进行 2—3 次，每次 20 秒，可以帮助放松筋骨，对于身高增长有一定帮助。

跳跃活动可以刺激腿部骨骼的生长，使之更为健壮。每天进行 200次以上的跳跃，不仅可以增强腿部肌肉，还可以刺激腿部骨骼的增长。跳跃可以在家中、学校或其他任何适当的地方进行。只需要一双舒适的运动鞋和一块合适的地方，就可以开始这项简单但有效的运动。

打篮球和排球活动对于身高的增长也是十分有益的。这两种运动需要大量的跳跃、拉伸和跑动。这不仅刺激了腿部和手臂的骨骼生长，同时还能增强心肺功能，促进全身的血液循环，为身体的生长提供了良好的环境。同时，团队运动还能培养团队协作能力和社交技巧，双重效益。

游泳是另一种对身体增长有益的运动。在水中，人的身体会受到水的阻力和浮力，这需要身体各部位协同工作，从而达到全身锻炼的效果。游泳时，腿部、手臂和躯干都会得到充分的锻炼，对于刺激身体生长尤为有益。而且，游泳时身体几乎每一个关节和肌肉都在活动，可以达到全身放松、拉伸的效果。

第五章 青少年体育锻炼与体质健康促进

第一节 体育锻炼对青少年体质健康促进的价值体现

一、促进生理发展与平衡

（一）增强心肺功能

体育锻炼，特别是有氧运动，对青少年健康的价值体现在多个方面，其中增强心肺功能为其中之一。跑步、游泳、跳绳等活动都是青少年在校园和日常生活中经常进行的运动。这些活动不仅锻炼了身体，还提高了血液循环和氧气的利用率，为身体带来诸多益处。心肺功能是决定身体健康状况的关键因素。对于正在成长的青少年而言，良好的心肺功能意味着更好的血液循环，这有助于提供足够的氧气和营养物质给身体的每一个细胞。此外，心肺健康还与身体的代谢、消化和免疫功能紧密相关。

跑步是最直接、最易于实施的有氧运动之一。它可以锻炼大部分的身体肌肉，尤其是心肺。在长时间的持续跑步中，身体的需求对氧气会逐渐增加，这迫使心脏加速跳动，提高血液流动速度，进而提供更多的氧气给身体各部位。游泳作为一种全身性的运动，不仅锻炼了上下肢的力量，更对心肺系统起到了极大的锻炼作用。身体在水中的浮力与阻力使得游泳成为一种中等强度的有氧运动，对心肺功能的提升效果显著。跳绳虽然看似简单，但其实是一种非常有效的有氧运动。每次跳跃都需要身体的协调与力量，而快节奏的跳绳则更是对心肺功能的挑战，使心率迅速上升，血液循环得到加速。

但仅仅知道这些运动的好处并不够，更重要的是要将其融入青少年的日常生活中。学校、家庭和社区都应鼓励青少年参与这些有益于心肺健康的运动。只有当青少年认识到这些活动对其长期健康的重要性，并将其实践到日常生活中，才能真正体验到体育锻炼对体质健康促进的价值。

（二）骨骼与肌肉发展

青春期，标志着身体进入一个生理变革的重要阶段。在这一时期，身体不仅在外观上经历显著的变化，内部的骨骼和肌肉结构也在快速发展和重塑。为确保这一关键时期的身体发展达到最佳状态，体育锻炼显得尤为关键。

一方面，体育锻炼与骨骼健康之间的关系不容忽视。高强度的锻炼，如举重和跳跃，可以产生对骨骼有益的压力。这种压力刺激骨骼吸收更多的矿物质，增加其密度。的健康发育。另一方面，肌肉的发展同样重要。在青春期，肌肉得到了迅速的发展和增强，这不仅关系到身体的外观，更与身体的功能性和效能密切相关。健壮的肌肉不仅提供了身体的主要动力，还对骨骼和关节提供了必要的支撑。锻炼可以帮助增强肌肉的力量和耐力，提高身体的协调性和平衡感。体育锻炼如俯卧撑和深蹲，目标明确地锻炼特定的肌肉群。例如，深蹲可以有效地锻炼大腿和臀部的肌肉，而俯卧撑主要针对上半身的胸部和肩部肌肉。为青少年量身定制的锻炼计划，可以确保他们的身体得到全面而均匀的发展。

（三）内分泌与代谢平衡

体育锻炼对于青少年的重要性绝非表面所能涉及。特别是当考虑到青少年时期是人体生理和心理发展的关键阶段时，其作用就显得尤为重要。在这个特定的生长时期，身体的内分泌系统会经历显著的变化，与此同时，代谢率也会随之波动。体育锻炼，尤其是适量的体育锻炼，正是在这种情境中发挥其独特作用的。

身体的内分泌系统是一个复杂的网络，由多个腺体和其分泌的激素组成。这些激素在体内流动，参与并调节各种生理过程，从而确保身体的正常运作。在青春期，由于性激素的大量分泌，内分泌系统的活跃度大大提高。这导致了身体的许多变化，包括生长激增、皮肤变化和情绪波动。适量的体育锻炼可以帮助平衡这些激素的分泌。当身体进行有氧或无氧锻炼时，肾上腺素和皮质醇等激素的分泌量会增加，从而有助于调节其他激素的水平。例如，锻炼可以提高胰岛素的敏感性，这对于维持血糖平衡非常关键。

代谢是身体将食物转化为能量的过程。青少年时期，由于身体的生长和发育，代谢率往往会提高。适量的体育锻炼可以进一步提高这一代谢率，从而有助于脂肪的燃烧和能量的平衡。锻炼还可以增强肌肉组织，肌肉在静息状态下燃烧的卡路里要比脂肪多，这意味着肌肉质量的增加可以提高基础代谢率。

二、加强心理健康与自我认知

（一）提高自信与自尊

青少年时期是身体和心理都处于快速发展的阶段，而体育锻炼无疑是支撑这一发展的重要因素之一。当青少年投身于各类体育活动，无论是集体的还是个人的，他们都会经历一系列的挑战与成就，这些体验对于他们的自信与自尊的培养是极其宝贵的。

每一次在球场上的奔跑，每一个准确的投篮，每一次成功的接球，都是青少年努力的见证。每当他们超越自己，实现了一项新的成就，都会为他们带来巨大的满足感。这种满足感并不仅仅来自对体育的热爱，更多的是对自己能力的认可。因为每一个体育成就的背后，都隐藏着无数次的失败，无数次的练习，以及无数次的坚持。而正是这种坚持和努力，使得青少年真正意识到，只要有决心，有毅力，他们可以战胜任何困难，实现任何目标。而这种认知，对于青少年的成长是至关重要的。在学校里，他们可能会面临学业的压力；在生活中，他们可能会遭遇各种各样的困惑和挑战。但只要他们记住在体育锻炼中获得的那份自信，记住那种"我可以"的感觉，就能够更加勇敢地面对所有的困难。更重要的是，这种自信和自尊并不是空洞的，而是建立在真实成就的基础上的。与之相比，社交媒体上的点赞和评论虽然也能够带来瞬间的满足，但很难给青少年带来真正的自信。因为那些都是虚拟的，而体育锻炼带来的成就感，是真实的，是可以触摸的。正因如此，让青少年参与体育锻炼，让他们在运动中体验到成功，是对他们心理健康的有益投资。它不仅能够帮助青少年培养坚韧不拔的性格，还能够为他们的未来打下坚实的基础，让他们更加自信地走向社会，面对各种挑战。

（二）缓解压力与情绪调节

在青少年时期，身体和心灵经历许多复杂的变化。学习压力、社交压力、身体变化以及未来的不确定性，都可能给青少年带来压抑的感觉。当这些压力聚集时，可能导致情绪不稳定、抑郁、焦虑或其他心理健康问题。然而，体育锻炼提供了一个安全、健康的途径，让青少年释放累积的压力和负面情绪。

体育锻炼不仅仅是对身体的锻炼。每一次运动，每一次出汗，其实都是一种对内心情感的释放。运动时的心跳加速、血液流动、汗水淋漓，都让身体焕发出新的活力。而这种生理上的变化，也能够引导情感的转变。当青少年投身于运动中，他们有机会将注意力从烦恼和压力中转移开，将其集中在身体上，体验到运动带来的乐趣和满足感。更为关键的是，运动的过程能够帮助身体产生内啡肽，这是一种自然的"愉悦化合物"，能够提升心情、减少疼痛感觉，并增强整体的幸福感。当青少年完成一次运动，他们不仅获得了一次对身体的锻炼，更是获得了对心灵的滋养。

此外，体育锻炼还为青少年提供了与同龄人互动和建立友谊的机会。这种互动和友情能够为他们提供更多的社交支持，帮助他们更好地应对日常生活中的压力。在团队运动中，与队友合作、鼓励彼此，可以培养出积极的人际关系，这也是情绪调节的重要环节。与此同时，体育锻炼还能培养青少年的目标感和自我效能感。当他们为达到某一运动目标而努力时，每一次的进步都会增强他们的自信心。这种对自身能力的信心，可以转化为对生活中其他挑战的信心，从而帮助他们更好地应对压力。

（三）增强团队合作与社交技巧

在当今社会，团队协作和社交技巧的重要性日益显现，而体育锻炼，特别是团队体育项目，为青少年提供了一个宝贵的平台，培养他们这方面的能力。参与这样的活动不仅对他们的身体健康有益，还有助于他们的心理健康和社交能力的发展。

篮球、足球等团队体育项目要求参与者之间有高度的配合与互动。在这种互动中，青少年学会了如何与他人合作以达到共同的目标。他们学会了在压力之下冷静思考，学会了如何在团队中扮演自己的角色，学会了如何相互支持并从失败中反弹。更重要的是，这种合作和互动为青少年提供了一个与人交往和沟通的场所。他们有机会与不同背景、不同性格的人打交道，这有助于他们更好地理解和尊重他人。通过与队友、对手以及教练的互动，他们也学会了有效地沟通和解决冲突。

这种沟通和协作的经验不仅限于球场。它们在学校、家庭和未来的职业生涯中都会起到关键作用。团队合作和社交技巧是青少年未来成功的关键因素，而体育锻炼为他们提供了获得这些技巧的机会。此外，团队体育活动还可以培养青少年的责任感和纪律性。为了团队的成功，每个成员都必须履行自己的职责。这种责任感可以使青少年更加关心自己的健康和身体状况，因为他们知道，一个健康的身体是为团队作出贡献的前提。而且，体育锻炼还为青少年提供了一个发泄情感的途径。团队之间的健康竞争和合作有助于他们发泄积压的情感，减轻压力，进而有助于他们的心理健康。

三、培育健康生活习惯与自我管理

（一）建立日常锻炼习惯

青春时期是身体发展的关键时期。在这个阶段，身体正在经历许多生理变化，并为成年后的生活打下坚实的基础。在这种背景下，体育锻炼不仅是一种增强体质、培养良好体魄的方法，更是一种对未来的投资，为日后的健康生活预先做好准备。

当青少年了解到规律锻炼的重要性时，他们更容易养成持续锻炼的习惯。规律的体育锻炼可以帮助青少年建立坚实的骨骼，增强肌肉，提高心肺功能，同时也有助于预防一系列与生活方式有关的疾病，如心血管疾病、糖尿病和某些类型的癌症。除此之外，锻炼也是一个出色的心理调适工具，有助于提高青少年的情绪稳定性和减少焦虑。日常锻炼的习惯是一个生活中的长期行为模式。与其他任何技能或习惯一样，养成规律锻炼的习惯需要时间和努力。为了使青少年更容易接受这种习惯，家庭、学校和社区都应该提供足够的资源和支持。这包括提供适当的体育设施、教练和培训，以及创造一个鼓励锻炼的环境。更重要的是，建立锻炼的习惯还有助于青少年发展出一种责任感和纪律性，这将在他们的整个生活中受益。坚持锻炼需要决心、承诺和毅力，这些都是生活中其他方面所需要的宝贵品质。此外，青少年在日常锻炼中还能学习到许多与团队合作、领导和决策有关的技能。这些技能在他们日后的工作和私人生活中都将发挥巨大作用。对于青少年来说，体育锻炼不仅是为了当下的健康和快乐，更是为了一个长远、有益的未来。只要他们意识到这一点，并采取行动养成这种习惯，那么无论他们走到哪里，健康和快乐都将伴随他们一生。

（二）培养健康饮食观念

在当代社会，快餐文化和加工食品渐成风潮，对青少年而言，面对种种食物的诱惑，建立健康的饮食观念变得尤为重要。身为生长发育的关键阶段，青少年的饮食选择直接影响其身体健康、生长发展和未来的健康状况。

体育锻炼与健康饮食观念是相辅相成的。一个积极参与体育锻炼的青少年，体内的能量消耗较大，需要的营养素也相对丰富。而一个均衡的饮食不仅可以为他们提供足够的能量来支撑锻炼，更能确保身体各部位得到适当的营养供应，以促进全面发展。均衡饮食对于青少年的体质健康促进有着直接的影响。蛋白质、矿物质、维生素和其他营养素在骨骼、肌肉和内脏器官的生长发育中起到了不可或缺的作用。例如，钙和磷是骨骼健康的关键，而铁则防止贫血，确保身体得到充足的氧气供应。与此同时，体育锻炼本身也强调了健康饮食的重要性。运动后的恢复，需要靠营养均衡的食物来补充消耗的能量，修复受损的肌肉组织。如果饮食中缺乏关键的营养成分，可能会导致身体疲劳、伤害风险增加，甚至影响锻炼的效果。

培养青少年的健康饮食观念不仅仅是为了支持他们的体育锻炼。这也是为了他们的长期健康和福祉，为他们在未来的生活中做好准备。一个均衡的饮食可以预防许多慢性疾病，如心血管疾病、糖尿病和肥胖等。青少年期是一个关键的转折点，也是塑造生活习惯的关键时期。教育他们理解食物对身体的重要性，以及如何选择对自己有益的食物，对他们的整个生命都是有益的。体育锻炼和健康饮食都应被视为一个整体，相互促进，共同为青少年提供一个健康、活力充沛的成长环境。从而在青春时期，他们不仅能够体验到运动的乐趣，还能深刻体会到健康饮食带来的满足和幸福。

（三）强化时间管理与自我控制

在青春的岁月里，青少年面临许多的挑战与选择，这也是人生中塑造性格与习惯的关键时期。体育锻炼，作为一种重要的日常活动，不仅对青少年的生理健康有所促进，更能帮助他们在日常生活中锻炼时间管理与自我控制的能力。

参与体育锻炼，特别是团队性质的锻炼，往往需要在固定的时间、地点进行。这就要求青少年为自己的学习、休息和娱乐时间作出合理的规划。例如，当一个青少年想要在学校的足球队得到一个主力位置时，除了技能和体能训练外，他必须学会如何在密集的学习任务中合理分配时间以确保每日的训练。这样的经验会使他们意识到，只有通过合理的时间管理，才能确保身体健康和学业两不误。而自我控制能力的培养，同样源于对体育锻炼的热爱与执着。青少年在面对种种诱惑时，如玩游戏、观看影片，甚至是与朋友闲聊，都可能会占据他们大量的时间。但为了达到体育锻炼的目标，他们必须学会控制自己，把主要的精力放在锻炼上。这样的锻炼，无疑加强了他们对自己行为的控制，使他们更有目的性、更有计划性。

这种时间管理和自我控制的能力，并不仅仅限于体育锻炼。它们会渗透到青少年的日常生活中，使他们在面对其他挑战时，如复杂的学业任务、人际关系的处理等，都能更有策略地做出选择，更有序地进行安排。此外，合理的时间管理与强烈的自我控制，更是体质健康促进的必要条件。仅有的锻炼时间，如果被合理地利用，可以最大化地促进身体健康。而自我控制能力，则可以帮助青少年在面对不健康的生活方式和饮食诱惑时，做出明智的选择。

第二节　青少年体育锻炼中伤病的科学处理

一、青少年体育锻炼中运动损伤的处理方式

（一）一般损伤处理

1. "S.T.O.P" 处理法

体育锻炼是青少年体质健康的有效途径，但运动中的意外伤害也是难以避免的。为了保证青少年的健康和安全，当他们遭受运动损伤时，及时的处理和干预显得尤为关键。此时，"S.T.O.P" 处理法提供了一种科学、简单且实用的处理指导。

（1）S（Stop）：停止。伤害发生后，青少年应立即停止运动活动，避免更大的损伤和复杂化的情况。持续的运动可能会加重已有的损伤，或者造成其他的并发症。此时，暂停活动不仅是为了保护受伤部位，更是为了确保整体的健康和安全。

（2）T（Talk）：谈论。了解伤害的原因和具体细节对于准确评估损伤程度和采取后续措施都至关重要。与此同时，与受伤的青少年交流，可以帮助缓解其焦虑和紧张情绪，使其更加放松和配合后续的救治。

（3）O（Observe）：观察。观察伤害部位，判断损伤的种类和程度，有助于做出正确的处理决策。例如，皮肤擦伤和深层韧带撕裂在外观上可能相似，但处理方法却大相径庭。仔细观察，做到有的放矢，是确保伤害得到妥善处理的关键。

（4）P（Prevent）：防止。预防伤害进一步恶化或再次发生是每次受伤后的首要任务。此阶段可能需要运用一些物理治疗手段，如冷敷、绑

带固定等。同时，教育青少年了解伤害原因和避免方法，将有助于他们在未来的运动中减少受伤风险。

"S.T.O.P"处理法为青少年体育锻炼中的运动损伤提供了一个简明扼要的处理框架。采用这种方法，不仅可以确保伤害得到及时和正确的处理，更能通过预防措施，为青少年的体质健康促进创造更为安全的环境。只有当安全得到保障，体育锻炼才能更好地发挥其对青少年体质健康的促进作用。

2. "P.R.I.C.E.R"处理法

在青少年体育锻炼中，由于身体机能尚在成长过程，加之运动技术和经验的不足，容易出现各类运动损伤。对于软组织闭合性损伤，科学地采用"P.R.I.C.E.R"方法对伤者进行紧急初步处理，是促进伤情稳定和快速恢复的关键，进一步维护青少年的体质健康。

（1）P（Protect）：保护。 在体育活动中，一旦发生损伤，保护是最为关键的步骤。确保伤者远离可能导致二次伤害的风险，例如快速移动的球或其他参与者。这不仅防止了损伤的加重，也为后续治疗创造了条件。

（2）R（Rest）：休息。休息不仅意味着身体上的休息，还包括心理上的安抚。通过为伤者创造一个安静、舒适的环境，能够加快伤口的愈合，并避免由于过度活动造成的伤情加重。

（3）I（Ice）：冰敷。冰敷能有效地缓解伤口部位的疼痛与肿胀，从而减少疼痛引发的生理和心理压力，帮助伤者更快地回归到正常状态。在冰敷的同时，也为医务人员的进一步处理赢得了宝贵的时间。

（4）C（Compression）：加压包扎。加压包扎不仅可以阻止出血和消肿，更可以为伤部提供支撑，避免因不稳定而导致的二次损伤。

（5）E（Elevation）：抬高。通过抬高受伤部位，有助于血液和体液的回流，加速伤口部位的恢复，并能够在一定程度上降低伤口的疼痛感。

（6）R（Referral）：转送。伤情的初步处理并不等同于完全治愈。确保伤者得到专业的医疗治疗是维护其长期体质健康的关键。尤其在青少年这个特殊的年龄段，快速、科学的处理方式不仅有助于身体的快速恢复，更能够为他们未来的体育锻炼和身体发育打下坚实的基础。

在青少年的体育锻炼中，伤病处理不仅仅是治疗的问题，更是关乎其健康成长和体质健康的长远议题。通过"P.R.I.C.E.R"处理法的正确、及时应用，可以为青少年提供一个更安全、更健康的锻炼环境，从而确保他们的身心发展得到最佳的促进。

（二）紧急情况下的急救处理

1. 开放性损伤的急救处理

在青少年体育锻炼中，运动损伤是难以完全避免的现象。尤其是在高强度或对抗性的运动中，擦伤、裂伤、刺伤和切伤等开放性损伤的发生频率相对较高。为了确保伤者的安全和伤口不再恶化，科学的急救处理尤为关键。同时，及时且正确的处理方式可以促进受伤部位的快速恢复，避免对青少年的体质健康造成进一步的损害。

在运动场上，一旦发生开放性损伤，急救措施的及时性显得尤为重要。如果伤口不大，出血不多，可以先使用现场的医疗急救包进行简单的处理。这包括使用内服药物如镇痛药和七厘散等来缓解疼痛，以及外用药物如2%红汞溶液、1%甲紫溶液、2%碘酊、0.9%氯化钠溶液等进行消毒。但在使用外用药物时，必须注意一些细节以避免误用造成伤害。例如，甲紫溶液不适用于面部或关节部伤口，而红汞溶液与碘不应同时用于同一部位。大面积的伤口则不建议使用碘酊消毒，以免对皮肤造成额外的伤害。

如果损伤导致大量出血，就需要采取急救措施进行现场止血。常用的方法包括压迫止血法、加压包扎止血法、止血带止血法、冷敷法和间接指压止血法。这些方法都旨在减少血液流失，为伤者赢得宝贵的救治时间。这里所描述的处理方式，不仅可以确保受伤青少年的安全，还可以大大减少伤害带来的负面影响。只有科学地处理运动损伤，才能确保青少年能够继续参与体育锻炼，促进其体质健康。

2. 骨折急救

在青少年体育锻炼的过程中，运动损伤是一种常见的风险。特别是在高强度或竞技性的运动中，骨折的可能性会增加。对于这种意外伤害，正确的急救处理方式至关重要，它直接关系到伤势的恢复和未来的运动状态。

骨折发生时，伤者往往会感到剧烈的疼痛，并且在伤口周围会出现肿胀、皮肤变色等症状。为了避免二次伤害和确保青少年在未来仍然能够继续参与体育锻炼，需要对骨折部位进行快速、有效的急救处理。处理骨折的重点是保护伤口和固定骨折部位。止血、消毒和清理伤口是最基本的步骤，这不仅可以预防伤口感染，还可以为后续的医疗干预创造良好的条件。在这一过程中，使用三角巾或绷带进行包扎是一个经验之谈。但在进行包扎时，必须注意保持关节的活动功能位置，并确保血液循环不受阻碍。

而对于骨折部位的固定，可以采用木板等硬物进行临时固定。临时固定可以减少伤害部位的移动，从而降低骨折恶化的风险。例如，前臂骨折的临时固定就有其特定的方法，如图 6-1 所示，这种固定方法可以有效地保护伤口并减少疼痛。

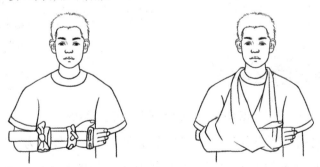

图 6-1　前臂骨折的临时固定示意图 [①]

___

① 顾丽燕.运动医务监督 [M].北京：北京体育大学出版社，2009：172.

肱骨中段骨折，发生在青少年的上臂部位，需要注意的是，骨折部位的移位和血肿的形成。如图 6-2 所示的临时固定方法，不仅为伤者提供了短时期的稳定，还为后续的救治打下了基础，减少了伤害的进一步加重。

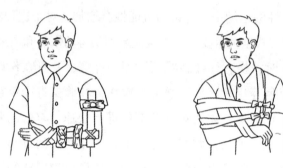

图 6-2　肱骨中段骨折的临时固定示意图

小腿骨折，在许多运动中都可能发生，特别是那些涉及跳跃、冲刺等动作的项目。遭遇此类伤害，疼痛和失能是明显的症状。如图 6-3 所示的临时固定方法，对于受伤部位进行紧急固定，可以最大限度地减少骨折端的错位，避免血管、神经的损伤，为后续治疗创造条件。

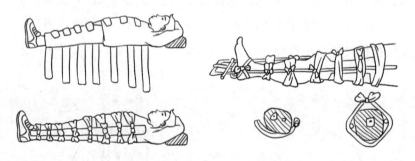

图 6-3　小腿骨折的临时固定示意图

股骨骨折的紧急处理，更需要专业和细致。股骨作为人体最大的长骨，其骨折带来的伤害和疼痛都比较严重。如图 6-4 所示的处理方法，旨在迅速地为骨折部位提供稳定，防止进一步的内部伤害，同时确保受伤者能够在最短的时间内得到进一步的医疗救助。

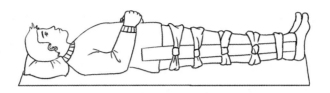

图 6-4　股骨骨折的临时固定示意图

体育锻炼确实带给青少年众多益处，但也不可忽视潜在的风险。因此，对于青少年的教练员、教师，甚至家长，都需要具备一些基本的运动伤病急救知识。同时，青少年自身也应该掌握一些基本的自我保护方法和急救手段。只有这样，才能确保在享受体育锻炼的乐趣的同时，最大程度地减少意外伤害的发生，为青少年的体质健康促进提供全方位的保障。

3.呼吸、心脏停止的急救

青少年参与体育锻炼时，虽然能够促进身体健康、增强身体素质，但同时也存在着一定的风险。特别是在高强度或高风险的运动中，如跑步、足球、篮球等，可能会出现运动损伤，甚至是危及生命的急症。因此，了解并掌握急救知识和技能，对于确保青少年体育锻炼安全非常重要。

当运动中出现丧失意识、呼吸停止、脉搏消失等危险症状时，及时的急救措施不仅能够挽救生命，还能减少因缺氧导致的大脑损伤。遵循以下急救程序是十分关键的。

在进行任何急救措施之前，必须确保周边环境安全，以避免受伤者和施救者受到进一步的伤害；迅速检查受伤者的意识状态，轻轻拍打受伤者，询问其状况；大声呼叫周围的人，同时指派有能力的人员拨打急救电话；确保受伤者处于适当的急救体位，使其平躺，便于进行心肺复苏；轻轻后仰受伤者的头部，使下巴提起，确保气道畅通；靠近受伤者，观察其胸部的起伏，感受其呼吸；在颈部的动脉处，感受脉搏，判断心跳是否存在；如果确认受伤者心跳停止，应立即开始胸外按压，确保每分钟按压至少100次，深度达到胸部的1/3。

胸外按压是一个关键的急救技术，但实施此技术之前，判断伤者脉搏是否跳动是一个关键的步骤。颈动脉作为判断脉搏的主要部位，是检查伤者生命体征的重要手段，如图 6-5。胸外按压技术要求施救者必须了解正确的按压位置和深度，同时要确保按压的频率。特别是对于青少年，其身体构造与成年人略有不同，因此，在实施胸外按压时应特别注意按压的深度和力度。如图 6-6 所示，胸外按压的关键在于肩部和臂部的发力。此处，发力的技巧和力度掌握尤为关键。而为了确保按压效果，平均每分钟 100 次的按压频率是必要的。这样的频率既能确保心脏得到有效的按摩，也能在一定程度上避免给伤者带来额外的伤害。

图 6-5　触摸颈动脉

图 6-6　胸外按压姿势

　　人工呼吸，通常采用的是口对口的方式，其目的是在患者自主呼吸暂停或丧失的情况下，提供必要的氧气给患者，以维持其生命活动。操作时，首要任务是确保患者的呼吸道畅通无阻。这意味着可能需要清除任何可能阻塞气道的障碍物。在确保气道畅通后，施救者应该使用拇指和食指捏住患者的鼻翼，确保其鼻腔处于封闭状态。这一步骤尤为重要，因为它防止吹入患者口中的气体从鼻腔处漏出，确保气体可以直接进入患者的肺部，起到最佳的救助效果。随后，施救者需要深吸一口气，将自己的嘴对准患者的嘴，并确保完全覆盖住患者的嘴。然后，施救者应该缓慢、均匀地向患者的口中吹气，直到看到患者的胸部微微膨胀为止。这意味着气体已成功进入患者的肺部。再进行人工呼吸时，每个吹气动作之间应有适当的间隔，这样可以为施救者提供充足的时间吸气，并确保患者肺部中的气体有时间被排出，如图 6-7。

图 6-7　人工呼吸示意图

二、青少年体育锻炼中运动损伤的有效预防

（一）三级预防机制

青少年时期，身体正处于快速发育和成长的阶段，体育锻炼对于促进他们的体质健康具有不可替代的作用。但同时，运动损伤也可能会威胁到他们的健康发展。因此，掌握有效的运动损伤预防机制显得尤为重要。

1. 一级预防：避免损伤的发生

避免损伤发生是最理想的状态。青少年在参与体育锻炼时，应选择适合自己身体状况的运动项目，合理掌握运动强度和时间，以及确保运动环境安全。例如，对于初学者，选择低风险的运动项目，如跑步、游泳等，可以在获得锻炼效果的同时，最大限度地降低损伤风险。另外，着装合适的运动装备，如专业的运动鞋、护具等，也是预防损伤的有效措施。

2.二级预防：及时诊断和治疗

尽管采取了各种预防措施，但仍然有可能出现运动损伤。在这种情况下，早期诊断和治疗至关重要。例如，当发现关节肿胀或活动受限时，应立即停止锻炼，及时向医生咨询，进行必要的医学检查。只有确保对损伤的处理得当，才能避免功能丧失和病情恶化。

3.三级预防：伤后康复

对于已经发生的运动损伤，康复是保障青少年继续参与体育锻炼，进一步促进体质健康的关键环节。康复不仅包括对伤口的治疗，还应该包括一系列的功能恢复训练，例如物理治疗、康复训练等。此外，心理康复也同样重要。青少年应该建立起积极的心态，相信自己可以克服困难，重新回到运动场上。

（二）预防要点

1.做好准备活动与整理活动

在日常锻炼中，准备活动与整理活动的重要性不可忽视。准备活动能够帮助青少年迅速进入运动状态，使肌肉、关节达到最佳的工作状态，从而降低受伤的风险。例如，在进行篮球训练前，进行5—10分钟的跑步或跳绳，再加上关节的活动，可以大大降低运动中的伤害风险。而整理活动则有助于帮助身体逐渐从高强度锻炼中恢复，减少因疲劳造成的伤害。

2.贯彻超量恢复锻炼原则

超量恢复是体育锻炼中一个基本的原则，强调在超出一定量的锻炼后给予身体充足的恢复时间。例如，进行了一次高强度的长跑训练后，接下来的1~2天内可以选择进行轻度的活动或完全休息，为身体提供恢复的机会，这样既能保障健康，又能达到锻炼效果。

3.强化薄弱环节的锻炼

每个人的身体都存在某些薄弱的环节，特别是在青少年时期。对于青少年来说，需要针对性地加强这些部位的锻炼。例如，对于腿部力量较弱的青少年，可以进行针对性的腿部力量训练，如深蹲、腿举等。这样不仅可以提高身体的整体均衡性，还可以有效预防因薄弱环节造成的运动损伤。

4.加强运动保护

在进行特定的体育锻炼时，为薄弱或容易受伤的部位加上保护装备是很有必要的。例如，篮球运动中可以为膝盖、踝关节穿戴护具，足球运动中则需要为腿部穿戴护具。这样不仅可以避免意外伤害，还能增强青少年对体育锻炼的信心。

三、青少年体育锻炼中常见的运动性疾病与治疗

（一）运动性腹痛

1.产生原因

运动性腹痛，作为一种在体育锻炼中常见的不适症状，对于许多热爱运动的青少年而言，可能是一个难以避免的问题。此症状通常发生在中长距离跑和其他一些耐力项目的锻炼中。理解其产生的原因和如何正确处理它，对于促进青少年体质健康极为重要。

多数情况下，运动性腹痛源于身体内部的一些生理反应。如，当一个青少年的体质水平较低，在运动时，心肌的血液搏出可能会变得无力，这会导致静脉回流受阻。这种障碍性回流可能会导致肝脾出现淤血性肿大，从而使肝脾的包膜张力增加。当这种张力达到一定程度时，会产生明显的疼痛感。除此之外，青少年在运动前的饮食习惯也可能是引发运动性腹痛的原因。比如，过饱的饮食、大量饮水或者空腹参与运动都可能导致胃部受到牵拉或刺激。这种牵拉和刺激可能会导致胃肠痉挛，从而引发腹部疼痛。此外，当青少年在运动中大量排汗时，体内可能会流失大量的盐分。这种盐分的丢失不仅可能导致代谢出现紊乱，而且当青

少年感到疲劳时，腹直肌可能会出现痉挛，这也是运动性腹痛的一个常见原因。

2.症状与治疗

在体育锻炼中，由胃肠道痉挛或功能紊乱引起的腹痛是一个常见的症状。这种腹痛的性质往往表现为钝痛、胀痛或绞痛。这些疼痛大多集中在肚脐周围或左下腹部。当青少年体验到这些不适时，可能会对体育活动产生畏惧，进而导致对锻炼的积极性下降。另外，呼吸肌的痉挛或活动紊乱同样可能引发腹痛。这种腹痛的疼痛性质多为锐痛，并且疼痛部位常在肋部和下胸部。这可能会影响青少年的正常呼吸，进一步影响其锻炼效果。

为了促进青少年的体质健康，对这些运动性疾病的科学处理显得尤为重要。对于胃肠道痉挛引起的腹痛，应鼓励青少年保持规律的饮食，避免在锻炼前吃太饱或吃太油腻的食物。在锻炼中，应教育青少年了解自己的身体状况，遇到不适时应立即停止锻炼，并及时寻求医生的帮助。对于由呼吸肌痉挛引起的腹痛，教练和医生应教育青少年进行正确的呼吸技巧，如深呼吸、腹式呼吸等。在锻炼时，应注意呼吸与动作的协调性，避免过度用力。运动性腹痛，虽然在某种程度上可能会影响青少年的锻炼热情，但通过科学的处理和合理的预防，不仅可以降低这种疾病的发生率，更能促进青少年的体质健康，使他们更加积极地参与体育锻炼。

（二）运动性贫血

1.产生原因

在青少年的体育锻炼过程中，确保健康安全始终是最核心的考量。运动性贫血，作为一种在体育锻炼中可能出现的疾病，对青少年的身体健康及运动表现均可能造成不良影响。明确其成因、症状及预防措施，有助于促进青少年体质健康和提高运动效果。

运动性贫血是血液中红细胞数目及血红蛋白量低于正常生理数值的一种状态。血红蛋白，作为红细胞的主要成分，对于氧气的携带和传输至全身细胞起到至关重要的作用。当青少年发生运动性贫血时，其体内的氧气供应可能受到限制，导致运动中的耐力下降，疲劳感增强。那么，什么导致了这种贫血的出现呢？一方面，是由于青少年在成长过程中的生理需求。在生长发育的旺盛阶段，身体对于营养和氧气的需求增大。若长时间处于高强度锻炼状态，而没有得到足够的休息和补充，很容易导致身体对血红蛋白的需求超出供应，从而引发贫血。另一方面，过度的体育锻炼可能导致机体内的红细胞新生与衰亡的平衡被打破。这种失衡，长时间下去，也可能引发贫血症状。

2. 症状与治疗

运动性贫血不仅仅是体育锻炼的一个小问题，而是会直接影响到青少年的日常生活和学习效果。头晕、乏力、易倦等症状使得青少年在学业上无法集中精力，记忆力的下降也直接影响学习效果。而在运动中，气促、心悸等症状的出现，使得青少年无法得到体育锻炼应有的益处，反而可能因此而放弃锻炼，损害身体健康。

面对运动性贫血的挑战，科学、系统的处理方法至关重要。适当减少运动量是应对运动性贫血的初始步骤。在青少年的生长发育期，体能、体力和耐力都在不断变化，因此需要根据身体状况调整运动强度和时间，避免过度运动导致的运动性贫血。营养也是恢复体能、预防和治疗运动性贫血的关键。蛋白质和铁是制造红血球的基本材料，这些红血球可以携带氧气，为身体提供能量。因此，加强蛋白质和铁的摄取，是预防和治疗运动性贫血的基础。而在药物治疗上，硫酸亚铁片剂是治疗缺铁性贫血的常用药物。同时配合维生素 C 和胃蛋白酶合剂，可以提高铁的吸收率。而中西医结合的治疗方法，也逐渐受到人们的认可。传统的中草药和现代的药物结合，为青少年提供了一个全方位的治疗方案。

（三）中暑

1.产生原因

中暑是一种由于高温和身体热量无法及时散发导致的体温过高的状况，严重时可能对身体，尤其是大脑造成永久性损害。对于热衷于运动的青少年来说，特别是在炎热的季节中，中暑的风险极大增加。因此，了解中暑的原因和预防措施，对于确保青少年体质健康促进至关重要。

在炎热的天气中，当青少年参与长时间的体育锻炼时，身体不仅需要消耗大量的能量来支持活动，还必须不断调节体温以保持正常水平。然而，随着运动的加强和时间的延长，身体产生的热量急剧增加，超出了体温的正常调节能力。此外，高温和湿度环境会限制身体散热的能力，使得体温持续上升到危险的水平。

中暑不仅可能导致身体机能暂时性的失调，长期受到这种情况的影响，也可能对青少年的整体健康带来不良影响。大脑是身体的重要控制中心，过高的体温可能导致其功能受损，从而影响学习、记忆和其他认知功能。

2.症状与治疗

在青少年中，常见的中暑症状包括头痛、眼前发黑、心慌和心跳加速等。当青少年在锻炼或户外活动时出现这些症状，应该立即停止活动，避免情况进一步恶化。

及时识别这些征兆并迅速采取措施可以防止病情恶化。将患者转移到阴凉通风的地方是第一步。脱离高温环境后，解开紧束的衣物，以增加空气流通，帮助身体散热。此外，口服一些清凉饮料和防暑药物，如人丹和十滴水，可以帮助身体恢复平衡，减轻症状。对于严重中暑的患者，降温措施非常重要。对于日射病患者，使用冰袋冷敷额部或擦身以50%的酒精是有效的。对于那些因热痉挛或热衰竭而受影响的青少年，补充生理盐水或葡萄糖生理盐水非常关键，因为这些液体可以帮助恢复电解质平衡，并防止脱水。但要注意，对于重度中暑的青少年，除了上述措施外，迅速就医是至关重要的。高热中暑可能会导致永久性的伤害，甚至可能危及生命[1]。

青少年体质健康促进不仅仅是增强身体机能，还包括提高安全意识和减少伤害的风险。了解中暑的危险性、识别其症状并采取正确的处理措施，都是确保青少年安全参与体育锻炼和户外活动的关键。在炎热的天气中，家长、教练和教育工作者应该对青少年进行适当的教育，确保他们知道如何保护自己，以及在出现症状时如何寻求帮助。通过这种方式，青少年可以充分享受夏季的活动，同时确保他们的身体健康和安全。

第三节　青少年体质健康促进的体育锻炼实践

一、改善青少年形体的体育锻炼实践

在青春发育时期，青少年的体形和身材都在不断地发展和变化。为了确保青少年得到正确的体形和保持健康的体魄，选择合适的体育锻炼方式是至关重要的。在诸多体育活动中，健美操因其独特的健身价值和对身体形态的优化作用而备受关注。健美操是一种集艺术、节奏与体育于一体的活动。它不仅有助于增强肌肉的柔韧性和力量，而且还能帮助塑造优雅的体态。为什么健美操对于青少年特别是女生如此有吸引力呢？那是因为，它强调的不仅仅是身体的锻炼，还包括身体的艺术性展现。青少年通过学习健美操，不仅可以锻炼身体，提高身体协调性，还能培养自己的节奏感和音乐感，进而增强自信。《全国健美操大众锻炼标准》中的一级套路为众多青少年提供了一个标准化的锻炼模板。这套路包含了一系列经过精心设计的动作，旨在帮助参与者全面锻炼身体，特别是对于青少年在发育期的特殊需求。这套动作不仅涉及上肢、下肢和

---

[1]　顾丽燕.运动医务监督[M].北京：北京体育大学出版社，2009：200-203.

躯干的锻炼，还有助于改善青少年的体态和身材。每一个动作都有其特定的目标和效果，如强化肌肉、增强柔韧性、提高平衡感等。

（一）健美操套路练习——组合一

1.第一个八拍

预备姿势为站立状态，保持身体挺直，两脚自然分开与肩同宽，双眼目视前方，准备开始动作。

在这个八拍中，下肢的步伐动作开始于右脚。右脚起步，进行两次一字步，这是一种基本的行走动作，步伐均匀，步子不宜过大或过小，确保每一步都稳定而均匀。而在上肢动作方面，随着下肢的步伐，节奏开始。在 1-2 拍时，双臂从体侧平举到胸前，进行屈曲动作。随后，在 3-4 拍，双臂从胸前摆到体侧，展开双臂，保持直线。5 拍时，双臂再次胸前屈曲，然后在 6 拍时快速上举，高过头顶，保持双臂伸直。紧接着在 7 拍，双臂重新胸前屈曲，最后在 8 拍时，双臂平放回到体侧。

2.第二个八拍

（1）1-4 拍。从 1 拍开始，下肢的步伐动作要求右脚先行，连续向前走三步，并在第 4 拍进行吸腿。这样的步伐可以锻炼到小腿和大腿的肌肉，使之更加有力和灵活。同时，上肢动作是双肩经前举后摆至肩侧屈，达到第 4 拍时需要与下肢的动作相协调，完成击掌。这一系列动作不仅锻炼了上肢肌肉，还增强了肩部的柔韧性和稳定性。

（2）5-8 拍。接下来的 5 至 8 拍，下肢的动作要求是左脚开始，逐步向后退三步，与之前的向前行进形成对比，这可以平衡锻炼到身体的不同部分，使身体得到均衡的训练。与此同时，上肢的动作与前 4 拍相同。这种重复的动作要求青少年对自己的身体有更好的控制，确保每一次的动作都精准到位。

3.第三个八拍

在 1-4 拍中，下肢的步伐从右脚开始，进行了两次侧并步。这种步伐不仅锻炼了腿部的肌肉，还要求运动员保持平衡，锻炼身体的协调性。而上肢的动作则是右臂和左臂交替进行的肩侧屈，这不仅能够锻炼肩部的力量，还能够增强上身的稳定性。

在5-8拍中，下肢的动作与1-4拍类似，但速度加快，要求青少年有更强的节奏感和协调性。而上肢的动作则变为了双臂胸前平屈，这样的动作能够充分锻炼胸部和背部的肌肉，也能够增强上肢的稳定性。

4.第四个八拍

在1-4拍中，下肢的动作主要是左脚的十字步，这种步伐可以帮助青少年锻炼腿部肌肉，增强下肢的稳定性和力量。同时，上肢的自然摆动增强了身体的协调性，这是在日常活动中所需要的。这种自然的摆动也可以帮助放松身体，减少因为绷紧而导致的肌肉疼痛。

在5-8拍中，下肢的动作从左脚开始踏步四次，这种踏步不仅增加了身体的活跃度，也提高了青少年的反应速度和敏捷性。上肢动作在5拍进行了一次击掌，而在6拍时恢复到原来的位置，7-8拍的动作与5-6拍的动作相同。这种有规律的击掌和恢复不仅增强了上肢的力量，还有助于培养青少年的节奏感和协调性

（二）健美操套路练习——组合二

1.第一个八拍

在1-8拍的练习中，下肢步伐以右脚开始，前点地四次。这种简单但重复的步伐不仅有助于锻炼青少年的腿部肌肉，还能帮助他们培养稳定的步伐和良好的平衡感。而上肢动作的变化则为整个套路增添了趣味性和挑战性。例如，1拍双臂屈臂右摆，2拍还原，这种快速的左右摆动需要青少年有足够的上臂力量和肩部的柔韧性。5-6拍和7-8拍的动作更为复杂，不仅要求双臂的协调性，还需要青少年具有较强的注意力和集中力，以确保正确完成每一个动作。

2.第二个八拍

在第二个八拍中，动作开始于下肢的步伐。在 1-4 拍中，右脚启动，向右进行弧形走动，走完整个 270°。这种步伐不仅锻炼了腿部的力量，还增加了青少年的平衡感和协调性。与此同时，上肢保持自然摆动，这种自然的手臂摆动可以帮助青少年保持平衡，同时也可以锻炼上肢的力量。接下来的 5-8 拍中，下肢进行了更为细致的动作。并腿后进行两次半蹲，这不仅可以锻炼大腿的肌肉，还能提高膝关节的灵活性。对于青少年来说，经常进行此类蹲起的动作有助于保持关节的灵活性，预防日后的关节疾病。

上肢的动作在 5-8 拍中也进行了精细的设计。在 5 拍，双臂进行前举，然后在 6 拍，右臂在胸前进行屈曲，同时上半身向右转。7 拍时，双臂再次进行前举，最后在 8 拍放回体侧。这一系列动作不仅可以锻炼上肢的力量，还能增强肩膀和背部的灵活性。

3.第三个八拍

在这个八拍中，下肢步伐要求在 1-4 拍时，左脚上步并吸腿，并进行 90°的右转转体；而 5-8 拍时，右脚上步并吸腿。这种转体和吸腿的结合不仅能够锻炼青少年的腿部肌肉和核心肌群，还能够提高他们的身体灵活性和平衡感。同时，上肢的动作设计也是非常巧妙。在整个八拍中，1 拍时双臂需要前举，到了 2 拍双臂屈臂后拉，3 拍时再次前举，而 4 拍则是还原，5-8 拍的动作与前四拍相同。这样的动作组合旨在锻炼青少年的上肢肌肉，同时提高其上肢的协调性。

4.第四个八拍

在 1-8 拍内，下肢的动作注重了步伐的连续性与协调性。左脚向侧迈步的动作不仅锻炼了腿部的肌肉，而且增强了身体的平衡感。每一步的屈腿动作则进一步强调了腿部肌肉的收缩与放松，助力青少年加强大腿与小腿的肌肉力量。这种重复的步伐动作可以帮助青少年更好地掌握节奏，培养他们的节奏感。

同时，上肢的动作也十分重要。屈肘前后摆动的动作旨在锻炼上臂的肌肉，提高其力量与耐力。与下肢的步伐动作相结合，它不仅提高了整个动作的难度，而且要求青少年具有较高的协调性。这种协调性在日常生活中也十分重要，它可以帮助青少年更好地完成各种任务，减少受伤的风险。当动作进入第五至八个八拍时，虽然动作相同，但方向相反，这为青少年带来了新的挑战。改变方向可以帮助他们提高反应速度和灵活性，同时锻炼身体的双侧协调性。

（三）健美操套路练习——组合三

1. 第一个八拍

在 1-4 拍时，下肢的右脚向右交叉步展现了动作的流畅性和脚步的准确性。与此同时，上肢动作也相当关键。从 1 到 3 拍，双臂自侧边经过逐渐上举到头顶，展现了臂部的力量和协调性，而到了 4 拍，双臂在胸前屈曲，这一细致的动作展示了青少年上肢的柔韧性。

接下来的 5-8 拍，左脚向右迈出，身体进入分腿半蹲的姿势，这不仅要求青少年的下肢有足够的力量支撑，还要求他们的身体核心部分维持稳定。上肢的动作也变得更为复杂，5-6 拍双臂前举，展示了臂部的力量，而 7-8 拍双臂放至体侧，则是对身体控制的再次考验。

2. 第二个八拍

在 1-4 拍的动作中，下肢的步伐开始于右脚的侧点地，这种简单的步伐为接下来的上肢动作提供了稳定的支撑。而上肢的动作设计得相当有创意：在 1 拍时，右臂向左前方举起，左臂则屈肘停留在腰间，到了 2 拍，双臂都屈肘至腰间。接着，3-4 拍的动作与前两拍相反，这种反复的设计不仅能锻炼青少年的反应能力，还可以增强他们对身体各部分的控制。

进入 5-8 拍，下肢的动作仍是右脚的侧点地，但此时连续进行了两次。而上肢的动作则与 1-2 拍相同，且需要重复两次。这种重复性的设计使得青少年能够在较短的时间内掌握该套路，并在多次练习中逐渐提高动作的准确性和流畅性。

3. 第三个八拍

1-8 拍中，下肢步伐，左脚开始向前走 3 步，接着吸腿 3 次。上肢动作中，1 拍，双臂从肩侧屈臂并向外展开。2 拍时，双臂在胸前交叉。3 拍的动作与 1 拍相同，再次将双臂从肩侧屈臂并向外展开。4 拍，双手击掌。5 拍时，再次将双臂从肩侧屈臂并向外展开。6 拍，双手向腿下方击掌。7-8 拍的动作与 3-4 拍相同，即双臂从肩侧屈臂向外展开并击掌。

4. 第四个八拍

在 1-8 拍中，下肢步伐要求青少年从右脚开始向后走三步，然后连续三次进行吸腿动作。这样的步伐不仅锻炼了腿部的肌肉，还有助于提高青少年的身体协调性和平衡感。而上肢的动作与第三个八拍相同，旨在通过重复来加深对动作的记忆，使动作更为流畅。接下来的第五至八个八拍的动作与前面的节拍是相同的，但方向上有所变化。这种变化对青少年来说，不仅是身体上的挑战，还是对记忆力和注意力的考验。通过这样的练习，青少年可以更好地掌握身体的每一个细微动作，更加深入地理解每一个节拍的意义，从而在实践中更好地体现健美操的魅力。

（四）健美操套路练习——组合四

1. 第一个八拍

在第一个八拍中，下肢的步伐动作被划分为两部分，即 V 字步和 A 字步。1-4 拍的 V 字步是以右腿为起点的，而 5-8 拍的 A 字步则紧接其后，这种转变不仅考验了下肢的力量和协调性，也锻炼了心肺功能，帮助提高心肺耐力。

在上肢动作方面，同样强调了节奏感和协调性。在 1 拍时，右臂侧上举，紧接着的 2 拍则是双臂侧上举。3-4 拍中，需要连续击掌 3 次，这不仅对上肢的速度和协调性有要求，还需要整个身体的稳定支撑。在 5

拍时开始，右臂侧下举，6拍则是双臂侧下举，7-8拍再次强调了节奏感，要求在这两拍中完成两次击掌。

2.第二个八拍

1-4拍，下肢的步伐要求以右腿为起始，进行两次弹踢腿的跳跃。这种弹跳动作考验青少年的腿部力量，同时也强化了对节奏的掌握。而上肢动作方面，从1拍开始，需要双臂前举，紧接着在2拍进行下摆，3-4拍的动作与1-2拍相同，重复双臂前举与下摆。这一系列的动作不仅锻炼了手臂的力量，还培养了协调性与节奏感。

5-8拍的下肢步伐与前四拍相似，同样以右脚为起点，进行两次连续的弹踢。这种连贯的动作可以提高心肺功能，同时也加强腿部肌肉的锻炼。对于上肢动作，5拍时双臂前举，而在6拍要将双臂胸前平屈，7拍再次重复双臂前举的动作，最后在8拍恢复到身体侧面。

3.第三个八拍

在1-8拍中，下肢采取左腿漫步2次，而上肢则是双臂自然摆动。

4.第四个八拍

在第四个八拍中，下肢的动作为左腿开始迈步后点地4次。上肢，1-2拍的动作为右臂经肩侧屈至左下举。这个动作不仅锻炼了上臂和肩部的力量，还有助于提高肩关节的灵活性。接下来的3-4拍的动作与1-2拍相似，但方向相反，这意味着在短时间内，青少年需要迅速切换方向，对身体的协调性有着很高的要求。5-6拍的动作则是经侧下举至左下举，与1-2拍形成了鲜明的对比，为整个套路增加了难度。而7-8拍的动作与5-6拍相似，但方向相反，这进一步加强了对上臂和肩部的锻炼。

二、提高青少年反应力的体育锻炼实践

在日常生活中，反应能力是一种重要的心理品质，尤其对于身处成长期的青少年而言。一个良好的反应能力不仅能帮助他们在学习、生活

中更为迅速地作出判断和反应，还有助于培养他们在面对突发状况时的冷静与从容。而运动锻炼是最直接、最有效的方式之一，可以帮助青少年提高其反应能力，助力青少年身心健康成长。

（一）垒球锻炼

青少年时期是身体发展和各种身体功能训练的关键时期。在这一时期，进行合理的体育锻炼不仅可以加强身体素质，还能提高各种身体功能，其中之一就是反应能力。而垒球作为一项需要高度反应力的运动，对于锻炼青少年的反应能力具有十分积极的作用。

1. 握球

握球的过程中，食指和中指的分开放置是关键。这样的握法使得球在指根部得到支撑，同时两指与球线垂直相交的方式，保证了球的稳定性和投掷的精确度。此外，指端压在球缝线上增加了对球的控制力，可以在投掷时实现更多变的转弯效果。

拇指的位置也是决定性的。放在球的侧下部，并用第一指关节压在球缝线上，形成的拇指、食指、中指的三点支撑，看起来像一个等腰三角形，为球提供了稳固的支撑。这种三点支撑方式，不仅增强了握球的稳定性，还有效降低了因握球不当导致的手部伤害。

无名指和小指自然地弯曲放在球侧，这不仅使握球更加舒适，还为手部的其他部分提供了支撑。虎口与球之间的空隙也是一个细节，但它关系到握球的舒适度和力度的分配。过于紧密的握球会加大对手腕、手指关节的压力，长时间这样操作可能导致手部疼痛或伤害。

2. 传球

传球，作为垒球中的一个基础动作，不仅可以提高青少年的动作协调性和反应速度，还对其体质健康有着深远的影响。

两脚与肩同宽站立，稍微屈膝，这样的起始姿势，确保了身体的平稳和力量的集中。此时的肌肉状态，对于腿部、腰部和背部的锻炼效果尤为明显。身体与目标方向正对，让青少年对目标有一个明确的认知，培养他们的目标感和方向感。传球时的转身、踏步、持球等动作，无疑是对身体柔韧性和力量的极好锻炼。身体以右脚为轴向右转，要求脚踝、腿部和腰部的协调和稳定性。左肩与传球方向相对，使得上半身的转动和下半身的稳定形成一个完美的配合，对身体的平衡感和空间感都有着很好的锻炼效果。而身体重心放在左脚上，再配合上臂的摆动、腕关节的后屈等动作，无疑加强了腿部和臂部的力量训练。传球过程中的各种转动、摆动和投掷，对肌肉的弹性和韧性都有很好的锻炼作用。不仅如此，传球的过程也是一个对眼手协调能力的锻炼。目视传球目标，要求青少年在短时间内对目标进行快速的判断和调整，这对眼睛和大脑的协调性、判断能力和反应速度都有着很好的训练效果。

3. 接球

（1）接平直球。接平直球要求接球者与来球方向保持正对。这样的姿态可以确保接球者获得最佳的视野，并随时做出迅速反应。当两脚以与肩同宽的距离分开站立时，身体的稳定性得到增强，更利于迅速调整位置。同时，微屈的膝关节和稍前的上体可以使接球者更容易调整身体，迎接不同方向和高度的来球。来球的方向和高度是接球者最需要注意的两个要素。当球偏右时，接球的双臂需要向右前方伸出，确保手指与来球方向相对。而球偏左时，则需向左前方伸出双臂。这样的动作对于锻炼青少年的反应力和手眼协调性至关重要。高度也是一个关键因素。对于高于腰部的来球，使用戴手套的掌心去接是最为稳妥的。而对于低于腰部的球，应用手指朝下、掌心向前的方式接住。这不仅考验了接球者的判断力，还对上下肢的协调性提出了要求。

（2）接腾空球。腾空球的特点在于它的不可预测性。它既不像滚地球那样沿一个清晰的路线滚动，也不像飞行中的直线投掷那样有固定的轨迹。因此，当青少年面对一个腾空的球时，必须迅速判断球的飞行轨迹，预测它的落点，然后决定是否采取行动接球。这一过程对青少年的眼手协调、判断能力和身体敏捷性提出了高要求。

　　站在与来球方向相对的位置，双脚自然分开，距离略宽于肩，双膝微微屈曲，身体前倾，仿佛随时准备迅速移动。两臂自然下垂，准备随时迎接来球。这样的站位，保证了接球者有足够的自由度调整自己的位置，迅速移动到球的预计落点。而当球飞来时，接球者需要依靠经验和直觉来预测球的飞行轨迹和落点。这需要对垒球有深入的了解，对球场的每一个角落都有清晰的认知。在确定了球的预计落点后，接球者需要迅速移动到位，准备接球。双臂伸出，掌心朝前，准备迎接来球。这个动作看似简单，但实际上对手臂的力量、手的灵活性和身体的平衡感都有很高的要求。当球即将落下时，接球者需要用双臂迅速迎接球，确保球稳稳地落入手中。然后，双臂迅速后拉，缓冲球的冲击力，为下一个动作，如传球或投掷，做好准备。

　　（3）接地滚球。身体与来球方向相对，两脚分开的站位，可以为球员提供稳固的支撑。这一站位不仅有助于迅速地移动身体，更是预防受伤的关键。在接地滚球过程中，接球者的眼球需要紧盯球的轨迹，及时作出反应。这样的训练有助于提高青少年的注意力集中程度和反应速度。通过经常进行此类练习，孩子们的神经系统将变得更加敏锐，进而在日常生活中也更具备快速反应的能力。移动到位以迎接来球，体现了接球者对空间判断的能力。这需要接球者在瞬间评估球的速度、轨迹和落点，从而做出最佳的移动决策。此技能的培养，对于青少年在其他生活场景中的决策能力也具有正面影响。接球的过程，尤其是双手伸向前方，手套张开贴地的动作，对上臂和手腕的协调性有很好的锻炼效果。而在球刚从地面弹起的瞬间去接球，这一动作则要求接球者具有高度的专注力和快速的手部反应能力。成功接到球之后，双手护球稍后引的动作，不仅要求接球者有足够的手臂力量，更要求其在压力之下能够保持冷静和准确。这对于青少年在面对挑战时保持冷静和果断非常有益。

4.击球

在比赛中，击球是垒球的核心部分，它不仅需要球员有技术和策略，而且对球员的身体和心理素质提出了很高的要求。

以触击球为例，当投手即将投出球时，击球员必须做好充分的准备。这一准备不仅是身体上的转动、手部的调整和姿势的稳定，更重要的是心理上的专注和判断。这种短时间内的高度集中、迅速判断和果断应对，对青少年的反应速度和心理调节能力是极好的锻炼。击球员在准备击球的刹那，要迅速转向前导臂一侧，并对球棒进行精准的控制，确保击打时的方向和力度恰到好处。在这个过程中，每个动作都要协调且流畅，这对于青少年的身体协调性和肌肉控制能力有着显著的提升效果。

当投手真正投出球后，击球员要迅速判断球的轨迹和速度，这需要对即将到来的球有精准的预判。这种预判能力的锻炼，有助于提高青少年的观察能力和决策速度。击球员要及时移动到位，调整身体姿势，并确保球棒中部与来球对准。这一连串的动作，需要球员有出色的身体灵活性和移动速度。这种在高强度下的快速移动和调整，对于青少年的心肺功能和下肢力量有着显著的锻炼效果。在击球之后，击球员还要迅速跑向一垒。这不仅需要球员有良好的起跑速度，还要有持久的耐力。对于青少年来说，这种短距离的冲刺，对其心肺功能和下肢力量的提升都是非常有益的。

5.跑垒与滑垒

（1）跑垒。跑垒，从字面上看似乎只是跑动的过程，但其背后的技巧与策略相当丰富。进攻队员通过击球上垒后，不仅要依赖于自己的速度，还要根据场上局势和教练员的指令作出判断。这一系列操作对于青少年的反应能力、决策能力和对团队的信任感都有极好的锻炼效果。跑垒的技术涉及离垒、返垒、起动、冲跑、踏垒等多个环节。在这一系列技术中，青少年能够学习到平衡、协调、速度与判断的重要性。例如，在离垒的过程中，运动员要确保自己能够迅速起动并冲向下一个垒；而在踏垒时，必须确保自己脚下有力，准确地踩到垒面，避免滑倒或摔伤。这种对细节的追求，对于青少年身体的协调性和灵活性有很好的锻炼效果。

对于青少年而言，跑垒更是对其身体各个部分的全面锻炼。腿部的力量、速度与耐力得到了充分的锻炼；同时，腰部和上半身的协调性也在跑垒中得到了很好的锻炼。每一次起动、每一次冲跑、每一次踏垒，都是对身体机能的考验，而持续的训练与实践，则会使青少年的体质更加健康，对未来的身体发展有着长远的积极影响。此外，跑垒更为青少年带来了自信与成就感。每当成功回到本垒，所带来的快乐和满足感，使得青少年更加热爱这项运动，更加积极地参与体育锻炼。长期参与跑垒的锻炼，不仅能提高青少年的身体健康，还能够培养其团队协作和竞技精神，对其人生观、价值观都有着深远的影响。

（2）滑垒。滑垒，是一种突破防守、迅速抵达垒位的策略。它不仅仅是一个技巧，更是对运动员速度、判断、平衡感和身体协调性的综合测试。在跑垒员快速奔跑并接近垒位时，要突然扑向前或向后并迅速进入侧卧姿势，这需要强大的下肢爆发力和良好的判断能力。而在滑行过程中，要保持平衡并准确滑到垒位，这更是对身体协调性和平衡感的极大挑战。

对于青少年来说，掌握这一技巧不仅能在比赛中取得更好的成绩，更重要的是，滑垒的训练和实践对于他们身体的多方面素质都有着积极的促进作用。从速度和爆发力上看，滑垒动作对大腿和小腿肌肉的锻炼是十分有益的。青少年在成长过程中，骨骼和肌肉还在不断发展，通过滑垒训练，可以更好地塑造和增强下肢的肌肉群，提高其爆发力和持久力。同时，滑垒也是对判断和决策能力的一次考验。跑垒员要根据场上的形势，迅速判断是否采取滑垒，这对青少年的决策和应变能力都有很好的锻炼作用。长时间的垒球锻炼和滑垒训练，可以培养青少年的冷静、果断和敏锐，这不仅在球场上，更在日常生活中都会发挥积极的作用。此外，滑垒动作中的平衡感和身体协调性也是不可或缺的。这要求跑垒员在高速移动中快速调整身体姿势，保持稳定，并在滑行中准确抵达垒位。这对青少年的身体协调性和平衡感有着显著的锻炼效果，可以帮助他们在其他方面，如日常生活或其他体育项目中，都展现出更好的表现。

（二）拔河锻炼

在青少年体质健康促进中，拔河更是一种高效的锻炼方式。对于青少年而言，身体正在发育成熟，需要各种方式来加强锻炼，而拔河则是锻炼上下肢力量、提高心肺功能和培养快速反应能力的综合性锻炼方式。

1. 基本站位

两脚一前一后分开，这样的站位使得参与者的身体重心稳定，能够有效发挥腿部肌肉的力量。前腿伸直而膝盖不弯曲，能够最大限度地传递上半身的力量，同时也为后腿提供了稳固的支撑。脚掌内扣与后腿膝盖弯曲的设计，确保了参与者在用力时能够得到最大的支撑和摩擦力，避免因为地面滑动而失去平衡。上体向后仰、身体与地面保持60°的夹角则使得参与者能够充分利用自己的体重，增加对绳子的牵引力。双手紧紧握住绳子不仅锻炼了手部与前臂的肌肉，还有助于提高心肺功能和上半身力量。目视前方则有助于青少年集中注意力。

2. 握绳方法

通过前臂伸直，肘部不弯曲的握绳方式，可以确保绳子的力量直接传递到身体的每一个部分，从而发挥出最大的拉力。而后臂的肘部弯曲，双手紧握绳放在后臂腋下夹住，使绳子与身体紧密相贴，可以进一步增加与对手的摩擦力，从而增强自身的拉力。

3. 用力方法

当听到口令与指挥时，要求全体队员一起发力。这种同步发力的方式，不仅锻炼了青少年的听觉反应和肌肉调控能力，还强化了他们的团队合作和协同作战能力。前脚向前下方用力蹬，后脚伺机后移发力，这一连贯的动作对青少年的腿部力量和灵活性有着良好的锻炼效果。

两手握绳集中发力时，上体力量的输出与腿部动作要完美结合，这对上肌肉的协调性和爆发力有显著的提升效果。同时，为了在拔河中取得优势，上体需要后倾，而重心要保持低位，这有助于增强青少年的身体平衡感和稳定性。而整个过程中，为了确保团队的稳定输出力量，身体晃动要尽量减少，这考验着青少年的身体控制和力量持久性。

（三）武术锻炼

武术作为中华传统文化的重要组成部分，不仅蕴含着丰富的哲学和文化内涵，同时也是一种高效的身体锻炼方式。对于青少年群体来说，早期接触和学习武术不仅可以培养他们的身体素质，还能提高他们的反应力和注意力。

1. 基本手形

（1）拳。四指并拢蜷握，拇指要与食指第二指节紧密贴合，形成一个坚固的拳头，详见图6-8。这一手形不仅可以增强手部的稳定性和力量，还能让青少年在日常生活中具备一定的自我防护能力。拳分为平拳和立拳。平拳，如其名，要求拳心朝上或朝下。而立拳则是拳眼朝上或朝下。这两种拳型各有其特点和用途。平拳更多地用于攻击，它的形态可以使练习者更好地控制力量的输出，同时也更有利于发力。立拳则更多地用于防守，它的形态可以使练习者更好地抵御外部冲击，同时也增强了手腕的稳定性。

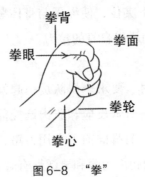

图6-8 "拳"

（2）掌。武术中的"掌"，代表着一种广泛而且具有多变性的攻击方式。与"拳"相比，掌的开放性更能体现出武术的流畅与灵活。当谈及武术中的"掌"，众多的掌法中，柳叶掌无疑是最具代表性的一种。

柳叶掌，顾名思义，其形态如同婆娑的柳叶，流畅而锐利。按照图6-9的描述，当进行柳叶掌的练习时，除拇指外，其余的四指需并拢伸直，保持掌面的完整性。而拇指则需弯曲，紧扣于虎口，确保整个手掌保持稳固和力度。这种形态不仅可以使发掌更具有力量，而且能在攻击的瞬间达到最大的伤害效果。对于青少年而言，练习柳叶掌不仅能增强手部的灵活性和力量，还能提高其反应速度。每一次掌的挥出，都需要快速而准确，这样的训练过程无疑能够锻炼到青少年的身体协调性和反应能力。

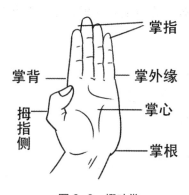

图 6-9　柳叶掌

（3）勾手。勾手所展现出的特点是弧形的手腕与捏拢的五指指尖，形似鹰爪，既带有一定的攻击性，又蕴含了捕捉与防守的功能。根据图6-10，下勾手即手腕向下弯曲，五指指尖捏拢，这样的形态有如鹰爪低垂，准备捕捉猎物。而反勾手则正好相反，勾尖向上，更为攻击性和防守性结合。无论是下勾手还是反勾手，均需强调五指的力度和协同，使得整个手部能够形成一个完整的、有力的勾。

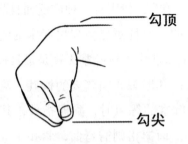

勾顶

勾尖

图6-10　勾手

2. 基本腿法

（1）踢腿。正踢腿是最基础的踢腿技巧之一。其动作要领非常明确，即两脚并立、两臂侧平举、双手立掌。然后左脚向前移动半步，确保重心稳定后，右脚猛然向前踢出，脚尖勾起，目视前方，详见图6-11。这一踢腿动作不仅要求腿部的力量和速度，还对身体的平衡感和协调性提出了挑战。

图6-11　正踢腿

侧踢腿则始于两脚并立的基础站位，两臂平举，双手立掌。然后，右脚微微向前迈进，脚尖指向身体的侧方。接着，上体做出90°的右转动作，此时双臂的位置也发生变化，左臂伸出，指向左前方，而右臂则移到身后。紧接着，左腿从侧面猛地踢出，目标是左耳的位置，此时脚尖要紧紧地勾住。动作完成时，右臂应当高高举过头顶，左臂弯曲并放在胸前，左手位于右肩前，形成立掌状，眼睛则直视前方，详见图6-12。

图 6-12　侧踢腿

（2）劈叉。竖叉和横叉是劈腿中的两种基础形式，详见图 6-13。竖叉的特点在于两腿前后直线式分开，就是一个脚在前，另一个脚在后。在这个姿势中，前脚的脚尖朝上，而后脚的内侧紧贴地面。此时的上半身需要保持挺直，胸部和腰部都要尽量挺起，形成一种挺胸立腰的姿势，同时两臂需要平举。相对于竖叉，横叉的特点是两腿左右直线式分开，这意味着两腿并排开展，就像一个字母"T"。这个动作中，两脚的脚尖都需要向上翘起，上体的要求与竖叉相似，也是挺胸立腰，两臂侧平举。

在青少年体质健康促进的过程中，劈腿练习也起到了不可替代的作用。它不仅能够帮助青少年锻炼身体，提高身体的柔韧性和协调性，而且也能够培养他们的毅力和耐心，使他们在面对困难和挑战时更加坚韧不拔。

竖叉　　　　　　　　　　　横叉

图 6-13　劈叉

（3）压腿。

压腿是锻炼柔韧性和耐力的关键动作，对于武术爱好者和青少年来说，这种锻炼方法既能增强身体的柔韧性，又有助于提升整体的身体健康。

正压腿的动作起始是面向肋木，两脚并立的状态。在这个状态下，左腿需要抬起，将脚跟稳稳地放在肋木上，脚尖勾起，同时双手按在膝关节处。此后的动作则是上体前屈，然后向前、向下进行压振。这个动作的重点在于拉伸大腿的前侧肌肉，同时也对腰部和背部进行了深度的拉伸，详见图 6-14。

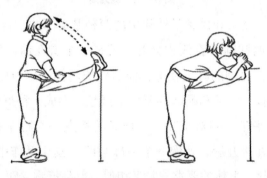

图 6-14　正压腿

侧压腿的动作与正压腿有所不同。开始时，练习者需要侧对肋木站立，右腿保持伸直，而左腿则抬起，并将脚跟搭在肋木上。这时，上半身也需要进行相应的调整：右臂尽量上举，而左掌则放置在右胸前。接下来，上体向左侧压振，使头部尽量接近左踝，这一动作主要拉伸侧腰和大腿的外侧，详见图 6-15。

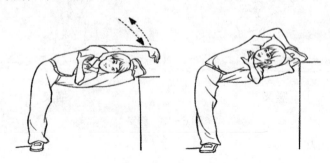

图 6-15　侧压腿

这两种压腿的动作，都要求练习者有很好的身体柔韧性。对于初学者和青少年来说，可能会感到一些疼痛或不适，但长时间坚持，身体的柔韧性会逐渐提高，疼痛和不适也会随之减少。而从健康的角度看，压腿不仅能够拉伸和锻炼腿部肌肉，还可以促进血液循环，有助于消除疲劳和缓解肌肉疼痛。更重要的是，压腿还能够锻炼练习者的毅力和意志，帮助他们更好地面对生活中的挑战。

（4）扳腿。正扳腿，动作要求右腿蹬直。左腿屈膝提起，此时右手要握住左脚踝的外侧，而左手放在左膝上。紧接着，右手需要握住左脚，向上进行扳动，同时左腿也要向前上方用力举起，而左手则压在左腿的膝关节上。这个动作的目的是深度拉伸大腿的后侧肌肉，同时也对膝关节有一定的锻炼作用，详见图6-16。

图6-16　正扳腿

后扳腿则相对简单。需要借助肋木，左腿蹬地为身体提供支撑，右腿则向后举起。此时，由同伴帮忙，用力向上扳动腿部。这一动作主要锻炼了大腿的前侧肌肉和腰部，详见图6-17。

图 6-17　后扳腿

（5）后扫腿。后扫腿，又称为后扫地腿，是中国武术中的一种基本动作。它要求练习者在动作过程中，精准地运用身体的平衡和力量，锻炼了下肢的灵活性和协调性。对于青少年而言，掌握并熟练运用后扫腿，有助于提高身体的柔韧性和协调性，同时也能够有效地锻炼身体的肌肉群。从技巧上来说，后扫腿的动作开始时需要两脚并立。然后，左脚向前迈出一大步，屈膝进行下蹲，使得右膝保持伸直。接下来，两掌从体侧平推出去，目光随手移动，聚焦在手掌上。在进一步弯曲左膝、全蹲的过程中，上体开始向右旋转，并向前俯身，两掌顺势下移到右腿的内侧。在这个阶段，右脚紧贴地面，利用上体的转动力，进行后扫地的动作，完成一个完整的圈，详见图 6-18。

后扫腿锻炼了腿部、腰部和上半身的多个肌肉群。对于青少年来说，这不仅有助于增强腿部的力量和灵活性，还能够锻炼腰部和背部的稳定性。此外，该动作还锻炼了练习者的平衡感和身体协调性，这对于其他运动项目和日常活动同样有着积极的帮助。青少年在成长过程中，身体的柔韧性、平衡感和协调性尤为关键。后扫腿作为一种有效的武术锻炼方法，不仅在提高武术技能方面有所帮助，而且还能够帮助青少年建立坚实的身体基础，提高身体素质。

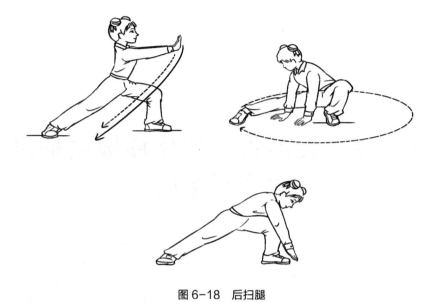

图6-18　后扫腿

第六章　我国青少年体质健康促进的实现策略

第一节　传统渠道：学校健康教育

青少年体质健康促进是全社会共同关注的重要问题。学校健康教育是实现青少年体质健康促进的重要渠道之一。

一、开设健康教育课程

学校应制定全面的健康教育课程，以增强学生的健康意识和养成健康的行为习惯。该课程应涵盖饮食、运动等方面的知识，以确保学生能够接受到全面、准确的健康信息。

（一）饮食方面的教育课程

在青少年时期，良好的饮食习惯不仅对当下的成长有利，还为其日后的生活打下坚实的基础。因此，通过学校健康教育的传统渠道，饮食方面的教育课程显得尤为重要。

1. 饮食教育课程：从基础知识到现代饮食问题

教育是培养下一代的关键，而饮食教育则是塑造他们健康生活方式的基石。在这个食品多样、饮食观念五花八门的时代，一个结构化且实用的饮食教育课程尤为关键。

（1）营养基础知识

理解营养是建立健康饮食习惯的第一步。蛋白质、碳水化合物、脂肪、维生素和矿物质都是身体所需的关键营养素。例如，蛋白质是身体细胞的重要组成部分，对于身体组织的修复和增长至关重要。而碳水化合物则是人体的主要能量来源。通过深入了解每种营养素的功能和作用，学生可以更加明智地选择食物，确保身体得到全面营养。

（2）食物金字塔

食物金字塔是饮食结构的可视化表示，清晰地展示了各类食物的摄取比例。从底部的谷物到顶部的油脂和糖，食物金字塔为学生提供了一个关于如何实现均衡饮食的简明指南。通过学习食物金字塔，学生可以了解到，为了保持健康，他们应该如何均衡地摄入各种食物。

（3）现代饮食问题

现代社会的饮食环境与传统饮食习惯有很大差异。快餐文化的盛行、过多的糖分摄入以及加工食品的普及都给青少年的健康带来了挑战。例如，快餐，虽然方便快捷，但多数时候其营养价值不高，且容易导致摄入过多的盐分、糖分和不健康的脂肪。过度摄入加工食品可能增加患疾病的风险，并可能导致营养摄入不均衡。通过探讨这些问题，学生将能够更加清晰地认识到自己饮食选择的后果，并被引导向更加健康的饮食方向。

2. 实践操作：让知识转化为习惯

实践操作是知识学习的关键环节，特别是在饮食健康教育中，它不仅能帮助学生真正地吸收和理解知识，还能让他们在真实环境中应用所学，从而让理论知识转化为实际行为。

（1）健康食谱的设计

让学生自己动手设计食谱是一个高度富有创意的任务。在这一过程中，学生需要结合所学的营养知识，选择合适的食材并为其制定合理的搭配方案。这样的设计活动不仅能锻炼他们的组织和规划能力，还能让他们深入了解每一种食材的营养价值和作用。

（2）营养食物的制作

相对于理论学习，制作营养食物更能激发学生的兴趣。在制作的过程中，他们可以亲手体验食材的新鲜程度、了解加工食品的制作方法，并实际操作中学习如何最大程度地保留食材的营养价值。此外，通过制作活动，学生还可以培养自己的独立生活能力和实践操作能力。

（3）食物日记活动

食物日记不仅是一种记录工具，更是一种自我管理和自我观察的方法。通过每天记录自己的饮食情况，学生可以清晰地看到自己的饮食习惯和摄入的营养成分。这样的记录有助于他们发现饮食中的问题，如摄入的糖分过多、蔬菜摄入量不足等，并在发现问题后及时调整。长期坚持，学生将更加注重自己的饮食结构，形成良好的饮食习惯。

（二）运动方面的教育课程

在运动方面，课程可以介绍各种运动项目的基本技能、运动对身体和心理的影响、运动损伤预防等方面的知识，引导学生积极参与体育锻炼，增强身体素质。

1.确保课程内容的实践性

在青少年体质健康促进的策略中，学校健康教育无疑扮演了不可或缺的角色。而其中，运动方面的教育课程更是一项关键的板块。为了真正达到健康促进的效果，运动教育课程的开设应当注重实践性。

实践性是运动教育的本质，而非简单的理论传授。在当今的学校教育中，课堂不仅是知识的传递，更是体验与实践的场所。对于运动教育而言，强调实践意味着鼓励学生亲身参与，真实体验运动的过程，从而深入理解与掌握运动的技能和意义。以组织学生参与各种运动项目为例，不仅能让学生在实践中体验到运动的乐趣，更能够让他们学会如何运用所学的运动技能来保持健康的身体状态。比如，通过参与篮球、足球或羽毛球等团队或个人运动，学生能够了解到团队合作的重要性，增强身体的耐力和协调性，同时培养他们的竞技精神和公平竞赛的态度。

在教学方法上，运动教育课程可以结合现代科技手段，如视频教学、模拟软件等，来辅助传统的实地教学，使学生能够在不同的环境中获得更为丰富的实践体验。例如，通过观看专业的运动视频，学生可以更为直观地了解到某种运动技能的要领和精髓，从而更为有效地模仿和学习。另外，学校还可以考虑与社区、体育组织等合作，为学生提供更多的实践机会。如组织定期的校外体育活动，让学生有机会在真实的环境中进行运动实践，增强他们的社交能力，同时也拓宽了他们的视野。从长远来看，确保运动教育课程的实践性不仅有助于青少年的身体健康，还能够培养他们的团队协作能力、竞技精神、自律性等多方面的素养。因此，学校在开设健康教育课程时，应当充分考虑到实践性的重要性，真正做到学以致用，让学生在实践中成长，为他们的健康和未来打下坚实的基础。

2. 强调运动技能的培养

在运动教育课程中，特别需要强调运动技能的培养。这样的培养不仅让学生掌握基本的运动技巧，更为他们在日后的生活、学习和工作中提供了健康的生活方式。以篮球为例，它不仅仅是投篮和跑动，更多的是策略、合作与沟通。学生在赛场上需要灵活运用各种技巧，如控球、传球、防守等，每一次运动的判断和选择都能培养他们的反应速度和决策能力。同时，篮球这项集体运动还教给他们团队合作的重要性，如何为了一个共同的目标去努力。足球、羽毛球、乒乓球等其他运动项目，同样具有深厚的教育意义。羽毛球培养了学生的敏捷性和协调性，乒乓球则考验了他们的反应速度和眼手协调能力。足球作为全球最受欢迎的运动之一，不仅可以培养学生的团队合作精神，还能增强他们的体能和毅力。而这些身体素质，不只是体育活动中的需要。在日常生活中，良好的协调性可以使人更加灵活，应对各种突发情况；优秀的耐力意味着在面对长时间的工作或学习时，能够保持高效的状态，不易疲劳；而反应速度和决策能力在许多职业领域都是至关重要的。此外，随着身体素质的提高，学生们在日后的生活中会拥有更多的选择。无论是参与各种体育竞技，还是进行户外探险，甚至是日常的生活琐事，他们都能更从容、自信地面对。良好的身体素质为他们打开了一个更为宽广的世界。

3.结合健康主题进行教学

运动教育课程中，将健康主题与运动结合，是对传统体育教育的一种创新和拓展。这种方法不仅教授学生技能和知识，还让学生深入了解运动与健康之间的紧密联系。这样的教学模式，使得学生在享受运动的快乐的同时，也能够深入了解和掌握健康的生活方式。例如，在教学过程中，教授学生如何合理安排饮食，不仅仅是传授营养学知识，还可以通过实际的运动锻炼，让学生亲身体验饮食对运动表现的影响。再如，当讲述如何保持良好的睡眠习惯时，可以让学生亲身体验一段时间的规律作息，然后在运动课程中观察和对比睡眠对身体机能的影响。此外，运动教育课程可以融入各种健康主题，比如心肺功能的训练、肌肉的拉伸和放松、关节的灵活性训练等。在教授这些技能的同时，强调其对身体健康的好处，帮助学生了解身体的各个部分和其功能，使他们更加关心和珍惜自己的身体。

这种以健康为主题的运动教育课程，不仅培养了学生的运动技能，更重要的是帮助他们建立起了健康的生活观念和习惯。通过实际的教学体验，学生可以更加直观地了解到健康生活方式对身体的益处，从而更加珍视健康，更加主动地参与到健康生活的实践中。

二、建立健康管理制度

学校应建立健全的健康管理制度，对学生的身体健康进行定期监测和评估，及时发现和解决学生的健康问题。该制度应包括健康检查、健康指导、健康干预等方面，以保障学生的身体健康，实现青少年体质健康的促进。

（一）健康检查制度

学校应定期进行全体学生的健康检查，包括身体状况、生长发育、体质指数、视力、听力等方面的检查。通过健康检查，可以及时发现学生的健康问题，为后续的健康指导和治疗提供依据，促进青少年体质健康。

1. 身体状况检查

学校可以安排医务人员或专业体检机构进行身体状况检查，通过测量体重、身高、胸围等指标，可以评估学生的生长发育情况，判断是否存在营养不良、肥胖等问题。例如，体重和身高之间的比例可以反映学生的营养状况，胸围的测量可以评估学生的肺功能和呼吸系统健康状况。此外，测量血压和心率等指标也可以发现潜在的健康问题，如高血压、心血管疾病等。这些健康问题可能会影响学生的学习和日常生活，因此及早发现和治疗非常重要。

2. 生长发育评估

评估学生的生长发育情况时，考虑学生的年龄和性别是非常重要的。不同年龄和性别的学生，生长发育的速度和特点是不同的。通过与同龄人进行比较，学校可以更准确地评估学生的生长发育情况。如果发现学生的生长发育滞后或提前，可以为他们提供针对性的健康指导和干预措施。例如，对于生长发育提前的学生，可以提供关于青春期发育和心理健康的教育；对于生长发育滞后的学生，可以提供营养和运动方面的指导，以促进他们的生长发育。此外，了解学生的生长发育情况也有助于发现潜在的健康问题，如早熟、晚熟等发育异常。早熟可能导致学生过早进入青春期，增加患乳腺癌、前列腺癌等成年期疾病的风险；晚熟则可能导致学生错过最佳生长发育时期，对身高、骨骼发育等产生影响。因此，及时发现和干预学生的生长发育问题，对于保障他们的身体健康非常重要。

3. 体质指数测量

体质指数（BMI）是一种评估个体体重和身高比例的常用方法，可以用来判断个体的营养状况和肥胖程度。学校通过测量学生的BMI，可以有效地评估学生的营养状况，并采取相应的措施来改善他们的饮食习惯和生活方式。

根据BMI值，可以判断学生是否存在营养不良或肥胖等问题。BMI值过低可能表明学生存在营养不良，而BMI值过高则可能表明学生存在肥胖问题。对于BMI值过低的学生，学校可以提供额外的营养补充和饮食指导，以帮助他们恢复健康的体重和生长发育。对于BMI值过高的学生，学校可以提供科学的运动和饮食计划，帮助他们减轻体重并保持健康的身体状况。此外，通过BMI值的监测和管理，学校还可以及时发现学生的身体状况变化，并采取相应的措施进行干预。例如，如果发现某个学生的BMI值在短时间内明显下降或上升，学校可以及时与家长沟通，了解学生的饮食和身体状况，并提供必要的帮助和支持。

4. 视力、听力检查

学校应定期进行视力、听力的检查，及早发现和处理学生的视力、听力问题。

视力检查可以评估学生的视力状况，发现是否存在近视、弱视等问题。对于视力问题的学生，学校可以提供眼镜、隐形眼镜等矫正器具，或者推荐学生到专业的医疗机构进行进一步检查和治疗。听力检查可以评估学生的听力状况，发现是否存在听力损失、听力障碍等问题。对于听力问题的学生，学校可以提供助听器、语言识别设备等辅助器具，或者推荐学生到专业的医疗机构进行进一步检查和治疗。

视力、听力的检查不仅可以及早发现和处理问题，还可以提醒学生注意保护眼睛和耳朵，养成良好的生活习惯。例如，提醒学生保持正确的坐姿和阅读距离，减少长时间使用电子产品的时间，避免长时间处于嘈杂的环境中等。

（二）健康指导制度

通过健康指导，学校可以帮助学生纠正不良的生活习惯，养成健康的生活方式。这不仅可以提高学生的身体健康水平，还可以促进学生的心理健康发展，有助于青少年体质健康的促进。

1. 饮食指导

青少年时期是生长发育的关键阶段，这时期的饮食直接影响到学生的生长发育、学习效果和未来健康状况。因此，学校作为学生的第二个家，肩负着对学生提供合理饮食指导的重要职责。

饮食指导的核心是帮助学生养成健康的饮食习惯。学校可以根据学生的饮食情况，为学生提供合理的饮食建议。这包括吃得均衡，适量摄入蛋白质、脂肪和碳水化合物。均衡的饮食可以确保学生获取所需的各种营养物质，支持其健康的生长和发育。除了提供饮食建议，学校还可以提供营养餐或者营养餐计划。这些计划不仅仅是为了满足学生的口感，更是为了确保学生在学校期间获得足够的营养。对于那些家庭条件不佳或者饮食习惯不良的学生，学校提供的营养餐尤为重要。这不仅可以帮助学生改善饮食习惯，还可以确保他们有足够的能量进行学习和体育活动。

饮食指导还应涵盖如何选择健康的食材，如何制作健康的食物，以及如何避免食品添加剂和过度加工的食品。此外，学校还应该教授学生如何识别食品标签，使他们能够更好地理解食品的营养成分和热量。为了使饮食指导更加生动有趣，学校还可以组织与健康饮食相关的各种活动。比如组织学生参观食品生产厂家，或者邀请营养师到学校进行讲座。这些活动不仅可以增强学生对健康饮食的兴趣，还可以帮助他们更深入地了解饮食与健康的关系。

2. 运动指导

青少年生长发育过程中，运动对于身体的多方面发展都具有积极的推动作用。它不仅能增强心肺功能、提高身体的免疫力，还有助于提高学生的注意力、缓解压力和改善心情。因此，运动指导在健康指导制度中占有举足轻重的地位。

根据学生的运动习惯和身体素质，学校可以为其提供个性化的运动建议。例如，对于经常久坐的学生，学校可以推荐其进行一些短时高强度的运动，如跳绳或短跑，来改善身体状态；而对于运动量较大的学生，则可以推荐适当的休息和放松活动，以防止过度劳累。此外，学校还可以提供多种体育活动和课程，满足不同学生的运动需求。这不仅可以鼓励学生积极参与体育锻炼，增强身体素质，还能帮助学生树立健康的生活观念，培养其长期参与运动的习惯。例如，学校可以设立篮球、足球、羽毛球等团队运动课程，鼓励学生集体参与，培养团队协作精神；也可以开设瑜伽、太极等轻松放松的课程，帮助学生调节身心。

运动指导不仅仅是提供运动建议，更重要的是培养学生的健康意识。学校应该重视对学生进行健康教育，让其深刻认识到运动的重要性，树立正确的健康观念。只有这样，学生才能真正形成持续的运动习惯，从而在生活中真正实现健康促进的目标。运动指导作为健康指导制度的重要部分，对于培养学生的身体健康起到了至关重要的作用。学校应该重视运动指导，为学生提供多种多样的运动机会，鼓励其参与体育锻炼，真正实现青少年体质健康促进的目标。

3. 生活习惯指导

青少年时期是人生的关键发展阶段，这一时期所养成的生活习惯将直接影响到个体的成年后生活。健康的生活习惯不仅有助于提高生活质量，而且能够预防多种疾病，为未来的生活打下坚实的基础。学校作为青少年的主要活动场所，在生活习惯教育上承担着重要的责任。

生活习惯指导的实施要求学校为学生提供系统的知识和技能培训。例如，通过课程教学，学生可以了解到规律作息对身体健康的益处，如何保持良好的卫生习惯，以及为什么充足的睡眠对身体和精神都至关重要。知识的传递是基础，但更重要的是实践的应用。为此，学校可以通过开展健康生活知识的宣传和教育活动，如设置健康主题周、组织健康讲座、展览等，不仅传授知识，更要激发学生的兴趣和参与意愿。同时，活动还可以邀请医生、营养师等专家参与，为学生提供更专业的指导。除此之外，学校还可以在日常管理中融入生活习惯的培养。例如，确保学生早晚有足够的时间休息，鼓励学生进行户外活动，提高对校园卫生的管理等。这样，学生在日常生活中就能够不断实践和巩固所学到的健康知识，从而养成健康的生活习惯。

（三）健康干预制度

通过健康干预制度，学校可以帮助存在健康问题的学生改善健康状况，防止健康问题的进一步发展。这有助于提高学生的身体健康水平，促进他们的健康成长，也有助于青少年体质健康的促进。同时，个性化的健康干预可以针对不同学生的健康问题提供针对性的措施，更好地满足学生的健康需求。

1.个性化健康计划

每个学生都有自己的身体特点和健康需求。学校可以根据每个学生的实际情况，制订出符合其特点的个性化健康计划。这些计划可以涵盖饮食、运动、作息等多个方面，确保每个学生都能够获得最适合自己的健康建议。此外，个性化的健康计划还可以帮助学生了解自己的身体状况，提高自我保健意识。

2.定期随访和监测

为了确保个性化健康计划的实施效果，学校还需进行定期的随访和监测。这可以通过学校的医务室或合作的医疗机构来完成。通过定期的体检、问卷调查等方式，了解学生的身体状况和生活习惯，及时发现和处理健康问题。

3.健康讲座和培训

健康知识是预防疾病的第一道防线。学校可以定期举办健康讲座和培训，邀请医生、营养师等专家为学生普及健康知识。这些讲座和培训可以涵盖营养、运动、心理健康等多个方面，帮助学生树立正确的健康观念，养成健康的生活习惯。

三、营造健康校园环境

健康的学校环境对于青少年的身体和心理健康都至关重要。它不仅仅是一个学习的场所，更是他们成长、交往和锻炼的重要空间。为了确保学生在学校时期得到全面的健康保障，营造一个健康的校园环境变得尤为重要。

（一）建设安全舒适的校园

学校应确保校园设施的安全性，包括建筑、设备、场地等。提供舒适的学习和休息环境，比如舒适的课桌椅、良好的照明和通风等，以保障学生的身体健康。这有助于减少因设施问题导致的意外伤害，从而让学生能够安心参与各种体育活动，促进体质健康。

1.校园设施安全

安全是健康校园环境的基石。学校需要确保所有的教学楼、宿舍、运动场所、实验室等场所都符合安全标准，没有安全隐患。这包括但不限于：定期检查建筑结构，确保没有损坏或老化；安装足够的安全设备，如灭火器、消防栓、摄像头等；制定并执行严格的安全规章制度，确保在遇到突发事件时可以迅速并有效地应对。

2.学习环境舒适

学校应提供舒适的学习环境，例如舒适的课桌椅、良好的照明和通风等，以保障学生的身体健康。良好的学习环境可以减少长时间坐姿不正、光线不足等问题对学生的身体健康的影响，有利于预防近视、颈椎病等常见健康问题。

（二）加强卫生保健

通过加强卫生保健，学校可以有效地预防和控制校园内的疾病传播，保障学生的身体健康。同时，这也有助于提高学生的卫生意识和自我保健能力，促进他们形成健康的生活方式，进一步促进青少年体质健康。

1.提供清洁卫生的校园环境

学校应加强校园环境的清洁和卫生管理，保持校园的整洁和卫生。例如，定期进行环境消毒、垃圾分类和处理等，防止疾病传播和环境污染对学生的身体健康的影响。

2.健康教育和宣传

知识是防范疾病的重要武器。学校可以通过健康教育课程、海报、漫画、视频等形式，普及健康知识，包括营养、运动、疾病预防等。这些宣传不仅可以帮助学生了解如何保持身体健康，还可以提高他们对身体健康的重视度。

3.提供基本的医疗服务

尽管学校不是医疗机构，但为学生提供基本的医疗服务是十分必要的。学校可以设立医务室，配备必要的医疗设备和药品，以及专业的医护人员。当学生出现身体不适时，可以及时得到初步的检查和治疗，确保其身体健康。

第二节　教育革新：体育课程改革

通过体育课程改革，可以为学生提供更加优质的体育教育，提高他们的体质健康水平。同时，这也有助于培养学生的运动兴趣和习惯，让他们在未来的学习和生活中更加健康、快乐地成长。

一、强化体育课程的健身性

体育课程应该注重学生的身体锻炼，增强学生的体质。因此，应该强化体育课程的健身性，增加运动技能和体能训练的内容，使学生掌握正确的运动方式和技能，从而提高他们的身体素质和运动能力。

（一）增加运动技能和体能训练内容

增加体育课程中的运动技能和体能训练内容确实可以帮助学生们掌握正确的运动方式和技能，从而提高他们的身体素质和运动能力。

运动技能是进行体育活动的基本能力，包括技术动作的准确性和协调性。通过学习和练习各种运动技能，如篮球、足球、游泳等，学生可以更好地掌握体育活动的技巧和要领，提高运动的效果和享受度。体能训练则涉及身体的力量、耐力、速度、柔韧性等基本素质。通过有针对性的体能训练，学生可以增强身体的各个方面的能力，提高身体素质和运动能力。例如，通过力量训练，可以增强肌肉力量，提高身体的爆发力和耐力；通过速度训练，可以提高学生的反应速度和移动速度；通过柔韧性训练，可以增强肌肉和关节的灵活性，减少运动受伤的风险。

通过体育课程中的运动技能和体能训练，学生可以更好地理解和掌握体育活动的知识和技能，提高身体素质和运动能力。这不仅有助于增强学生的身体健康，还可以提高他们的自信心和竞争力，对他们的全面发展有着积极的影响。

（二）制定健身计划

当今时代，青少年面临的健康挑战与以往截然不同。从长时间沉浸于数字设备，到生活节奏的加速，青少年的身体健康受到前所未有的挑战。为此，体育课程不再仅仅是跑圈、打球，更需要有针对性地制定健身计划，以确保学生在成长过程中身体健康、体魄强健。

制定健身计划的核心在于因材施教。首先，需要对学生进行身体测试，包括但不限于体重、身高、力量、速度和柔韧性等指标。这样，教师可以更准确地了解每位学生的身体状况，从而制定合适的健身计划。有了测试数据，教师就可以根据学生的具体情况，为他们量身定制健身计划。例如，对于体重超标的学生，可以安排更多的有氧运动，如长跑、游泳和跳绳，帮助他们消耗多余的脂肪，达到理想的体重。而对于力量较弱的学生，可以采用简单的力量训练，如俯卧撑、深蹲和引体向上，帮助他们增强肌肉力量，提高身体素质。

在制定健身计划时，还要考虑学生的兴趣和爱好。兴趣是最好的老师，只有让学生喜欢上健身，他们才会主动地、持续地参与其中。为此，体育课程可以引入更多的趣味性元素，如舞蹈、瑜伽和太极拳等，让学生在快乐中锻炼身体，培养健康的生活习惯。

（三）教授正确的运动方式和方法

随着现代生活节奏的加快，青少年由于种种原因越来越少地参与体育活动。这导致他们可能缺乏正确的运动习惯，从而增加了受伤的风险。因此，在休育课程中教授正确的运动方式和方法显得尤为重要。

正确的运动方式和方法的确不仅能够帮助学生获得更好的运动效果，更能在未来为他们铺设一条持续锻炼、终身受益的道路。对于青少年来说，身体仍处于成长发展阶段，错误的运动方式可能会导致长期的身体伤害，这对他们的身体发育是极不利的。体育课程中，教师可以首先向学生展示一个运动的正确方法，然后让学生模仿。在这一过程中，教师需要密切观察学生的动作，指正他们的错误，并给予必要的指导和鼓励。例如，进行深蹲时，许多学生可能会习惯性地让膝盖超过脚尖，这样会加大膝关节的压力，从而增加受伤的风险。教师需要及时纠正这一动作，让学生理解正确的深蹲姿势对于膝关节的保护作用。动作的顺序同样重要。以有氧运动为例，一个好的热身和拉伸都是不可或缺的步骤。它们能够帮助学生避免运动损伤，并且为高强度的运动打下基础。

二、注重体育课程的多样性

体育课程应该注重多样性，不仅包括传统的体育项目，还应该引入新兴的、具有趣味性和挑战性的体育项目，如健身操、瑜伽、街舞等，以满足不同学生的兴趣和需求。这样可以增加学生对体育课程的兴趣，提高他们的参与度和积极性。

（一）在体育课程中引入多种体育项目

体育课程一直是学校教育的重要组成部分，而引入多样化的体育项目是近年来教育改革的一部分。随着社会的进步和技术的发展，现代的青少年面临着更多的生活压力和学习负担。为此，有必要提供一个多元化的体育环境，帮助他们放松身心，锻炼身体。

例如，健身操，以其简单易学、灵活多变的特点，受到了广大学生的喜爱。它不仅能够帮助学生放松筋骨、提高身体柔韧性，还能增强体力和耐力。通过常规的健身操训练，学生可以更好地培养自己的协调性和节奏感；瑜伽，起源于古印度，是一种注重身心平衡的体育项目。通过深呼吸、静心冥想和各种体式的练习，学生不仅能够锻炼身体、提高身体柔韧性，还能学会如何调节呼吸、放松身心，减轻压力；街舞，凭借其独特的韵律和动感，已经成为当下最受青少年喜爱的舞蹈形式之一。它不仅能够帮助学生锻炼身体、提高协调性，还能培养他们的音乐感和艺术修养；武术，作为中国传统文化的一部分，它融合了力与美、快与慢、刚与柔的哲学思想。学生在学习武术的过程中，不仅能够锻炼身体、提高反应速度，还能学会自律、坚韧和毅力。

为了确保这些体育项目能够在校园内得到有效的推广和实施，学校需要有一套完善的教学计划和方法。例如，可以邀请专业的教练和老师来学校授课，为学生提供系统的训练和指导。此外，学校还可以设立专门的场地和器材，确保学生在安全的环境中进行锻炼。与此同时，学校还应该根据学生的兴趣和特点，设置不同的课程内容和难度，确保每位学生都能在体育课程中找到自己的位置，实现个性化的发展。

（二）开设特色课程

学校教育除了传统的课程设置，对于青少年来说，开设特色课程显得尤为重要。体育作为青少年身心发展的关键，不仅仅局限于常规的运动和锻炼。特色课程，如体育拓展、户外运动和运动技能培训，可以为学生提供更多元、更具挑战性的体验。

体育拓展课程是一种结合体能训练、团队合作与领导力培养的全新教学模式。通过各种团队挑战和个人技能训练，学生可以在锻炼体能的同时，培养团队合作和沟通能力。例如，绳索挑战、拔河比赛和接力赛都可以让学生在游戏中体验到团队的力量，增强彼此之间的信任。户外运动则为学生提供了接触自然的机会，培养他们对环境的尊重和爱护。如，徒步、攀岩、皮划艇等活动不仅能锻炼身体，还能让学生感受到大自然的魅力，体验与自然和谐共存的感觉。在这样的课程中，学生也学会了独立、勇敢和解决问题的能力。运动技能培训则更偏向于技能的学习和提高。比如，篮球、足球、羽毛球等球类运动，需要特定的技能和策略。有经验的教练可以为学生提供正确的指导，确保他们在学习过程中不会受伤，并逐渐掌握这些运动的要领。此外，武术、跆拳道和其他的技能类课程，也可以帮助学生培养自信和自律。

这些特色课程的开设，无疑给学生提供了更丰富、更具趣味性的学习体验。学生可以根据自己的兴趣选择参与，这样更容易培养他们对体育的热爱，从而形成长期的锻炼习惯。而学校则需要确保这些课程的安全性、教练的专业性和场地的完备性，为学生创造一个有利于成长的环境。

三、加强体育课程的实用性

体育课程应该注重实用性，教授学生一些实用的运动技能和知识，如应急救援、运动损伤预防和康复等，以帮助学生更好地应对生活中的各种挑战和问题。这样可以提高学生的自我保护能力和生活质量。

（一）教授应急救援技能

体育课程在培养青少年体质健康的同时，有必要整合应急救援技能的教授。这样的融合不仅仅是为了教给学生如何在紧急情况下自救或救人，更是一种让学生认识到生命的可贵和保护自己与他人安全的重要性。

心肺复苏，常被称作CPR，是一种在突发心脏骤停时救命的重要技能。在体育活动中，突发的意外并不罕见。可能是一个篮球撞到了胸部，导致心跳暂停；也可能是游泳时不慎溺水。在这样的关键时刻，掌握CPR技能的学生能够迅速地为受伤的同学提供初步救助，赢得宝贵的抢救时间。再比如，当学生在进行越野跑或户外探险活动时，可能会不慎摔伤或被异物刺伤。在这种情况下，如何正确进行止血、消毒和包扎，对于减少伤害和预防感染至关重要。对于这样的技能，学校可以请教医务人员或专业急救机构来进行培训，让学生通过模拟实践来掌握这些技能。同时，教授急救知识也可以提高学生的团队协作和责任感。当一名同学受伤时，需要其他同学的帮助和配合来完成急救。每一个环节都需要准确无误，这对学生的责任感和合作精神是一个很好的锻炼。学校可以配备急救包，并放置在体育馆、操场和其他主要活动场所，方便学生在需要时使用。体育教师也应该定期进行急救技能的培训和复习，确保在紧急情况下可以迅速做出反应。

（二）教授运动损伤预防和康复知识

运动是青少年成长过程中不可或缺的一部分，但随之而来的运动损伤问题也不容忽视。因此，将运动损伤预防和康复知识融入体育课程，是确保学生能在安全环境中参与体育活动的关键。

运动损伤预防是关于怎样避免在活动中受伤的知识。例如，正确的热身方法可以准备身体进行更高强度的锻炼，帮助避免因身体不适应而导致的损伤。正确的运动鞋和装备可以减少因不当的摩擦和撞击而导致的损伤。在体育课程中，教练和教师可以向学生展示正确的热身运动，指导他们选择合适的运动鞋，或教授他们如何正确使用体育器材。当运动损伤发生时，如何快速、正确地处理是至关重要的。一个简单的扭伤，如果不及时处理，可能会演变成严重的伤害。在体育课程中，可以通过模拟实践的方式，教学生如何对待常见的运动伤害，如扭伤、拉伤或划伤等。这种模拟实践可以使学生更直观地理解处理伤害的步骤，并在真实情况下迅速做出反应。康复训练是指在受伤后，如何通过一系列的锻炼和治疗来恢复受伤部位的功能。这种训练不仅仅是医生或理疗师的工作，学生自己也可以参与其中。例如，对于一个脚踝扭伤的学生，可以教授他一些简单的脚踝运动，帮助他恢复脚踝的活动度和力量。这样，当学生受伤时，他们不仅仅是等待伤势恢复，而是积极参与到康复过程中，加速伤势的恢复。

（三）教授体育运动健康知识

体育运动健康知识的普及和教授在当今社会变得尤为重要，尤其是在青少年时期，这段时间的生活习惯和认知将深深地影响到他们的未来。体育课程不应仅仅局限于技能的教授和锻炼，更应该融入对健康生活方式的引导和教育，使学生深刻理解体育运动与日常生活健康之间的密切关系。

饮食是运动效果的基石。没有正确的饮食，再多的锻炼也无法发挥出最大的效果。教师可以在课堂上通过真实的例子展示饮食对体能的影响。例如，那些摄入过多糖分和垃圾食品的学生在跑步时可能会感到更加疲惫，而均衡膳食的学生则能够维持更长时间的体能。通过这种方式，学生可以直观地感受到饮食对体能的直接影响，从而更加重视日常的饮食习惯。休息和睡眠对于身体恢复和新能量的获得至关重要。在体育课程中，可以设置一些小实验，让学生体验休息不足对体能的影响。如设定两组学生，一组保证良好的休息，另一组则熬夜，然后观察两组在体育课上的表现差异。这样，学生可以亲身体验到休息对身体的重要性，进而认识到确保足够休息时间的重要性。

通过体育运动促进身体健康不仅仅是身体上的锻炼。更多的是对于饮食、休息和生活习惯的关注。体育课程应该强调这些健康生活方式的重要性，让学生在日常生活中自觉地实践，从而真正做到健康生活、健康锻炼。通过这样的方式，学校可以确保学生不仅仅在体育课上得到锻炼，更是在日常生活中能够维持一个健康的生活方式，从而提高他们的生活质量。

第三节　项目进校园：阳光体育与校园足球

阳光体育和校园足球为青少年提供了一个与众不同的锻炼身体、增强体质的平台。他们在参与这些活动中，不仅锻炼了身体，还收获了友情、合作与团队精神。

一、开展阳光体育活动

阳光体育运动，一个具有明确目标、有组织、有计划的教育活动，已成为当今青少年健康教育的重要部分。这一活动不仅仅是为了增强学生的体育锻炼，更重要的是要引导青少年形成健康的生活习惯和科学健康的生活方式，增强他们的体质健康。

（一）快乐大课间

课间操，曾是每一位学生在校园时代的集体回忆，那规律的音乐、同步的动作，构成了一个校园的靓丽风景线。然而，在当下的特色阳光体育活动背景下，课间操已不再是单一的广播体操或跑操，而是融合了更多当代特色与地方文化的体育活动内容。搏击操、健美操、体育舞蹈等活动的引入，不仅赋予了课间操更为丰富的形态，也让学生在短暂的课间时间里，体验到了不一样的体育魅力。比如搏击操，结合了搏击运动的特点，让学生在模仿拳击、踢腿的过程中，加强了上下肢的协调性，同时也提高了反应速度和敏捷性；而体育舞蹈，则融入了流行的舞蹈元素，不仅锻炼了学生的肢体，还增强了他们的音乐节奏感。

除了学校组织的集体活动，课间时间也为学生提供了一个宝贵的自主空间。在这段时间里，学生可以自由选择参与足球、篮球、踢毽子等体育游戏，这种自由选择的机会，不仅让他们更加珍惜每一次的体育活动，也更容易发掘自己的兴趣所在，进而更加积极地参与到运动中。课间操的时间虽然短暂，但它却是学生每天最期待的时光。因为在这段时间里，他们可以暂时放下繁重的学业，走出教室、走向操场、沐浴在温暖的阳光下，尽情享受体育活动带来的乐趣。这不仅有助于舒缓学习压力，也让他们在快乐的运动中，培养出一种乐观的人生态度。而更为重要的是，快乐大课间的各种体育活动，也为学生的体质健康水平提供了有力的保障。无论是集体的操课还是自主的运动游戏，都能够帮助学生提高心肺功能，加强肌肉骨骼的锻炼，从而达到提高体质的效果。

（二）特色体育竞赛

体育竞赛在学校教育中扮演着不可或缺的角色。这不仅仅是一场对身体能力的考验，更是一次对心理素质的历练。参与竞赛，意味着学生将会体验到一系列情绪：激情、焦虑、挫败感、胜利的喜悦等。这些情感体验有助于塑造学生更加健全的人格特质。

特色体育竞赛的设置要切实考虑学生的需求和兴趣。每个学生都有自己擅长和喜欢的项目，学校应尽量满足这一点。班级篮球赛、班级接力跑、校园舞蹈大赛等活动，旨在让每个学生都能找到一个适合自己，能够展现自我，并且能得到锻炼的平台。胜利的渴求能够激发学生参与体育竞赛的热情。当他们为了胜利努力，不断的锻炼、训练，身体素质自然得到提高。但这并不是竞赛的全部价值。竞赛过程中的成功和挫折都是锻炼心理素质的好机会。成功会让学生体验到努力的价值，而挫折则能让他们学会坚韧不拔和从失败中吸取教训。

如何确保体育竞赛的安全是学校必须考虑的问题。无论是班级篮球赛、班级接力跑，还是校园舞蹈大赛，学校都应确保活动过程中学生的安全。学校应为学生提供必要的防护装备，确保比赛场地符合安全标准，并在必要时提供专业的医疗支持。这样，家长就可以放心让学生参加体育竞赛，而学生也能全身心地投入比赛。而家长的支持同样是促进学生参与体育竞赛的关键。学校应当通过各种渠道加强与家长的沟通，让家长了解体育竞赛的重要性。家长和学校应携手，鼓励学生参与竞赛，为学生创造一个"乐于参与，家长乐于支持"的体育活动氛围。

（三）趣味运动会

运动会，作为校园内部重要的体育活动，历来都备受关注。然而，传统的项目设置如短跑、长跑、跳高、跳远等，尽管具有竞技体育的专业性，但在多数学生眼中，这样的项目往往显得单一而乏味。为了刷新学生对运动会的认知，使其真正变成一个大家都愿意参与的欢乐盛事，协同合作趣味运动会应运而生。

趣味性活动是此次运动会的最大特色，它不仅吸引了广大学生的兴趣，还能够鼓励更多的学生参与到运动中。比如，三脚绑腿赛跑、团队拔河、接力穿衣、气球夹腿跑等。这些项目听起来似乎与"竞技"相距甚远，但实际上它们包含了竞技体育的要素，如速度、力量、团队合作等，并且更加强调参与者之间的沟通与协作。在这种趣味运动中，参与的学生可以感受到与团队成员之间的深度合作，这种合作远不止是身体上的配合，更多的是思维上的默契。如何迅速制定策略、如何在竞技中迅速调整策略、如何与队友进行有效的沟通等，都是这些趣味项目所要考验的。因此，协同合作趣味运动会不仅能锻炼学生的身体，更能培养他们的团队协作和策略思考能力。同时，参与这种运动会，学生们可以摆脱传统竞技运动中的压力，更加放松地参与到运动中，享受运动带来的乐趣。这种放松的状态，能使学生更好地释放体内的活力，真正体验到运动的快乐。除了趣味性项目外，该运动会还强调了与学生日常生活息息相关的项目，如团队拍手操、创意舞蹈等。这些项目不仅可以锻炼学生的身体，还可以锻炼他们的创造力和审美能力。

协同合作趣味运动会，是对传统运动会的一种创新，它摒弃了单一的竞技项目，引入了更加丰富和有趣的项目。这种创新，不仅能够吸引更多学生参与到运动中，还能够真正培养他们的团队协作能力和创新思维。这是一种更加注重全面发展，更具包容性和创意性的运动会模式，它必将在未来的校园体育活动中，扮演更加重要的角色。

（四）开展体育文化周

体育文化不仅仅是一项运动或一场比赛，它是一种生活方式、一种思考方式，更是一种集体的认同感和归属感。在校园内，培养学生对体育的热爱，激发他们的体育激情，是一项至关重要的任务。对于青少年来说，他们身处在一个充满好奇、充满活力的时期，正是培养他们兴趣和爱好的关键期。此时，学校的职责便是为他们创造一个充满体育氛围、丰富多彩的学习环境，让他们从中发现自己的兴趣所在，发掘自己的潜能，并真正享受到运动带来的快乐。

体育文化周作为学校特色阳光体育活动的一部分，正是为了实现这一目标而设立的。通过为期一周的体育文化盛宴，学生们可以深入了解到体育的历史背景、体育的价值观以及体育与社会、文化、经济等多方面的紧密关联。比如，通过观看历史上的经典比赛片段，学生们可以感受到运动员们在场上拼搏的精神；通过听取各种关于体育的讲座和报告，他们可以认识到体育背后所蕴含的深厚文化内涵。此外，体育文化周还可以设置各种创新和有趣的活动，如体育知识竞赛、体育才艺展示、各种体育项目的体验活动等。这些活动不仅可以让学生们从中获取知识，更可以让他们在实践中感受到体育的魅力，找到自己真正喜欢的体育项目，从而培养他们长期坚持锻炼的好习惯。另外，通过体育文化周的开展，学生们可以更加深刻地理解和认知当代体育精神，如何通过团队合作、公平竞争、尊重对手等来实现个人和团队的目标。他们可以意识到，体育不仅仅是一种娱乐活动，它更是一种锻炼身体、磨练意志、培养团队精神的方式。体育文化周所传递的信息和价值观，必然会对学生们的生活学习产生积极的影响。

二、校园足球活动的开展

校园足球的开展对于学生来说，意味着一个全面锻炼身体素质的机会。足球运动中的跑动、转身、突破、拦截以及与对手的拼抢，都要求运动员具有高水平的身体机能。这样的锻炼对于青少年来说，不仅可以提高他们的肌肉力量、灵活性和协调性，还能够促进心肺功能的提升，有助于增强体魄，提高身体耐力。

（一）促进校园足球训练的科学化

校园足球，作为体育教育的重要组成部分，在近年来得到了广泛的关注和推广。为了更好地培养学生的足球技能、提高他们的身体素质和运动能力，同时充分调动学生的学习兴趣和热情，实现校园足球训练的科学化显得尤为关键。

训练内容和方法的选取应该基于学生的生理和心理特点。青少年时期是学生身体成长发育的关键期，不同年龄段的学生需要不同的训练强度和内容。例如，小学生可以重点进行基础技能的培训，如传球、控球和射门等；而中学生则可以在此基础上进行战术配合和实战模拟训练。此外，训练方法也应该有所不同，以保证训练的有效性和趣味性。为了确保训练的科学性，学校应该引入专业的教练团队进行指导。这些教练不仅有丰富的足球教学经验，还深谙青少年身体成长的规律，能够根据学生的实际情况制定合适的训练计划。同时，教练们还可以通过视频分析、数据统计等手段，对学生的训练效果进行评估和反馈，确保训练目标的达成。另外，科技在促进校园足球训练的科学化中也扮演着不可或缺的角色。例如，利用智能设备进行身体测试和健康评估，可以帮助教练了解学生的身体状况，为他们制定个性化的训练计划。同时，借助于虚拟现实技术，学生可以模拟真实的比赛场景，进行战术训练和实战模拟，提高他们的实战能力。

此外，与家长和社会的合作也是实现校园足球训练科学化的关键。学校可以与家长建立合作机制，共同关注学生的身体健康和成长情况，确保他们在学校和家庭都得到科学的训练和指导。同时，学校还可以与社会企业和机构合作，引入更多的资源和技术，为学生提供更为科学和专业的足球训练。

（二）建立完善的校园足球竞赛机制

足球作为"世界第一运动"，在全球范围内拥有无数的爱好者。然而，要让足球在学校中蓬勃发展，形成一种积极健康的运动文化，就需要具备一套完善、有序的校园足球竞赛机制。一个恰当的竞赛机制不仅能够保证比赛的公平性、公正性，还能够激发学生的足球热情，提高他们的技能水平，培养他们的团队合作精神。

完善的校园足球竞赛机制应当分为两个层面：校内和校外。在校内的竞赛组织，以班级、系级联赛为核心是一个明智的选择。这样的竞赛形式为大多数学生提供了参与的机会，确保足球活动得到广泛的参与，而不仅仅是少数足球高手的专属。班级联赛借助"金字塔"赛制进行，赛制设计灵活，不固定比赛时间和对手。这样的赛制鼓励持续的比赛参与，促使学生们随时保持竞技状态，增强了比赛的不确定性和趣味性。学生们通过这种"抢位"式的比赛，不断地挑战、进步和调整，这种机制保证了比赛的活跃性和吸引力。

此外，这样的校内赛制还有助于筛选和凝聚出技能较高的球员，为校队选拔备战提供了基础。强队的形成对于校外的各项竞赛和交流活动至关重要。学校可以组织队伍走出校园，参与到区域、市甚至是全国的校园足球比赛中。这种对外的交流和竞技会进一步提升学生的竞技水平，加深他们对于足球的热爱。校园足球的开展不仅仅是提高学生的技能和水平，更重要的是，它能够丰富学生的课余生活，增加他们的身体锻炼，提高他们的团队合作和沟通能力。它也提供了一个平台，让每一个对足球有热情的学生都能够展示自己，发挥自己的特长。正因为如此，学校内部的这种积极、健康、向上的足球文化得以形成，对学生的身心健康、个性发展都产生了积极的影响。

第七章　青少年体质健康促进中的媒介责任

第一节　青少年体质健康促进与媒介责任概述

一、核心概念

（一）青少年、媒介与媒介责任

1.青少年

青少年时期是一个特殊且关键的发展阶段，它位于儿童时期与成年时期之间，通常被定义为年龄在 13 至 20 岁之间的群体。在此阶段，个体经历了从儿童到成年人的过渡，这是一个生理、心理和社会角色大量变化的时期。根据常用的年龄范围定义，青少年通常涵盖了少年（13 至 18 岁）和青年（19 至 24 岁）的阶段，但在很多情况下，专门指 14 至 18 岁的人群。

在生理层面，青少年时期是一个迅速发展和变化的阶段，主要特征为显著的身体发育和性成熟。这一时期的个体，身体发育迅速，生长激素和性激素的分泌增加，导致显著的身体和生殖器官的发育。在心理层面，青少年是个体认知能力、自我意识和独立性迅速发展的时期。在这一阶段，个体的思维能力逐渐从具体转向抽象，形成更为成熟的道德和价值观。同时，青少年趋向于追求自我认同和自主性，可能会出现对权威和规则的质疑和挑战。社会角色和关系也在这一时期发生重要的转变。青少年开始从依赖父母和其他成年人转向与同龄人建立更紧密的关系，这些同龄人关系在个体的社会化过程中扮演着重要的角色。同时，青少年也开始尝试和探索不同的社会角色和职责，为进入成年生活做准备。

由于青少年时期的个体正处在一个关键的、易受影响的发展阶段，他们的身心健康状况因此受到社会各界的高度重视。在这一时期，良好的教育和指导，尤其是健康教育和心理健康教育，被视为至关重要。它们不仅能够帮助青少年建立健康的生活方式和行为模式，更能引导他们形成稳定而成熟的心理和社会适应能力，为其后续的成人生活奠定坚实的基础。

2. 媒介

在新闻学领域中，媒介通常指大众传媒，它涵盖了一系列用于信息传播和交流的组织和平台，如报纸、杂志、电视、广播、网络等。媒介的核心功能是传播信息、塑造舆论、引导公众意见。在这个意义上，媒介承担着社会的"看门人"角色，它们在信息的选择、处理和传播过程中起到关键作用。

在青少年体质健康的语境下，媒介具有显著的影响和作用。一方面，媒介能够大量、迅速地传播有关健康的信息和知识。这些信息在形式和内容上丰富多样，可以是科学的健康知识、合理饮食的建议、有效的锻炼方法，也可以是关于健康风险和危害的警示和报道。这些信息的传播有助于青少年建立正确的健康观念和生活方式。另一方面，媒介也是社会文化的重要载体。它们不仅传播信息，还传播价值观和生活方式。通过各种形式的报道和表现，媒介对健康和美的标准、对体育和锻炼的态度、对食物和消费的选择等进行了某种程度的塑造和引导。这一方面可能促使青少年更加关注自身的健康和生活方式，另一方面也可能导致他们对某些不实或有害的信息和观念产生误解和追逐。

媒介的影响是复杂和多维度的，它们与其他社会因素如家庭、学校和社群等相互作用，共同构成了影响青少年体质健康的复杂环境。例如，家庭的教育和生活方式、学校的体育教育和健康教育、社群的交往和互动等都是重要的因素，它们与媒介的信息传播和文化引导相互交织，共同影响着青少年的健康行为和状态。因此，在研究和理解媒介对青少年体质健康影响的过程中，需要综合分析和考察媒介与其他社会因素的交互和整合，把握它们在不同层面和环节中的具体作用和影响机制，以便更准确和深入地理解和解释这一复杂的社会现象。

3. 媒介责任

媒介责任构成了媒体活动的伦理基础和行为规范，强调大众传媒在信息传播过程中的社会责任和公众责任。这一概念突出媒体不仅仅是追求经济效益的商业实体，更是服务于社会和公众利益的社会机构。媒介责任意味着大众传媒（包括传媒组织与传媒从业人员）在信息的收集、生产和传播活动中，应秉持有利于公共利益的原则，遵循一定的伦理和规范，从而承担起相应的社会责任和法律责任。

在实践中，媒介责任具体表现为对信息真实性、准确性和完整性的追求。这意味着媒体在报道和传播信息时，需要进行严格和谨慎的核实，避免制造和传播虚假、失实、夸张或歧视性的内容，确保信息的公正、客观和真实。此外，媒体还应注重信息的平衡和全面，对于不同的观点和利益群体，都应给了公正和充分的报道和表达机会，避免片面、倾向性和偏见性的报道。媒介责任还体现在对公众利益和社会责任的维护。在信息社会，大众传媒既是信息的生产者和传播者，也是社会舆论的引导者和塑造者。因此，媒体需要关注和回应公众的关切和需求，积极报道和宣传有益于社会进步和公众福祉的内容，抵制和避免有损于社会和谐和公共道德的内容。此外，媒体还需要关注和监督社会的公共事务和公共权益，通过报道和揭露社会问题和不公现象，推动社会的公正和进步。媒介责任还涉及对自身行为和后果的担当。这意味着媒体在信息传播活动中，不仅需要遵循法律和规范，还需要对自身的行为和选择负责，对可能产生的社会影响和后果负责。当媒体的报道和传播活动引发社会争议和问题时，媒体需要以负责任的态度，对外界的质疑和批评予以回应和纠正，甚至接受法律的审查和惩罚。

（二）青少年体质健康促进中的媒介责任

在当今社会，新媒介尤其是以网络和手机等手段为代表，已成为一种强有力的社会现象，深刻地影响着人们，特别是青少年的生活。这种"媒介化社会"的特点明显表现在媒介不仅成为人们获取信息、娱乐和社交的主要渠道，更在很大程度上塑造和引导了人们的价值观、行为方式和生活方式。因此，媒介在青少年体质健康的促进中扮演着至关重要的角色，这使得媒介责任的问题变得尤为突出。

在青少年成长过程中，身体和心理的健康是基础和关键。当前，青少年普遍面临着体质下降、心理健康问题和社会适应能力不足等问题。新媒介，特别是社交网络、网络游戏和各类移动应用，为青少年提供了丰富的娱乐和社交空间，但同时也可能带来过度依赖、生活不规律、缺乏锻炼、心理健康问题等一系列负面影响。这些因素无疑会对青少年的体质健康造成间接和深层次的影响。在青少年体质健康促进的过程中，媒介责任的定义具有多层次的含义，根据作用程度和范围，可划分为狭义与广义两种解释。

狭义的媒介责任重点关注的是大众传媒及其从业人员在传播活动中所应履行的法律和道德义务。这里，法律和道德不仅是约束和规范媒体行为的基本准则，而且是保障青少年体质健康发展的重要手段。这要求媒体在所有形式的传播活动中，都必须严格遵守相关法律法规，确保传播内容的真实、准确和有益性，避免传播有害、误导和低俗的信息，以维护青少年的身心健康和社会福祉。这种义务和责任不仅源于法律的强制规定，更源于媒体自身的职业伦理和社会责任意识。

广义的媒介责任则涵盖了更为广泛和深入的层面。在媒介化社会，媒体不仅是信息的传播者，更是文化的创造者和社会的塑造者。在这一过程中，媒介对青少年群体体质健康的影响远远超出了信息传播的范畴。这包括媒体如何通过自身的信息收集、生产和传播活动，影响到青少年体质健康相关的社会因素，如家庭教育、学校教育、社会环境等，并通过这些社会因素的互动和转化，进一步影响到青少年的身体和心理健康。这要求媒体不仅要关注和回应青少年的信息需求和心理需求，更要关注和回应青少年的生活需求和健康需求，通过积极和有效的社会实践和公共服务，为促进青少年全面和健康的成长贡献自身的力量。

因此，媒介责任在青少年体质健康促进过程中的实现，既是一种法律和伦理的要求，也是一种社会和文化的要求。它要求媒体在新的社会和文化背景下，重新审视和定位自身的角色和功能，从传统的"信息传播者"转变为"社会责任的承担者"，从"观众的迎合者"转变为"公众的服务者"，实现媒体责任与社会责任、文化责任和教育责任的有机结合和协同发展。

二、青少年体质健康促进的媒介责任体现

（一）青少年体育知识与技能获取的"服务器"

体育知识与技能构成了青少年参与体育锻炼及相关活动的基本前提，它包括生理、保健、锻炼方法及项目规则等基础知识，以及在知识掌握基础上展现的体育活动的身体外在表现形式。这些知识与技能不仅是青少年积极参与体育锻炼的关键，更是提升其体质健康水平的重要基础。在媒介化社会背景下，媒介的作用迅速上升到一个前所未有的地位。不

同于"前媒介化"时代，青少年体育知识与技能主要依赖于学校体育教育和家庭教育，现代媒介已成为青少年获取体育知识与技能的重要渠道。它通过各种形式—包括但不限于新闻报道、专题节目、在线课程、社交媒体等—为青少年提供丰富、多样和实时的体育知识与技能信息。在这一背景下，媒介机构及其相关主体应承担起作为青少年体育知识与技能获取的"服务器"的责任。这意味着，媒介不仅要为青少年提供准确、科学和实用的体育知识与技能，还需以负责任的态度，对传播内容进行严格的把关，确保信息的真实性和有效性，防范错误或有害信息的传播。作为"服务器"，媒介还应积极创新传播方式和内容形式，引导青少年形成健康的体育参与观念和行为模式。例如，通过故事化、情境化的内容设计，引发青少年的兴趣和参与欲望，使他们在轻松愉悦的环境中自然而然地吸收体育知识、培养体育技能，从而更有效地推动青少年的体质健康发展。

基于媒介责任理论，传播媒介的核心目标可视为生产并传递针对特定利益主体有益的知识、观念和信息产品，进而影响受众的知识结构、观念形态、立场和态度。在这一框架下，媒介不仅是信息的传播者，更是社会责任的承担者，尤其在青少年体质健康促进方面展现其特殊与重要的角色。在纸媒、电视和广播构成主流媒介传播载体的传统媒介时代，青少年获取体育知识与技能的路径已深受媒介的塑造。那个时代，人们接触到体育相关信息的渠道相对单一，但即便如此，媒介传播的科学、医学系统化的健康知识、体育知识和健身知识等，依然对青少年体育技能的形成、体育习惯的养成，乃至于健康理念的树立、健康共识的达成，以及体质健康水平的提升，都产生了深远和积极的影响。进入媒介化社会，这种影响愈发显著。媒介不仅仅是青少年接触体育知识与技能的渠道，更成为他们理解、认识和参与体育活动的重要桥梁。因此，媒介在青少年体质健康促进中所承担的责任亦愈加明确与重要。其中，媒介机构及其从业人员有责任保证传播内容的真实性和科学性，以确保青少年能够在正确的指导下进行体育锻炼，培养健康的生活方式和习惯。此外，媒介还需要注意平衡各类利益关系，避免仅从追求经济效益的角度出发，而忽视了对青少年身心健康的潜在影响。这就要求媒介在设计和传播内容时，兼顾青少年的生理和心理特点，慎重选择和呈现与青少年体质健康相关的内容，避免传播有悖于健康发展的信息。

（二）青少年体育健身参与与健康管理的"推进器"

在青少年体质健康促进中，传播媒介应承担起具有双重意义的责任，即既是体育知识与技能的提供者，又是青少年体育健身参与与健康管理的推进器。这一责任不仅涉及为青少年提供准确、科学的体育知识与技能，更包括激发和维系青少年的体育参与兴趣，引导他们形成科学、健康的生活管理方式，从而促进青少年群体整体的体质健康状况。对于青少年而言，体育知识与技能的获得并非终点，而是形成持续、积极参与体育锻炼和科学管理个人健康行为的起点。这需要媒介传播的积极引导和持续推动。

在传统媒体时代，媒体对于青少年体育健身参与与健康管理的推进作用相对较弱，其传播框架主要侧重于服务政府和企业的社会组织功能，而较少关注普通大众个体的健康需求。传统媒介的报道往往聚焦于与体育场相关联的政治场和经济场，较少关心与个体健康直接相关的内容。因此，需要通过整合"人文""健康"等基础框架与"宣传""官方"框架，以实现媒介内容的人文关怀与官方宣传的有机结合，进一步动员社会达成健康共识。

进入互联网主导的新媒介社会后，媒介对人们的生活产生了更为深远的影响，这一点在青少年群体尤为显著。它的便捷性和互动性使得青少年更易接触到健康相关的信息和资源。媒介，在这一过程中，既是知识和技能的传递者，更是价值和行为的塑造者。因此，媒介机构及其从业人员在制作和传播内容时，需要充分认识到自身作为信息产品提供者、社会规则守望者以及社会议程设置者的重要角色，从而更加审慎和负责任地制定和实施传播策略。例如，媒介可以通过生动有趣的方式，如故事叙述、案例分享、图文并茂的演示等，向青少年普及体育知识和技能，引导他们认识到体育锻炼对健康的重要性；通过展示健康管理的科学方法和成功案例，鼓励青少年形成良好的生活习惯和自我管理能力；通过揭示不健康行为的潜在危害，警示青少年远离不良的生活方式。媒介还需担负起监督和引导社会公众关注青少年体质健康问题的责任，倡导全社会形成有利于青少年健康成长的良好环境。这不仅是媒介自身的社会责任，更是其对于未来社会健康发展的重要贡献。

（三）体育精神融入青少年生活的"示范器"

体育精神在青少年发展中扮演着重要的角色，不仅引导青少年形成积极的体育参与行为，更是青少年个体完善和社会化过程中不可或缺的精神支柱。黄莉的观点明确指出，体育精神对青少年健康体质的提升具有基础性保障作用，并成为评估体质健康促进过程的重要指标[①]。这种观点实质上强调了体育精神的教育价值和人格塑造功能。在全球健康观念的演变中，世界卫生组织（WHO）的"四维健康观"已不再局限于生理层面的健康，而是将精神层面的健康——包括心理、社会适应和道德——纳入评估体系，这反映了精神层面在健康评价中的重要地位[②]。在这样的背景下，媒介传播作为一个重要的社会力量，它的根本责任不仅是提供准确迅速的信息，而更是作为一个意见平台，能够对社会形成有益的引导。特别是对于青少年群体，媒介的信息传递和价值引导功能显得尤为关键。它可以利用具有吸引力的形式，将体育精神所包含的诸如活力、优美、健康、快乐、坚韧、勇敢、卓越、高尚、公正、竞争和合作等积极元素，有效地传递给青少年。这一过程不仅是信息的流动，更

---

① 黄莉. 体育精神的文化内涵与价值建构 [J]. 体育科学，2007（6）：88-96.

② 张自力. 健康传播学 [M]. 北京：北京大学出版社，2006：143.

是一种深层次的文化和价值观的传递和塑造。

通过媒介的多元化途径，体育精神可以更易于被青少年所接受和内化。这种接受和内化不仅有助于青少年形成健康的生活方式和人生观，而且有助于推动他们在生理和心理层面上同步地健康发展。这是因为，当青少年能够理解和实践体育精神时，他们更可能关注自身的身体健康，培养良好的锻炼习惯，同时也更有可能形成积极乐观的心态和健全的社会适应能力。因此，媒介传播在青少年健康发展中不仅是信息的传递者，更是体育精神融入青少年生活的重要示范器。它通过有意识地引导和有效的传播手段，使体育精神成为青少年健康成长的重要支柱，进而对青少年全面健康的促进发挥积极而深远的作用。这样的角色定位和功能发挥，使媒介传播成为连接体育精神与青少年健康发展的重要桥梁，具有深远的社会意义和教育价值。

（四）青少年媒介沉溺行为的"矫正器"

媒介传播技术的更新和进步，虽然为青少年提供了丰富的信息、便捷的生活方式、海量的知识与娱乐内容，但同时也为青少年的生理和心理健康带来了一定的不良影响。在传统媒介时代，这种影响主要表现为屏幕时间增多，从而对青少年的生理与心理健康造成负面影响。

基于媒介责任理论，媒介传播不仅是信息的传递和交流，更是一种公共服务和社会责任的承担。媒介被赋予了作为"社会公器"的特殊地位，意味着它们应当超越商业和利益的追求，秉持服务于公共利益的核心职责。这要求媒介机构在自身行为和内容生产中，应恪守法律和职业道德标准，努力维护社会稳定、保障社会和谐，以及推动社会进步。在现代社会，青少年是一个特殊且重要的群体。他们正处于生理和心理发展的关键时期，对于外界信息极为敏感和易受影响。然而，当前媒介环境中，尤其是数字和网络媒介环境，信息的海量、多元和易获取特性，易导致青少年过度依赖媒介，形成媒介沉溺行为。这种沉溺不仅可能损害青少年的生理健康，例如影响视力、引发久坐等健康问题，还可能对其心理健康产生负面影响，如诱发焦虑、抑郁等心理问题。因此，避免青少年过度的媒介使用行为，预防青少年媒介沉溺，以促进青少年生理和心理健康水平的整体提升，正是媒介履行其社会责任的重要体现。

媒介沉溺的产生是一个涉及多重因素交织的复杂现象。家庭环境、教育背景和青少年个体心理状态等因素共同作用，可能导致青少年过度依赖媒介产品，形成媒介沉溺行为。在这个过程中，媒介产品本身起到了重要的催化作用。因此，媒介机构有责任和义务成为青少年媒介沉溺行为的"矫正器"，通过具体策略，从源头上减少媒介沉溺行为的产生和扩散。

一方面，媒介机构应优化内容生产和推送策略。这意味着媒介需要对自己生产和传播的内容负责，减少对青少年具有过度吸引和刺激性的内容。具体实施时，可以推行更严格的内容分级制度，确保青少年在使用媒介产品时能够接触到适合其年龄和发展阶段的内容。这不仅有助于防止青少年接触到可能导致心理和行为偏差的信息，更能引导他们形成良好、健康的信息消费习惯。另一方面，媒介机构也可以主动担当社会责任，通过与教育机构、家庭和其他社会组织的合作，参与青少年的媒介教育和素质教育。这样的合作可以是多方面的：一是协助教育机构开发和实施媒介素质教育课程，教导青少年如何理解、评估和使用媒介信息，培养他们的媒介批判意识和独立思考能力；二是与家长和社区合作，举办家长教育讲座和工作坊，引导家长建立科学的家庭教育理念和方法，协助他们更有效地指导和监督青少年的媒介使用行为。

（五）青少年体质健康促进过程的"监视器"

基于媒介责任理论，大众媒介的存在和运作并非仅为追求经济利益或满足社会某一特定群体的需求，而是肩负起了更为重要的社会职责。作为公共性质的社会机构，大众媒介在社会发展进程中扮演着信息的瞭望者和社会现象的监视者的角色。在体育与健康传播领域，媒介的作用尤为明显。体育与健康风险在媒介中的传播有助于提高人们对于体育与健康中的物理风险、生理效应以及风险本身的认识。这样的传播不仅是对个体健康状况的关注，更是对整个社会健康状况的关注和干预。在媒介化的社会中，大众媒介对青少年体质健康的促进起到了至关重要的"监视"作用。媒介不仅作为一个信息的载体，为青少年传递健康的知识和生活方式建议，更是作为社会的瞭望塔，对青少年体质健康的变化和可能的健康风险进行实时的监测和反馈。在当前的信息爆炸时代，青少年接触到的健康信息量是空前的。这种丰富的健康信息，理论上为他们提供了足够的资源来理解并维护自己的健康。然而，这也带来了一个问题：信息的真实性和质量如何？媒介在这里扮演了"监视者"的角色，对健康信息进行筛选、鉴定和解读，确保青少年接收到的是科学、真实和对他们有益的信息。

在社会维度中，媒介传播机构被赋予了一种特殊的责任，即对青少年体质健康促进相关政策的执行与实施状况进行监视。这一监视功能不仅局限于对青少年体质健康水平的监测，还包括对相关促进措施的实施状况进行准确而持续的观察。在此背景下，媒介的角色并非单一，它同时具备对与青少年体质健康促进相悖的社会文化和现象进行批判性分析的职责，以及对有益于青少年体质健康发展的人物和案例进行积极展示的职责。为了履行这些责任，媒介传播机构需紧紧围绕青少年体质健康的实际问题，设定明确且针对性强的传播议程。这个议程的设置和实施需要通过一系列互为关联和有逻辑连贯性的步骤来完成。具体来说，这包括对政策执行情况的监控，对负面社会现象的深入揭露，对正面典型案例的广泛宣传，利用各类媒介资源进行集中和高效的报道，从而激发和引领社会舆论，推动相关政策的有效执行，抑制不利于青少年体质健康促进的社会现象，大力推介和传播积极健康的典型案例，以及对整个传播议程目标的综合评估与反馈。这样的流程并不是孤立和线性的，而是一个动态、互动和循环的系统。在这个系统中，媒介传播机构不仅是信息的发布者，更是社会现实的解读者和引领者，其通过持续而深入的报道和分析，对形塑和改善青少年体质健康的社会环境承担着至关重要的责任。

在个体维度考虑，媒介传播及其相关产品具有对青少年体力活动水平与健康状况进行监测的职责。这一过程不仅仅是观察和记录，而是一个精细、持续并具有针对性的分析行为。它依赖于通过多种媒介工具和渠道搜集的青少年健康数据和信息，并以此为基础，旨在为青少年群体提供更为精准和个性化的健康建议与干预策略。这种监测并非单纯为了数据的积累，更是为了通过实时和准确的健康信息，推动具体、实用且有效的健康促进行动，从而协助青少年形成良好的健康习惯和生活方式。此外，这种监测功能还强调了媒介在为青少年健康提供科学指导和服务中所扮演的积极与主动角色，标志着媒介不仅是信息的传递者，更是青少年健康促进的重要参与者和推动者。

第二节　青少年体质健康促进中媒介责任的履行机制

在青少年体质健康促进中，媒介责任的履行机制可以视为一个系统性的架构，旨在确保媒介能够有效地参与到青少年健康促进的实践中。详见图 4-1。

青少年体质健康政策效果的传播机制	• 青少年体质健康政策传播的沟通 • 青少年体质健康政策传播的执行 • 青少年体质健康政策传播的参与 • 青少年体质健康政策传播的动态调整
青少年体质健康学校教育效果的优化机制	• 学校体质健康教育媒介技术的优化 • 媒介化社会青少年体质健康三大素养的提升
青少年体质健康家庭影响效果的提升机制	• 多元途径提升家长媒介素养，形成良好体育健康习惯 • 借助互联网等媒介橡笔工具，优化家庭体育锻炼观念 • 基于媒介传播工具，形成健康生活方式 • 利用家庭体育行为干预媒介传播对部分青少年的不良影响
青少年体质健康社区促进效果的引导机制	• 通过媒介监督，促进青少年社区体育基础设施与空间环境完善 • 通过媒介传播，促进青少年社区体育组织与社团形成 • 通过媒介技术，促进青少年社区体育锻炼与活动开展

图 4-1　青少年体质健康促进媒介责任的履行机制

一、青少年体质健康政策效果的传播机制

自 1978 年国家教委发布《体育教学大纲（试行草案）》和《体育教材（试行本）》以来，中国政府逐步构建了一套针对青少年体质健康的综合性政策体系。这些政策和法规主要目的在于引导和规范青少年体育活动的开展，旨在通过体育教育和运动实践，全面提升青少年的身体素质和健康水平。新媒介在此背景下不仅被视作政府与公众之间沟通的有效桥梁，更是政府出台与执行青少年体质健康政策的重要支持和辅助手段。它有助于实现政策目标的精准传达，以及激发和引导公众，特别是青少年群体的积极参与，从而共同推动青少年体质健康的全面提升。

（一）构建青少年体质健康政策传播的沟通机制

构建青少年体质健康政策传播的沟通机制，是一种策略性的行动，意在更有效地将政策目标与实施手段相连接。在这一框架下，新媒介的

地位和功能成为决定性的因素。通过明确新媒介在青少年体质健康政策传播中的角色，能够为这些平台赋予清晰而具体的职责与期望。新媒介具有迅速传播信息、覆盖广泛受众群体的特点，因此，在政策传播的过程中，能够充分激发媒介的宣传和解释能力，将政府的意图和政策的细节准确而有效地传达到目标群体，即青少年及其家长和教师。这种传播方式更易于被公众接受和理解，因而更有可能引导他们采取符合政策期望的行动。此外，该沟通机制关注如何使政策执行主体对青少年体质健康政策的目标有更明晰的认识。明确的政策目标能够指导政策执行主体，在实施过程中作出更为明智和针对性强的决策，选择适宜的执行方式、工具和手段。例如，政策执行主体可能需要考虑如何有效利用新媒介，如社交媒体平台，将健康教育内容整合进青少年的日常生活中，以便更自然、更积极地引导青少年养成健康的生活习惯。这样的沟通机制有望形成一个闭环，从政策的制定和解释，到政策的执行和反馈，都能在清晰、高效的沟通中得以顺利进行。这不仅有助于实现青少年体质健康政策的既定目标，还能为今后进一步优化政策提供实证依据和策略参考。

这一沟通机制还具有引导作用，促使青少年以及其关联群体，如家长和教师，更为准确地了解到青少年体质健康政策的具体内容。这样的理解首先能够深化他们对政策目的和具体条款的认识。当政策的内容和目标清晰、明确地传达到这些关键群体时，能够消除他们对政策的疑虑或误解，从而增强他们的信任和支持。当这些群体对政策有更高的认知度时，他们也更可能积极地参与到政策的执行中。例如，家长可能更愿意配合学校和社区，鼓励并监督孩子参加规定的体育活动；教师则可能在教学中更注重培养学生的身体素质，与家长沟通并提供健康的生活和锻炼建议。更为关键的是，这种沟通机制能够激发青少年及其关联群体对政策的认同感。当他们明白政策是出于保护和提升青少年身心健康的出发点制定的，他们就更有可能站在支持和理解的立场，看待这些政策。这种认同感的形成，是持续、有效实施政策的重要基础。这一沟通机制还为政策的反馈和改进提供了渠道。新媒体技术使得青少年及其关联群体不仅是政策的受益者，也能成为政策实施的参与者和评估者。他们的实际经验和反馈信息可以通过新媒体迅速地反馈到政策执行和制定主体，从而为政策的继续优化提供重要的决策参考，有助于政策更加贴近实际，更具针对性和有效性。

随着新媒介技术的进步与普及，青少年及其关联群体的角色正在发生显著的转变。在这一变革中，他们由仅仅是政策的被动执行者，逐渐演变为政策的参与者、传播者和评价者。新媒介技术赋予了这些群体更加主动和广泛的参与空间。新媒介技术，如社交网络和移动应用，能够迅速而有效地放大政策的社会影响力。这一点不仅体现在政策信息的快速传播，还表现为政策执行过程中对公众反馈信息的即时接收和处理能力。因此，媒介技术的利用有潜力进一步提升政策执行的效率和效果。更为重要的是，新媒介技术可以促进不同群体间的深入沟通与交流。这样的沟通可以使政策执行主体更准确地把握青少年及其关联群体的需求和期望，从而在政策制定和实施过程中更精准地进行调整和优化。这一机制同样为政策的持续改进提供了宝贵的决策依据。通过新媒介技术，政策执行与制定主体可以系统地收集、分析和解读来自青少年及其关联群体的反馈信息，这些信息对于识别政策的潜在问题，提出切实可行的优化方案具有关键作用。

（二）构建青少年体质健康政策传播的执行机制

政策传播作为一个复杂的系统过程，不仅涉及政策的宣传、解释、沟通和动员，同时也包括对目标受众，即青少年及其相关群体（如家长和教师）的教育和引导[1]。在此背景下，政策的执行成为政策效果达成的核心环节。

在媒介化的社会环境中，青少年体质健康政策的执行效果已经逐渐

---

① 莫寰.政策传播如何影响政策的效果[J].理论探讨，2003（5）：45-46.

超越了单纯依赖青少年及其关涉群体（如家长和教师）的顺从。这一转变在很大程度上得益于新媒介的广泛介入和有效运用。新媒介在这一过程中起到的作用远远超过了传统意义上的信息传递和解释角色，它们已经成为政策实施的重要推动力和桥梁。新媒介，如社交网络、在线平台和移动应用等，提供了一个开放且互动性强的信息场域，它们让政策与公众的距离更近，更便于公众接触、理解和参与政策。这种互动性非常关键，因为它使青少年及其关涉群体不再是被动接受政策的对象，而是政策的参与者和共创者。他们可以通过新媒介平台对政策内容提出质疑、反馈意见和建议，从而参与到政策的修正和完善过程中，这样的参与进一步增强了他们对政策的认同感和遵从度。新媒介还具备强大的教育和引导功能。它们能够清晰、生动地传达政策的目标和价值观，通过各种形式的内容呈现，例如故事叙述、数据可视化和互动教育，帮助青少年及其关涉群体更深刻地理解政策的意图和预期效果。这样的传达方式更有可能触动人们的情感，引发他们的共鸣，从而促进他们自觉地遵循和执行政策。

在构建青少年体质健康政策传播执行机制的过程中，媒介承担着至关重要的职责。首先，媒介应明确地传达政策的内容和目的，即解答"是什么"和"为什么"的问题。这意味着，媒介需要将复杂、专业的政策内容以易于理解的方式呈现，帮助青少年及其关涉群体（如家长和教师）清晰地理解政策的基本框架和追求的目标。此外，媒介不仅要将青少年及其关涉群体的对政策的"认知"升华为"认可"，更需进一步引导他们将这种"认可"转化为具体的"行动"。在此过程中，媒介应倾力构建与目标群体的对话和互动，以便更准确地传递"怎么样"实现政策目标的具体策略和行动路径。这可以通过发布科学的健康教育资料、组织互动式的健康教育活动、提供实用的健康生活方式建议等方式来实现。同时，媒介在青少年体质健康政策执行过程中亦展现出显著的"监督"功能。这一监督功能表现为对不同行为主体执行政策情况的持续关注与反馈。

对于政策执行不力或仅为形式的行为主体，媒介应通过有效的舆论监督和曝光，促使相关主体负起责任，纠正执行不当。相对地，对于积极、完整和深入执行政策的行为主体，媒介应给予充分的表彰和宣传，以此树立积极的社会示范，进一步推动社会各界对青少年体质健康问题的关注。通过这样的作用，媒介不仅为社会公众提供了了解和参与政策过程的重要渠道，更构建了一个有效的信息场域。在这个信息场域中，政策的内容、意图和执行情况得以清晰、准确地展示给社会公众，同时也为政策的持续改进和优化提供了宝贵的社会反馈。

（三）构建青少年体质健康政策传播的参与机制

青少年体质健康政策的执行与推广是一个涉及多个参与主体的复杂过程，其中包括青少年及其关涉群体（如家长和教师）、媒介、社会组织以及政府。这些主体各自承担着不同的角色和责任，共同构成了一个互动与合作的整体。青少年及其关涉群体是政策的直接受益者和执行者，他们的行为和态度直接决定了政策实施的效果。长期以来，由于历史和文化背景的影响，这些群体在政策的制定、执行、评估等环节中缺乏足够的参与和话语权。这不仅可能导致政策与实际需求存在偏差，还可能影响政策执行的积极性和有效性。因此，激活和增强这一核心群体的参与意识，确保他们在政策过程中的地位和权益，是提升政策执行效果的重要环节。

公共政策客体，即青少年及其关涉群体（如家长和教师）的有效参与，在整个政策过程中具有显著的双重意义。从准确反映政策诉求这一层面来看，有效的参与有助于更准确地描绘政策问题的现状和需求。青少年及其关涉群体作为政策的直接受益者和影响对象，其生活经验、感受和期望是了解问题和制定解决方案的重要资源。通过听取和吸纳这一主体群体的声音和意见，政策制定者能够更全面、更深入地了解问题的实际情况，从而有针对性地制定出更为符合现实需要和期望的政策。这不仅能提高政策的接受度，更能确保政策的有效性和实施的平滑性。例如，在青少年体质健康政策制定过程中，倾听家长和教师对于体育课程、营养膳食和心理健康的看法和建议，能够帮助政府更准确地定位问题、设定目标，并制定出更实用、更有效的解决策略。

此外，政策客体的参与对于修订政策目标、完善政策内容和提升政策执行效果等方面也具有关键作用。有效的沟通机制使政策的接受者与制定者之间能够建立起更紧密的联系。这一联系使政策不再是一个静态、一成不变的文件，而是一个能够根据实际情况灵活调整和优化的动态过程。例如，政策实施初期的反馈收集和分析，能够为政策的中期或后期修订提供重要依据，这样的修订将更符合青少年及其关涉群体的真实需求和情况。同时，这种参与也可能激发政策客体的主动性和创造性，例如他们可能提出新的解决方案或实施策略，这些创新有时可能成为改善政策执行和提高政策效果的重要途径。

在新的社会环境下，伴随着大众民主意识的提升和民主能力的加强，构建政策客体的有效参与机制显得尤为重要。这意味着需要为青少年及其关涉群体提供广泛而便捷的参与平台和渠道，使他们能够充分地表达与实现自身在体育、健身和健康方面的诉求。新媒介，由于其传播速度快、范围广、门槛低、自由度和普及度高等优势，被视为实现这一目标的有效工具。它能够使青少年及其关涉群体更积极地参与到青少年体质健康相关政策的制定、执行和评估等环节的调研中来。这样，不仅能提升青少年及其关涉群体的参与比例，还可以充分发挥其对政策的建议权和评估权。因此，借助新媒介优势，激发政策客体的积极参与，不仅是推动青少年体质健康政策更为有效地执行的关键步骤，更是为提升整体青少年体质健康水平、形成良好的社会氛围和文化环境，奠定坚实而持久的基础。

（四）构建青少年体质健康政策传播的动态调整机制

青少年体质健康政策传播的动态调整机制的实现，意味着需要超越传统的线性政策制定和执行流程，转向一个更加开放、反馈和循环的模式。在这一模式下，青少年及其关涉群体（如家长、教师等）的意见、建议、诉求和监督成为政策制定、执行和评估的重要组成部分。此动态调整机制强调政策运行的"闭环"特性。这意味着，政策在实施过程中需要持续地与相关群体互动和沟通，根据社会实际情况和政策执行的反馈信息，进行必要的政策调整和修订。具体而言，在政策的主线框架内，通过不断的政策更新和修订，使得政策内容更加贴合青少年体质健康促进的实际需要。这样的机制可以快速纠正政策执行中出现的问题，优化政策效果，确保政策目标的有效和持续实现。此外，该动态调整机制还有助于提升公众的参与意识。通过引入民众的声音和反馈，政策不仅能更加精准地满足目标人群的需求，还能增强民众对政策的认可度和满意度。这一点在提升民众对政策实施成果的认可、增强政策的公信力以及促进政策的社会效益方面具有重要意义。动态调整机制还为我国体质健康政策领域的民主化进程提供了有益的实践路径。它鼓励的是一种更加开放、透明和参与性强的政策形成和实施模式，这对于推动健康政策的民主化、科学化和人本化具有深远的意义。

二、青少年体质健康学校教育效果的优化机制

（一）学校体质健康教育媒介技术的优化

在当前媒介环境中，特别是新媒介技术的广泛应用，为学校体质健康教育实践提供了新的可能。这一趋势致力于克服传统教学模式的局限性，为优化学校体质健康教育路径提供了重要工具。以微信为例，这一平台以其庞大的用户基础和便捷的互动特性，正逐渐成为教学传播的有效载体。在此语境下，教师被呼吁运用微信构建微班级、微课堂、微拓展、微论坛等教学环境。这样的做法将微信的传播特性——"新颖""迅速""特异""互动"和"普及"充分融合进体育教学中。这种融合不仅有助于引导学生向自主和合作式探究学习转变，还能进一步激发学生的

学习兴趣。通过这种方式，体育教学效果得以优化，学生的体力活动机会得到增加，从而为提升学生体质健康水平打下坚实基础。此外，新媒介技术，作为一种现代化的教学手段，也在逐渐改变体育教学的形态。这包括但不限于，将数字媒体资源和互联网技术融合到体育教学和健康教育实践中，从而实现对体育教学和健康教学效果的提升。因此，新媒介技术在学校体质健康教育实践中的应用，已然成为优化学校体质健康教育效果的重要策略，它将教学内容、教学方式与学生的实际需求和兴趣有效地连接，推动了体质健康教育向更具针对性和有效性的方向发展。

除体育健康课程之外，学校课外体育活动和体育锻炼同样是影响青少年体质健康的关键因素，因此，如何将媒介，特别是新媒介技术，有效地整合到青少年课外体育活动和体育锻炼中，成为一项值得研究和关注的课题。以微信平台在课余体育锻炼中的具体应用为例。在这种模式下，学生可以将自己的锻炼动作视频上传到微信群组中，这样教师能够实时了解学生的技术掌握情况。教师能够通过这种方式，及时地为学生提供指导，纠正可能出现的技术错误，从而更精准地对学生的技术动作进行指导和纠正。这一实践不仅有效地拉近了教师与学生间的互动和沟通距离，而且为教师提供了更直接和实时的了解学生锻炼状态的渠道。这种新媒介技术的应用模式，潜在地改变了教师与学生的互动模式和教学方式，使教学活动更加灵活和个性化。同时，教师可通过社交媒介发布标准的技术示范动作视频，以便学生在课余锻炼时能随时参照学习和模仿。这种方法允许教师针对学生的具体错误提供直接和明确的纠正，从而实现了教学指导的有效性极大化。这种运用社交媒体技术的教学策略，不仅提升了学生课余体育锻炼的参与度，还优化了锻炼效果，为提高学生体质健康水平提供了有力支持。通过这种方式，教学与技术有效地结合，构建了一个互动密切、反馈及时和指导准确的体育教学模式，有助于培育学生持续、主动和有效地参与体育锻炼的习惯与能力，从而有望进一步提升青少年体质健康水平。

（二）媒介化社会青少年体质健康素养的提升

1.媒介素养：媒介化社会提升青少年体质健康的工具

在互联网时代背景下，青少年群体展现出对现代媒介传播构建的"拟态环境"明显的"亲近性"，这种特质可以视为他们作为数字时代"原住民"的一种标志。尽管他们在使用数字工具和平台方面具有高度的自然流利性，但是如何培养他们对于这种媒介"拟态环境"的理性认识，成为一个严峻的问题。即便青少年可以轻松地接触和使用各种媒介工具，他们的媒介素养，包括批判性分析媒介信息、识别有害内容和安全有效地利用媒介资源的能力却未必得到充分的培养。媒介素养教育的重要性在于它不仅涉及信息的获取和处理，更关联到青少年的健康和安全。具体到体质健康领域，通过媒介素养教育，可以教授青少年如何鉴别正确与错误的健康信息，如何运用媒介资源获取科学、有效的健康知识和指导，以及如何以健康的方式参与到数字媒体环境中。此外，有效的媒介素养教育可以进一步引导青少年以更加积极、主动的态度，运用媒介技术为提升个体体质健康知识、身体机能和健康实践服务。这不仅有助于青少年养成良好的生活习惯和健康行为模式，更能促进他们成为健康信息的传播者和推动者，为整个社会的健康文化建设作出贡献。

当前，青少年媒介素养教育的重要目标在于，通过多元化的教育路径，培养青少年分析、评估和转化各类媒介健康信息的能力。这一教育目标旨在促使青少年能与媒介进行积极而愉悦的互动与健康信息交流，从而丰富青少年群体整体利用媒介提升体质健康水平的策略与手段，并锻炼其对媒介健康信息的鉴别、掌控和应用能力。观察青少年体质健康提升的媒介素养内在机制，可以识别出三个主要的模式，即能力模式、知识模式和理解模式。这三个模式分别对应于青少年体质健康信息的认知阶段、传输阶段和理解阶段。

在能力模式中，强调的是青少年对健康信息的筛选、分析和应用能力。这一阶段的目标是使青少年具备独立分辨和处理各类健康信息的能力，以便他们能够根据自身的需求和情境，作出有益于自身健康的决策。知识模式涉及青少年如何获取、传递和应用健康信息。在这一阶段，教育的焦点是帮助青少年建立健全的健康知识体系，使他们能够在繁杂的信息环境中，准确、高效地找到有用的健康信息，并能将这些信息有效地传递给其他人。理解模式则关乎青少年对健康信息的深入理解和批判性思考。这一阶段的教育旨在培养青少年对健康信息的深层解读能力，使他们能够超越表面文字，理解信息背后的深层含义和可能的利弊，甚至能够对健康信息产生建设性的批判。通过专门针对青少年体质健康提升的媒介素养教育，逐步激发青少年利用健康信息资源的积极性，扩展其使用健康信息的手段，矫正其在媒介使用中的不良行为，甚至激发其对健康信息的建设性批判能力，从而更有效地服务于其个体体质健康水平的提升。

在培养青少年体质健康促进媒介素养的内容构建中，应综合考虑几个核心维度。首先，需要关注青少年的意识提升。这包括培养青少年从早期阶段开始就能主动学习并理性甄别媒介传播的健康知识与信息，使其具备区分"媒介现实"与"客观现实"差异的能力。其次，技能的强化。通过各种方式，需要提升青少年对于不同形态媒介传播健康信息的认知能力，并训练他们掌握获取健康知识和信息的方法与手段，从而增强其分析、综合和判断健康信息的知识和能力。再者，面对大众传媒海量的健康传播信息，培养青少年对于媒介传播的健康信息价值的判断与评价能力显得至关重要。这一过程还应包括提高青少年对于不良信息及负面健康信息的抵御能力，指导他们在众多的信息中精准地甄别和挑选，实现去伪存真的目标。最后，健康信息的实际应用。在提升青少年体质健康媒介信息的获取意识、获取技能、评价能力的基础上，教育工作还需引导青少年有效利用这些获取的健康信息和知识，将其转化为指导自身体质健康实践和优化体质健康行为的有力工具，从而确保健康信息与知识能够真正服务于他们的体质健康水平的提升。

2. 身体素养：媒介化社会提升青少年体质健康的关键

在媒介化社会背景下，提升青少年的身体素养显得尤为关键，这不仅是青少年体质健康水平提升的重要环节，同时也是媒介责任得以有效履行的核心内容。身体素养，作为一个复合性的概念，涵盖了运动常识、运动技术、运动参与意愿、运动特征、运动行为、体育品行、健康状况等多个维度。这些维度，共同构成了青少年身体素养的整体框架。青少年身体素养是基于遗传和先天性因素，通过后天的社会因素、环境因素以及运动能力等因素综合形成的。它涉及青少年的体育知识、体育意识、体育行为、体质水平、体育技能、体育品德和体育个性等要素。这些要素相互关联，共同影响青少年的运动素质和整体健康状态。在媒介化社会，媒体的多元渗透和影响作用为提升青少年身体素养提供了新的机遇和挑战。通过媒介传播，可以有效地普及健康和体育知识，激发青少年的运动参与意愿，引导其形成积极的运动行为和体育品行，从而全面提升其健康状况。因此，媒介化社会下青少年身体素养的培养，应当遵循一个逻辑路径，即从"体育知识"出发，逐步引导青少年掌握必要的"体育技能"，进而培育其积极的"体育意识"和"体育情感"，逐渐养成健康的"体育习惯"，最终内化为深刻的"体育价值观"和良好的"体质健康"状态。

在媒介化社会环境中，利用媒介资源对青少年身体素养的提升具有明显的促进效应。主动查阅和利用媒介资源不仅能够加强青少年的体育知识和技能学习，而且可以有效地培育他们的主动学习能力和合作探究能力。预先为学生提供教学的主要框架和需要解决的问题，可以为他们创造一个探索性的学习环境。这种方法鼓励学生在非正式教学时段，如课余时间，利用互联网和其他媒介资源自主查询相关的学习材料。通过这种自主查询和学习的方式，学生能够更深入地理解和掌握体育知识和技能。更为重要的是，这种教学方式可以增强学生的学习主动性，使他们更加投入于学习过程。这种教学方法还为学生提供了一个合作探究的机会。通过与同学之间的交流和讨论，他们可以共同探讨和解决问题，进一步深化对知识的理解。这种合作探究的过程不仅有助于提升青少年的身体素养，还可以锻炼他们的团队合作和交流能力。

3. 健康素养：媒介化社会提升青少年体质健康的核心

健康素养，即个体具备获取、处理和理解基本的健康信息和服务，并依此作出相应的健康决策的能力①。这种能力不仅涵盖了健康知识的理解和应用，更重要的是涉及如何在面对复杂和多样的健康信息时，进行有效的甄别、评估和运用。

在媒介化社会中提升青少年的健康素养，需要整合各种资源和手段，构建一个系统性、长期性和综合性的健康教育模式。首先，优化青少年健康教育模式是核心。通过充分运用媒介传播工具实现，如利用互联网、学校广播、电台和社交媒体等平台。这些媒介不仅可以传递准确和科学的健康知识，还可以形成良好的健康行为模式，培养青少年的心理适应能力。此外，健康教育的内容需要结合系统性和科学性、长期性和反复性、校内外结合、教育与自我教育结合等原则，以确保青少年能够在了解健康知识的基础上，将这些知识融入生活实践中。其次，媒介工具能有效提升青少年的健康意识与技能。例如，学校可以通过发布健康生活方式的典型案例、体育明星的积极形象和健康危害的公示信息，来提高青少年对规律作息、合理膳食和足够锻炼等健康行为习惯的重视。这样的策略，不仅能够直接向青少年传递健康的生活方式，还能通过媒介传播的示范效应和广泛影响，为青少年树立积极健康的生活目标。再次，建立保障青少年健康素养的机制与制度是提升青少年健康素养的重要手段。包括制定课外锻炼、学生作息等相关制度，并广泛宣传传播，严格执行。通过加强对青少年课外时间的管理，以及通过典型案例的传播，

---

① 刘志浩，黄明豪，卫平民，等.江苏省青少年健康素养状况及影响因素分析[J].中国学校卫生，2013（6）：683-685.

可以提升青少年对健康生活方式的自我管理与自我教育能力。最后，实现学校、家庭、社会三位一体的健康素养培养机制是关键。以媒介传播作为重要的沟通工具，学校教育作为核心阵地，家庭教育作为重要的补充和延续，社会资源作为重要的支撑。这种三位一体的培养模式，能够整合不同场域的资源和力量，形成共同推进青少年健康素养提升的有力机制。

4.形成以媒介素养提升为工具、身体素养提升为关键、健康素养提升为核心的整体联动机制

在媒介化社会背景下，青少年的体质健康促进成为一项重要的社会责任。在这一责任履行实践中，媒介素养、身体素养和健康素养的提升呈现为一个有机的整体和联动的系统。这种整体联动机制以媒介素养提升为工具，身体素养提升为关键，健康素养提升为核心，旨在通过综合性的策略，全面提升青少年的体质健康水平。

良好的媒介素养在这个整体联动机制中起到工具性的作用。媒介素养强调青少年具有评估和应用媒介信息的能力。在当前社会，各类健康信息充斥在网络和其他媒介中，青少年通过合适的媒介信息，能更有效地学习到健康的生活方式和体育锻炼知识。例如，使用运动 APP 和健康管理软件可以更科学地指导青少年的锻炼和饮食，避免青少年受到不良媒介信息的侵害，防止媒介沉溺现象，从而有益于健康和身体素养的提升。

身体素养在整体联动机制中占据关键地位。身体素养是指通过持续、有规律的体育锻炼，使身体达到一定的健康水平。对于青少年来说，具备良好的体育锻炼习惯和意识是一种生活方式的体现，同时也是较高健康素养的表征。这种素养能够让青少年意识到运动对健康的重要性，并形成持续锻炼的习惯。身体素养的提升，相当于为青少年的健康打下了坚实的基础，它在整体联动机制中起到了"中介"和"桥梁"的作用，连接媒介素养与健康素养的提升。

健康素养则是整个整体联动机制的核心。健康素养是指个体具有获

取、处理和理解基本的健康信息和服务，并作出相应的健康决策的能力。这一能力不仅包括对健康信息的理解和运用，还包括对自身健康状况的自我管理能力。在这一机制下，青少年通过媒介工具获取健康知识，通过身体锻炼提升身体素质，从而不断提高自己的健康素养。

因此，促进青少年"三大素养"的提升，须遵循系统观，确保三者整体联动、相互促进。这是因为，媒介素养的提升可以引导青少年获得更科学、更健康的生活方式信息，身体素养的提升则能通过持续的锻炼习惯改善青少年的生理状况，而这两者共同为健康素养提升铺平道路。只有三者紧密联动，共同发挥作用，才能真正达到提升青少年体质健康水平的最终目标，形成一个健康、积极、向上的青少年群体。

三、青少年体质健康家庭影响效果的提升机制

（一）多元途径提升家长媒介素养，形成良好的体育与健康习惯，为青少年参与体育锻炼树立良好榜样

在青少年体质健康的发展过程中，家庭环境及家长的作用不容忽视。研究表明，家长的媒介素养对于塑造和促进青少年的健康体质具有重要影响。这包括了家长如何通过各种途径获取和利用健康、体育相关的信息，以及这些信息如何转化为家长自身健康和体育锻炼的行为，进而对青少年产生示范和引导作用。在这一过程中，多元的信息传播手段显得尤为关键。传统的宣传方式，如组织的领导和社区活动的宣传，依然具有稳定和广泛的影响力。通过这些方式，家长可以从正规和权威的途径了解到科学的健康知识和体育锻炼的重要性，从而摒弃"没病就是健康"的错误观念。

同时，现代的信息传播媒介，如互联网和社交媒体，也为提升家长的媒介素养提供了更为丰富和便捷的途径。通过这些媒介，家庭体育可以被塑造为一种值得赞赏和追求的生活方式，从而鼓励更多的家长积极

参与到体育锻炼中，自身健康观念的塑造和提升也在这个过程中逐渐完善。此外，对于家长的体育观念的优化是影响整个家庭体质健康提升机制的关键因素。这包括家长对体育锻炼功能和价值的正确理解，以及将体育锻炼视为一种有益于家庭和谐与幸福的重要方式。这种观念的优化不仅依赖于外部信息的传递和接收，更依赖于家长自身对于体育锻炼重要性的内化和实践。因此，家长终身体育锻炼行为的形成被视为这一机制的最终目的。这意味着家长不仅要学习和掌握体育运动项目，更要将其融入日常生活中，成为一种持续和稳定的行为模式。这样的家长不仅能够更有效地参与到各类体育活动中，还能够通过自身的实践，为青少年树立起积极健康的生活榜样。

（二）借助互联网等媒介传播工具，优化家庭体育锻炼观念

在现代社会环境下，家庭作为青少年体质健康成长的重要场所，具有深远的影响力。在这一框架内，互联网及其他媒介传播工具显得尤为关键，它们可以有效地优化家庭体育锻炼观念。借助网络媒介平台，新型的媒介交际方式得以运用于强化家庭内部的教育力度。其中不仅涉及家长对于子女在心理、身体健康和体智能发展方面的教育，而且强调教育的双向性。这种双向性教育模式鼓励年轻一代参与到家庭教育中，向父母传递新的教育理念，从而达到家庭成员之间知识的共享和观念的更新。此外，这种交际方式还可以推动家庭成员共同以科学的态度对待体育锻炼，从而深化对体育知识的理解和应用。媒介传播工具在此过程中起到了桥梁和媒介的作用。它们不仅可以增加家庭成员之间沟通交流的时间和频率，还能有效地营造积极健康的家庭体育文化学习环境。在这样的环境中，家庭成员可以更加深入地理解和实践健康的体育锻炼观念，将体育活动真正融入家庭日常生活中。因此，利用媒介传播工具，优化家庭体育锻炼观念，不仅是一种实用的方法，更是一种长远和系统性的家庭健康教育策略，这将有力地推动青少年体质健康水平的全面提升。

（三）基于媒介传播工具，优化家庭体育锻炼氛围，形成健康的生活方式

在青少年体质健康促进的过程中，媒介具有不可忽视的责任，它们既是信息传递的渠道，也是价值观和生活方式的塑造者。考虑到家庭是青少年成长和发展的重要场所，优化家庭体育锻炼氛围就成了一个关键步骤。媒介传播工具包括传统的电视、广播和报纸，以及现代的互联网、社交媒体和移动应用程序。这些工具已经深入到人们日常生活的各个层面，包括家庭教育和青少年健康促进。首先，通过这些工具，家长和孩子可以接触到更丰富、更科学的体育锻炼和健康生活的信息和知识。比如，一个关于健康饮食和锻炼的专题节目，或者一个关于青少年心理健康的在线讲座，都可以帮助家庭成员了解如何更科学、更健康地生活。其次，媒介传播工具可以用来改变家庭内部的沟通模式和教育方式。例如，家长可以使用社交媒体平台和应用程序，与孩子共享有关健康生活方式和体育锻炼的信息和资源。这不仅可以提高家庭成员之间的互动和沟通，而且可以鼓励孩子主动参与到家庭健康教育的过程中。最后，媒介传播工具可以为家庭体育锻炼氛围的优化提供有力支持。通过观看体育比赛、参与线上线下的体育活动，或是追踪健康生活方式的社交媒体账号，家庭成员可以共同参与、共同进步，这将有助于形成积极健康的家庭文化。

此外，媒介也应担起责任，把握信息的准确与科学，防止传播不实和误导性的信息，这是维护和提升青少年健康的重要前提。因此，媒体的责任也体现在对信息的甄别和传播，需要遵循专业性和准确性的原则，为家庭和社会提供有益、有质量的健康教育内容。需要强调的是，优化家庭体育锻炼氛围并不仅仅是通过增加体育锻炼时间和频率来实现的。它更是一个涉及家庭成员健康观念、生活方式、沟通模式和教育理念等多个层面的复杂过程。因此，如何综合运用各种媒介传播工具，科学合理地引导家庭和青少年，以形成健康的生活方式，是一项长期而系统的工作。

四、青少年体质健康社区促进效果的引导机制

在当前媒介化社会背景下，媒介，尤其是新媒介传播工具，对青少年社区体育与健康活动效果的塑造作用愈加凸显。这些媒介工具不仅为青少年提供了丰富的信息和知识，更在很大程度上改变了他们对健康和体育活动的态度和行为。在此环境下，青少年体质健康的社区促进效果与媒介引导及传播效果的关联性逐渐增强，形成了一种互为因果、相辅相成的关系。

（一）通过媒介监督促进青少年社区体育基础设施与空间环境的完善

在媒介化社会背景下，保障青少年社区体育设施的有效供给和社区体育锻炼环境的不断完善成为一项重要任务。此过程中，不仅依赖于政府、社区组织和企事业单位的共同努力，媒介在其中的监督作用也越来越显得不可或缺。

媒介监督确保社区体育空间的总量供给与合理规划。在现代社会，体育锻炼不仅是提高身体素质的方式，更是促进精神健康和社会和谐的重要途径。因此，每一个社区都应有足够且完善的体育设施，让居民特别是青少年能够有充足和合适的空间进行体育锻炼。媒介可以通过持续关注、报道社区体育设施的建设进度和使用情况，以事实和数据揭示问题，推动相关部门及时回应和改进，从而保证体育空间的总量供给与合理规划。例如，通过对不合规范的体育场地进行曝光，可以促使有关部门迅速采取措施改进。

媒介参与保障青少年社区体育锻炼的制度环境。体育锻炼的开展不仅依赖于硬件设施，还需要有完善的管理制度和服务体系。媒介可以关注和报道社区体育设施的管理和服务状况，发现并揭露存在的问题和不足，为改进制度环境提供宝贵的公众意见和建议。例如，如果社区体育

场地的开放时间不合理，或者使用费用过高，媒介可以通过报道和评论，引起社会的关注和讨论，进而推动有关部门调整和完善相关政策和规定。

媒介的监督作用还表现在对社区体育文化建设的推动上。通过报道和宣传具有示范意义的社区体育文化建设案例，媒介可以鼓励和引导更多的社区参与到体育文化建设中来，从而形成鼓励居民特别是青少年参与体育锻炼的良好社会氛围。同时，媒介还可以通过与政府、社区组织和企事业单位等多元主体的合作与互动，共同探索和实践更有效的社区体育服务模式。例如，媒介可以参与到社区体育活动的策划和宣传中，通过专题报道、访谈、在线直播等多种方式，将社区体育活动推向更广泛的公众视野，从而吸引更多人参与，激发社区居民尤其是青少年对体育锻炼的热情。

在媒介化社会中，媒介具有强大的公众监督力量和社会引导能力，可以在青少年社区体育基础设施与空间环境的完善过程中发挥重要作用。通过媒介的持续关注和积极参与，有助于形成全社会关心青少年体育锻炼、共同推动社区体育设施和环境完善的良好局面。

（二）通过媒介传播促进青少年社区体育组织的形成

1.构建青少年社区体育组织媒介参与管理机制

考虑到青少年社区体育组织的形成依赖于"以政府为主导、以社区为依托、以家庭为单元、以青少年为核心"的管理运作模式，媒介传播在这一模式下呈现出越来越强的依赖性和作用。在现代媒介化社会，政府体育政策、体育规划、体育法规、体育活动的发布、扩散、传播、执行和评估等各个环节，均需媒介的积极参与。通过对政府的政策和活动进行广泛而深入的报道和解读，媒介能够帮助公众，特别是青少年和家庭更清晰、准确地理解政府的体育政策和规划，从而推动这些政策和规划的有效实施。社区体育资源的分配、社区体育文化特色的形成以及对社区青少年体育状况的准确掌握，同样依赖于基于媒介传播技术的信息库的建设与运行。媒介可以通过收集、整理和发布与社区体育相关的各类信息，为社区体育资源的合理分配和有效利用提供依据。此外，媒介还可以通过报道和宣传社区体育文化特色和优秀实践，助力社区体育文化的建设与传承。家庭及青少年个体对社区体育管理运作模式的体验、感受及反馈，也需要媒介传播的积极参与。例如，媒介可以定期开展对青少年和家庭的调查与访谈，了解他们对社区体育设施和服务的需求与满意度，并将这些信息反馈给相关管理部门和社区组织，促使他们及时调整和改进工作，更好地满足青少年和家庭的体育需求。

2. 构建青少年社区体育组织形成的媒介传播协调机制

在构建青少年社区体育组织的过程中，媒介传播协调机制显得尤为关键。它作为政府政策支持、社区服务部门宣传和家庭单位积极参与等多个主体之间交流与合作的桥梁，起到了不可或缺的作用。以趣缘为核心的青少年社区体育组织形成，便需要借助如 QQ 群、微信群等新媒体工具，建立紧密的联系和高效的交流，从而更有效地发布通知、讨论规划与活动。此外，社区微信平台及其他社交网络平台可以用于发布与青少年体育活动相关的各类信息、推送活动规则和组织动态等，这为青少年社区体育组织的形成与发展提供了重要的信息基础和交流平台。媒介传播协调机制不仅促进了各相关主体间的沟通与协作，而且可以广泛地吸引和动员社区居民，尤其是青少年和家长的关注和参与。这一机制能确保活动信息的迅速、准确传递，减少可能出现的信息不对称或误解，并进一步激发青少年和家长的积极性和参与意愿。媒介传播协调机制在青少年社区体育组织形成过程中，可以为各主体提供一个共同的平台，充分听取和整合各方的意见和建议，从而共同制定更为合理和有效的体育活动规划和实施方案。这有助于形成一个更加和谐、统一和高效的运作环境，最终推动青少年社区体育组织的健康和可持续发展。

3. 构建以社区服务为核心的青少年社区体育组织媒介服务机制

构建以社区服务为核心的青少年社区体育组织媒介服务机制，意味着将媒介的力量充分融入社区体育服务中，以实现更有效、更广泛、更持久的青少年体育教育与发展。这一机制的构建不仅是一个系统性的工程，涉及政府、社区、家庭、学校以及媒体等多个主体的参与和协作，而且也是一个动态的过程，需要不断地评估、调整和完善。

首先，该机制强调媒介的社区服务职能。在这一框架下，媒介不再仅仅是信息的传递者，而是成为社区体育服务的重要参与者和推动者。媒介可以通过发布社区体育活动信息、报道体育活动现场、宣传健康体育生活理念、展示体育榜样人物等方式，引导社区居民，特别是青少年形成积极、健康的体育参与观念，从而激发他们的参与热情。其次，该机制关注媒介与其他社区服务主体的协同工作。媒介在青少年社区体育组织的服务中，不是孤立存在的，而是与政府部门、社区组织、学校和家庭等形成有机的合作关系。这种协同工作可以更有效地整合资源，减少重复和冗余，提高社区体育服务的整体效能。再者，以社区服务为核心的媒介服务机制，还需要注意媒介自身的专业能力和责任。这要求媒介在传播内容的准确性、公正性、时效性等方面达到较高的标准，避免传播不准确或偏颇的信息，从而维护社区体育活动的公信力和形象。最后，该机制还强调媒介服务的持续性与创新性。作为社区体育服务的重要组成部分，媒介服务不仅需要保持连续性和稳定性，以满足社区居民，尤其是青少年的长期需求，还需要根据社区居民的反馈和社会发展的新趋势，不断创新服务内容和形式，提升服务质量。

（三）通过媒介技术促进青少年社区体育锻炼与活动的开展

在当代社会环境中，媒介技术作为一个重要的工具，已经在青少年体育锻炼和活动的推动与引导中扮演了不可或缺的角色。特别是在智能设备愈发普及的当下，媒介技术所开发的体育锻炼可穿戴设备，如智能手表、智能鞋、智能眼镜以及其他智能配饰等，正在逐步渗透到青少年的日常生活中，成为他们健康生活方式的有力助推器。这些可穿戴设备不仅可用于监测身体各项指标，还具有及时反馈和数据分析的能力。这使得青少年可以更加准确地了解自己的身体状况，对自己的锻炼和生活习惯进行更科学、更有针对性的调整。这种即时性和精准性是传统体育锻炼方式难以实现的，它能使青少年更加主动地参与到体育锻炼中，从而培养他们的健康意识和习惯。随着居民经济水平的不断提高，这些智能设备逐渐从高端消费品转变为大众可接受和拥有的产品。这一趋势预示着未来媒介技术将更加广泛地服务于公众健康，特别是青少年群体。媒介技术的持续创新也使得这些设备的功能越来越丰富，使用方式越来越简单便捷，这进一步推动了它们在青少年群体中的普及。同时，青少年生活方式与媒介的紧密融合使得这些设备不仅仅是单纯的健康监测工具，更是一种生活方式和社交平台。例如，一些应用，如 Keep，允许青少年分享自己的锻炼数据，与朋友、家人或者更广泛的社区成员进行互动和竞技。这种社交功能不仅可以激发青少年的锻炼兴趣和积极性，还能在一定程度上减轻他们面临的社交压力和孤独感。

媒介传播技术在确保青少年社区体育锻炼的科学性、安全性和有效性方面也具有显著潜力。例如，社区可借助体育行政部门和体育社团的专业优势，搭配现代传媒技术，实施健康和科学锻炼的普及教育。这可通过组织专业讲座、印发科学锻炼指南等形式实现。社区可以整合现有资源，通过媒介信息技术构建一个社区运动健康智能管理平台。该平台能够创建适合青少年进行体育锻炼的智能场景，并通过一整套流程，如评估、计划、监测和总结，来系统地提升青少年社区体育锻炼的科学性、安全性和有效性。此外，媒介传播和信息沟通技术还可以被充分利用来宣传和完善社区青少年体育活动的制度建设。明确社区青少年体育参与各主体的权利和责任，是确保体育活动有序开展的基本前提。这不仅可以为社区青少年提供一个安全、健康的体育锻炼环境，更能引导他们养成积极健康的生活方式。

第三节　青少年体质健康促进中媒介责任模式及履行策略

一、青少年体质健康促进中媒介责任模式

在分析青少年体质健康促进的内容与相关媒介责任履行方式的基础上，可以构建一个以"媒介—体育素养与生活方式—健康水平"为核心路径的青少年体质健康促进中媒介责任模式，详见图4-2。在此模式中，从媒介角度出发，可以识别两条明显的逻辑路径。一是通过媒介内容的创新与优化，可以推动青少年的体育素养的提升，从而进一步影响其健康水平；二是通过媒介的特定功能，例如教育和引导，可以有效地塑造青少年的生活方式，进而促进其健康水平的提升。在"媒介内容—体育素养—健康水平"这一路径中，媒介内容的创新和优化被视为一个关键的起点。这意味着，媒介不仅需要提供丰富、准确和实用的健康与体育信息，还需要通过各种形式和手段，激发青少年对体育锻炼的兴趣和参与热情，从而提升其体育素养，进而有利于其整体健康水平的提升。在"媒介功能—生活方式—健康水平"这一路径中，则强调了媒介的功能性角色。这意味着，媒介不仅作为信息的传播工具，更具有引导和教育的作用。通过媒介，可以向青少年传递健康生活方式的重要性，引导他们形成良好的饮食、作息和锻炼习惯，从而有效地促进他们的健康水平。

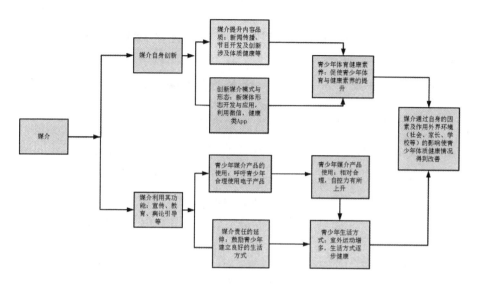

图 4-2　青少年体质健康促进中媒介责任模式示意图

在媒介化社会背景下，媒介在青少年体质健康促进中的责任传播模式呈现出特定的结构和流程。此模式下，媒介扮演着"发起者"的基础角色，作为影响的根源。一方面，媒介通过内容改革与创新，可引导和塑造青少年的体育素养；另一方面，媒介通过充分发挥其功能，辅助青少年建立良好的健康生活方式，进而有意识地提升青少年体质。

青少年体质健康水平的评估标准不仅涉及体育健康素养的理论层面，还关乎生活方式的行为实践。在当前青少年电子产品使用泛滥的情境下，如何合理地利用这些电子产品，成为青少年健康生活方式建立的重要基础和关键环节。因此，体育素养、媒介产品使用情况与健康生活方式三者之间存在密切的互动关系，这些因素共同作用于青少年的健康水平。

在这个传播模式的最终层面，关注的是受媒介影响后的青少年体质健康水平。在"媒介—体育素养与生活方式—健康水平"的传播模式中，社会、家庭和学校等外部环境同样对青少年健康产生了深远的影响。媒介，除了直接影响青少年外，还通过影响这些外部环境，间接地作用于青少年体质健康。

二、青少年体质健康促进中媒介责任的履行策略

（一）提升媒介内容品质，培育青少年体育健康素养

1.创新媒介内容设计以满足青少年成长需求

在青春时期，青少年处于一个生理和心理都在快速变化和成长的阶段。这是一个充满好奇、探索和挑战的时期，他们对外部世界有着极高的接受度。此时，媒介内容成为他们获取信息、模仿和学习的重要渠道。因此，针对这一特定的群体，媒介内容的设计就显得尤为关键。

随着科技的进步，流媒体、社交媒体和其他各种数字媒体平台逐渐渗透到人们的日常生活中。这为媒介内容提供了无限的可能性。但与此同时，青少年容易受到各种各样的信息冲击，有些可能对他们的身心发展不利。因此，如何在这样的环境下，为青少年提供既有趣又有益的媒介内容，就成了一个待解的难题。依据青少年的心理和生理特点，设计的媒介内容不仅要能吸引他们，还要能够对他们的健康成长产生积极的促进作用。例如，可以考虑制作一些与体育和健康相关的真人秀、竞技节目或者教育性节目。这些节目可以展示运动的魅力、健康的重要性，以及如何在日常生活中保持一个健康的生活方式。此外，利用动画、游戏和虚拟现实技术，为青少年创造一个互动性强、有趣且富有教育意义的体验，也是一个不错的选择。例如，可以设计一款教青少年了解身体结构和健康饮食的游戏，或是一个模拟体育锻炼的虚拟现实体验。同时，为了确保内容的适宜性和科学性，与教育、健康和体育领域的专家进行合作也是必要的。这些专家可以为内容提供科学的指导，确保其既有吸引力，又不失为健康的指导。

媒介内容也要考虑到青少年的多样性。每个青少年都有自己的兴趣、爱好和需求，因此，内容设计要尽量多元化，以满足不同青少年的需求。无论是城市还是农村的青少年，无论是喜欢跳舞还是喜欢足球的青少年，

都能在媒介内容中找到适合自己的部分。媒介内容的设计，要在吸引青少年的同时，不忘其对青少年健康成长的责任。只有这样，媒介内容才能真正地为青少年的体质健康促进作出贡献。

2.强化教育性内容，引导健康价值观

在今日的信息时代，媒介已成为大多数青少年获取信息和知识的首选渠道。因此，媒介内容对于形成和塑造他们的价值观有着不可估量的影响。将教育性内容渗透到媒介中，可以有效地为青少年提供正确的健康知识和引导他们培养健康的生活习惯。

（1）健康生活方式的普及与推广。青少年时期是习惯养成的关键阶段。通过展现健康生活方式的益处，媒介可以引导青少年养成良好的生活习惯，如合理膳食、适量运动等。例如，制作一系列展示各种健康饮食的制作方法和营养价值的短片，使青少年更容易理解和接受健康饮食的重要性。

（2）体育明星和专家的影响力。体育明星和专家往往拥有广泛的受众基础，他们的话语和行为对青少年有着显著的影响。通过访谈这些公众人物，分享他们的健康生活方式和运动经验，可以激发青少年的兴趣和模仿欲望。例如，制作一个系列访谈体育明星的节目，让他们分享自己的运动和饮食习惯，以及如何保持身体健康的秘诀。

（3）科学数据与真实故事的结合。将科学的健康数据与真实的健康故事相结合，可以更直观、生动地展示健康生活方式的好处。这种形式既可以满足青少年对于真实故事的好奇心，又可以为他们提供可信赖的科学依据。例如，制作一个系列介绍各种疾病的预防和治疗的节目，结合真实病例和科学数据，使内容更加贴近生活，更具说服力。

（4）多渠道、多形式的教育性内容。青少年有着各种各样的兴趣和需求。为满足这些需求，媒介内容应当采取多种形式，如动画、纪录片、短片、直播等。这样，无论是视觉上还是内容上，都能为青少年提供丰富的选择，使他们在娱乐中受教。

3.设立内容筛选与评价机制，确保内容质量

在数字时代，信息的传播速度之快、范围之广是前所未有的。青少年作为数字原住民，对各种媒介内容有着极高的敏感性和接受度。然而，这也意味着他们更容易受到质量不高，甚至有害的内容的影响。在这种背景下，确保媒介内容的质量显得尤为重要。

对于青少年群体而言，他们正处于身心发展的关键时期。他们的价值观、行为模式和生活习惯都在此时期逐渐形成并稳定。因此，他们所接触的每一条信息，无论是正面的还是负面的，都可能对他们的发展产生深远的影响。面对这样的情境，如何保障青少年接触到的媒介内容能够有益于他们的体质健康成长，成为一个亟待解决的问题。设立内容筛选与评价机制，是为了从源头上确保媒介内容的质量。这一机制不仅需要对内容进行初步的筛选，确保其真实性、科学性和适宜性，还需要对内容进行深入的评价，确保其对青少年的正面引导作用。这样的筛选和评价，不能仅仅依靠机器算法，还需要人的主观判断。因此，引入专家评审团队显得尤为必要。

专家评审团队由各领域的专家组成，他们对相关领域的知识有着深厚的了解。他们可以从不同的角度，对内容进行综合的评价，确保其对青少年的体质健康促进有着积极的作用。例如，营养学专家可以确保相关的食品和饮食内容真实、科学；体育专家可以评价与运动相关的内容是否适合青少年进行。此外，除了筛选和评价机制外，还应建立完善的反馈机制。青少年和他们的家长都应该能够方便地对不合适的内容进行举报，媒介机构应及时对这些举报进行处理，确保问题内容得到及时的纠正或下架。

（二）增强青少年自我控制力，呼吁合理使用媒介产品

1.通过媒介教育培养青少年媒介素养

当今时代，青少年正处于一个信息爆炸的时代，他们每天都被各种

各样的信息所包围。这些信息来源广泛，内容各异，有的是真实可靠的，有的则可能含有误导性或有害的成分。因此，培养青少年的媒介素养，即他们评估和使用信息的能力，变得尤为重要。

媒介教育的核心目标是培养青少年对信息的敏感度和判断力。青少年需要学会对接触到的信息进行批判性思考，而不是盲目接受。例如，当他们在网络上看到一篇关于健康饮食的文章时，应学会自行判断其内容的真实性，而不是完全依赖于标题或是来源。此外，媒介教育也应该涵盖信息的来源和传播机制。青少年应明白信息是如何产生的，它的传播途径是什么，以及它可能受到哪些因素的影响。这样，当他们在网络上看到某一观点时，就能够从更广泛的角度进行思考，而不是仅仅局限于信息本身。然而，仅仅了解如何筛选和评价信息还不足够。在媒介教育的过程中，青少年还需要学习如何有效地使用信息。例如，他们应该知道如何在网络上查找关于身体健康的专业知识，或是如何找到关于运动和锻炼的科学指导。同时，他们也应当学会如何分享自己的知识和经验，以帮助其他人形成正确的健康观念。对于体质健康促进而言，媒介素养不仅可以帮助青少年筛选和使用健康信息，还可以引导他们形成正确的生活习惯。经过媒介教育的青少年，更可能选择健康的饮食、坚持运动和避免不良嗜好。他们不会因为某个广告或是某篇文章而盲目跟风，而是会基于自己的知识和判断来做出选择。

2. 设计特定应用或功能，协助青少年管理使用时间

在数字化的年代，屏幕已渗透进青少年的日常生活中，从学习工具到娱乐方式，无处不在。然而，长时间使用屏幕带来的健康问题不容忽视。研究显示，持续的屏幕使用会影响到青少年的睡眠质量、身体活动量和社交技能。因此，为青少年提供有效的时间管理工具变得至关重要。

在技术方面，一些应用程序已经采用了创新的方法来解决这个问题。例如，许多智能手机和平板电脑都内置了"健康使用"或"屏幕时间"功能，允许用户跟踪他们的设备使用情况，并设定每日的使用时间限制。

当达到设定的时间限制时，设备会发出提醒，并可能限制某些功能，直到第二天。此外，还有专门为青少年设计的应用程序，可以根据他们的年龄和需求进行个性化设置。这些应用不仅可以限制使用时间，还可以对内容进行筛选，确保青少年只能接触到适合他们年龄段的内容。

从教育的角度看，学校和家庭也应该参与到这个过程中。教育机构可以为学生提供培训，教他们如何合理使用数字设备，同时也可以与技术公司合作，推广适合学生的应用程序。家长则可以在家中实施相应的规定，限制孩子在学习之外的屏幕使用时间。实际上，这些技术解决方案的目标并不是完全限制青少年使用数字设备，而是鼓励他们有意识地、健康地使用。它们帮助青少年意识到自己的使用习惯，并鼓励他们在日常生活中融入更多的身体活动。例如，当一个青少年发现自己已经连续看了两个小时的视频，而他的应用程序提醒他休息一下，这可能会激励他出去散步或做些体育锻炼。这些应用和功能的目的是促进青少年的整体健康，无论是身体上的，还是心理上的。而这一目标不仅仅是技术和教育的挑战，也是整个社会需要共同努力的方向。

3.强化家长与教育机构的参与，合作管理媒介使用

家长与教育机构作为青少年成长的主导力量，对于其健康成长和媒介使用习惯的培养具有不可替代的作用。在当下这个信息化、数字化高度发达的时代，他们的角色显得更为重要。

家长是孩子的第一任老师。他们对孩子的日常生活有着直接的影响。家中的规定、监管和示范都会成为孩子们日后行为的参照。了解媒介内容是家长为孩子创造健康媒介环境的第一步。只有当家长了解何为有益内容，何为误导内容，才能更好地为孩子筛选。设定家庭规则如固定的屏幕时间、合理的上网时间，可以帮助青少年形成规律的生活习惯。而鼓励孩子进行户外活动，不仅有助于其身体健康，还能使其远离屏幕，从而减少受不良信息影响的机会。

教育机构则是知识与技能的传承地。在学校，孩子们花费了大部分

的时间，这里的教育和引导对他们至关重要。相关的课程不仅可以教给学生如何分辨信息，更可以让他们了解到过度沉浸于虚拟世界的危害。课堂上的实践和讨论，更能帮助学生认识到真实社交与虚拟社交的差异，培养他们的人际交往能力。同时，学校应该为学生提供更多的体育锻炼机会，确保他们有足够的时间活动身体，增强体质。当然，家长与教育机构之间的合作是促进青少年健康发展的关键。学校可以为家长提供培训和指导，帮助他们更好地指导孩子的媒介使用。同时，双方可以共同开展各种活动，如举办媒介教育研讨会、开展健康生活方式推广活动等，使更多的人意识到媒介健康教育的重要性。此外，社区和非政府组织也可以参与进来，与家长和学校合作，共同为青少年创造一个健康的成长环境。只有当社会各方都参与进来，青少年的健康才能得到真正的保障。

（三）鼓励青少年参与体育运动，建立良好的生活方式

1. 利用媒介推广体育活动与运动的重要性

在数字化时代，媒介的普及率迅速攀升，已经渗透到人们的日常生活中。青少年这一群体特别是受到媒介的深刻影响，他们的日常活动、兴趣爱好以及信息获取等都与媒介息息相关。正因为此，媒介成为推广体育活动和运动的最佳平台。

体育运动本身不仅能够锻炼身体，还能增强团队合作和竞争意识，对于青少年的成长具有无可估量的价值。但是，如何让青少年认识到这一点并付诸实践呢？这时，媒介便可以大展拳脚。吸引人的体育运动宣传片只是开始。更多的是，可以制作系列化的体育教育短片，结合动画、实拍和访谈等多种形式，深入浅出地传达运动的益处。例如，展示一个青少年通过坚持运动，不仅身体得到了锻炼，还克服了诸多生活中的困难，成了一个更加自信和乐观的人。此外，社交媒体也是一个不可忽视的渠道。可以邀请知名运动员开展直播教学，分享他们的训练经验、健康饮食习惯等，让青少年近距离接触到他们的偶像，从而激发自己对运动的兴趣。同时，运动故事的分享也是一个有效的手段。无论是职业运动员还是普通青少年，他们的运动故事都能激发其他人的共鸣。这些故事可以是一个普通人如何通过运动减肥成功，也可以是一个运动员如何经过多年的努力终于夺冠。这些故事的分享，可以帮助青少年认识到，运动不仅仅是一项锻炼身体的活动，更是一个积极向上、不断挑战自我的生活方式。

在广播、电视和互联网等多种媒介渠道的合力推动下，运动的正面形象会得到广泛的传播。当青少年在各种媒介上看到关于运动的信息，当他们的朋友、家人和偶像都在讨论运动，当他们亲身体验到运动带来的快乐和益处，他们会更加乐意参与到运动中，从而建立起良好的生活方式，为自己的体质健康打下坚实的基础。

2. 为青少年提供多样化的体育资源与信息

在当下的信息化时代，青少年被视为最能够迅速适应和吸收新知识的一代。他们的好奇心旺盛，对新的体育项目充满探索的欲望。为了促进他们全面发展和保障其健康成长，提供多样化的体育资源和信息成了一个迫切的任务。

不同的青少年有不同的兴趣点。有些人可能热衷于团队运动如篮球、足球，而有些人则偏爱个人项目如跑步、游泳。因此，提供多种运动项目的信息和资源对于满足不同需求至关重要。视频教程、专家指导、互动问答等形式，旨在为青少年提供一个全面、系统的体育学习环境。实际运动的体验同样重要。与此同时，邀请体育明星或教练，定期在各大平台上与青少年互动，答疑解惑，也是一个非常有效的方法。他们的经验分享能够给青少年带来很大的启发和鼓励。例如，知名篮球运动员分享自己的训练日常，如何面对比赛的压力，背后的汗水与泪水，都会极大地激发青少年的运动热情。

而针对青少年日常生活中可能出现的运动伤害，提供关于伤害预防和恢复的资料也同样重要。如何进行热身、如何选择合适的运动鞋、在何种情况下应该休息，这些都是青少年在进行体育锻炼时必须了解的。这样不仅能够确保他们在运动中得到锻炼，更重要的是确保他们的健康和安全。但只提供资源和信息是不够的，还需要激发青少年的兴趣。可以举办各种体育竞赛、挑战赛、夏令营等活动，为青少年提供一个实际运动的平台，让他们在真实的环境中应用所学，体验运动的快乐。

为青少年提供多样化的体育资源与信息，不仅仅是为了让他们了解各种运动项目，更重要的是引导他们走上健康的生活道路，培养他们持续运动的习惯，让他们在运动中找到快乐，收获健康。

3. 配合学校和社区，营造有利于运动的环境与氛围

学校是青少年学习与成长的重要场所，而社区则是他们日常生活与互动的核心空间。这两者都直接影响青少年的生活习惯和价值观。因此，为青少年打造一个有利于运动的环境与氛围就显得尤为重要。

在学校，体育课程并不仅仅是为了锻炼身体，更是为了培养学生的团队精神、挑战自我的勇气以及对运动的持续热爱。增加体育课程时间，不仅可以保障学生有充足的时间进行运动，更能够让他们体验到运动带来的乐趣。而在体育课之外，组织各种运动竞赛、挑战赛等，也是一种推动学生参与体育运动的有效方法。通过竞技，学生不仅可以锻炼自己的运动技能，还可以培养团队合作的精神和竞技精神。社区作为青少年的另一个主要生活场所，其在推动青少年参与体育运动中的作用也不容忽视。建立和完善多功能的运动设施，如篮球场、游泳池、乒乓球桌等，可以满足不同青少年的运动需求。此外，设立专门的青少年活动区域，提供一系列的运动器械和指导，也是非常必要的。这样既能确保青少年在运动中的安全，又可以指导他们进行正确的运动。同时，社区还可以与学校、家长、体育机构等多方合作，共同举办各种体育活动。比如，社区运动日、家庭运动节等活动，旨在鼓励所有居民参与到运动中来，体验运动的乐趣，收获健康的身体。这样，不仅可以加强家庭成员之间的感情，还能提高整个社区的健康水平和生活质量。

参考文献

[1] 陈晶,程海波.全国中医药行业高等教育"十四五"规划教材中医学基础[M].北京：中国中医药出版社，2021.

[2] 李红娟.体力活动与健康促进[M].北京：北京体育大学出版社，2012.

[3] 谭思洁，王健，郭玉兰.青少年运动健康促进导论[M].北京：知识产权出版社，2012.

[4] 沈建华，陈融.学校体育学[M].北京：高等教育出版社，2012.

[5] 陈振民.政策科学：公共政策分析导论[M].北京：中国人民大学出版社，2004.

[6] 张自力.健康传播学[M].北京：北京大学出版社，2006.

[7] 余万斌.健康运动处方[M].成都：西南交通大学出版社，2006.

[8] 顾丽燕.运动医务监督[M].北京：北京体育大学出版社，2009.

[9] 冯霞.青少年体质健康教育[J].中国青年政治学院学报，2006（4）：1-5.

[10] 霍兴彦，林元华.基于我国青少年体质健康促进的组织服务体系构建研究[J].河北体育学院学报，2012（4）：32-36

[11] 罗鸣春，苏丹.国外健康促进政策对我国心理健康服务体系建设的启示[J].西南大学学报：社会科学版，2008（5）：6.

[12] 孟凡涛，王超.改革开放以来我国青少年体质健康问题的回顾展望[J].体育成人教育学刊，2010（2）：28-31.

[13] 范叶飞，谢军.改革开放以来义务教育阶段学校体育课程文件的历史嬗变与反思[J].北京体育大学学报，2017（3）：67-71.

[14] 彭国强，舒盛芳.美国国家健康战略的特征及其对健康中国的启示[J].体育科学，2016（9）：10-19.

[15] 李兴艳.浅谈我国学校体育两类课程整体改革[J].湖北体育科技，1999（1）：81-83.

[16] 杨贵仁.中央7号文件实施5周年的回顾与展望[J].首都体育学院学报，2012（3）：196-199.

[17] 郑小凤，张朋，刘新民.我国中小学学生体质测试政策演进及政策完善研究[J].体育科学，2017（10）：13-20.

[18] 王毓江.充分发挥各类社会利益主体在公共政策制定中的作用[J].中共合肥市委党校学报，2014（3）：9-11.

[19] 黄莉.体育精神的文化内涵与价值建构[J].体育科学，2007（6）：88-96.

[20] 莫寰.政策传播如何影响政策的效果[J].理论探讨，2003（5）：45-46.

[21] 刘志浩，黄明豪，卫平民，等.江苏省青少年健康素养状况及影响因素分析[J].中国学校卫生，2013（6）：683-685.

[22] 王正珍.运动处方的研究与应用进展[J].体育学研究，2021（3）：10.

[23] 金鑫虹，王姁如，周成林.体育锻炼效益的剂量-效应关系理论探新[J].北京体育大学学报，2022（11）：13.

[24] 孟泽，闫祥帅.体教融合促进青少年体质健康存在的问题和实现路径研究[J].当代体育科技，2023（1）：143-146.

[25] 李艳萍.体质适应性校园运动促进青少年健康发展措施研究[J].文体用品与科技，2022（18）：133-135.

[26] 陆征宇.青少年学生体质健康促进因素及发展路径探析[J].文体用品与科技，2022（16）：39-40.

[27] 孟祥波，刘红建.我国青少年体质健康促进的现实困境与突破[J].南京体育学院学报，2022（7）：15-20.

[28] 龙红，吕志伟，王云珂.学校、家庭、社区协同联动促进青少年体质健康的策略研究[J].青少年体育，2022（6）：38-40.

[29] 张丽军.大数据时代青少年体质健康促进的数据治理研究[J].南京体育学院学报,2022(4):11-16.

[30] 邹荣霞.健康中国战略下青少年体能训练促进体质健康的路径研究[J].当代体育科技,2022(9):53-55.

[31] 姚淑君,刘超.青少年体质健康促进的困境与突破[J].淮北师范大学学报(自然科学版),2021(3):53-56.

[32] 牛建军,李晨,张超.青少年体质健康促进的逻辑起点、缘由及实施路径[J].湖北体育科技,2021(8):670-674.

[33] 肖鑫艳.新时代促进我国青少年体质健康的背景及对策研究[J].武术研究,2021(6):150-153.

[34] 陈忠菊,薛天庆.青少年体质健康的体育促进体系构建研究[J].巢湖学院学报,2021(3):111-116.

[35] 涂琴.力量训练促进青少年运动员体质健康的研究进展[J].当代体育科技,2021(5):79-80,83.

[36] 李分停,梁娜娜,邢国平.趣味篮球活动的开展对青少年体质健康促进的研究[J].青少年体育,2021(1):38-39.

[37] 郇昌店,张文鹏,陈红.中国青少年体质健康政策研究中研究对象飘移及矫正思路[J].首都体育学院学报,2021(1):111-116.

[38] 刁薇,姜雨彤,刘小辉.青少年体质健康促进的管理机制探究[J].科技资讯,2020(36):194-195,199.

[39] 王勤宇,兰文婷,丁剑翘."互联网+"背景下青少年体质健康的促进策略研究[J].青少年体育,2020(11):41-42.

[40] 黄俊裕,李宝国.青少年体质健康促进策略分析[J].运动精品,2020,39(10):53-54,56.

[41] 董雪莲子,黄晓丽.青少年体质健康促进研究选题实证分析[J].四川体育科学,2020(5):64-68,90.

[42] 曹亚骁.深化阳光体育运动促进青少年体质健康[J].当代体育科技,2020(21):142-143,146.

[43] 程跃进 . 趣味篮球活动的开展对青少年体质健康促进的研究 [J]. 田径，
2023（8）：31–33.

[44] 王东，姚远，赵良渊 . 基于格林模式下青少年体质健康的促进研究 [J]. 南
京体育学院学报，2023（6）：52–60.

[45] 李小林，肖雪武 . 现代竞技体育体能训练促进我国青少年体质健康对策 [J].
文体用品与科技，2023（11）：98–100.

[46] 李增 . 我国青少年体质健康促进政策的演进脉络与优化策略 [D]. 贵阳：贵
州师范大学，2023.

[47] 王裕霖 . 青少年体质健康促进中的媒介责任研究 [D]. 上海：上海体育学院，
2019.

[48] 党权 . 我国青少年体质健康促进政策历史变迁研究 [D]. 南京：南京师范大
学，2014.

[49] 方放 . 学生体质下降背景下青少年健康促进自我干预的研究 [D]. 长春：吉
林体育学院，2014.

[50] 喻瑶 . 高校研究生群体的健康促进研究 [D]. 武汉：武汉大学，2005.